Hilke

Statische und dynamische Oligopolmodelle

Schriftenreihe des Instituts für Unternehmensforschung
und des Industrieseminars der Universität Hamburg

Herausgeber: Prof. Dr. Herbert Jacob, Universität Hamburg

Band 4

Dr. Wolfgang Hilke

Statische und dynamische Oligopolmodelle

Ein Beitrag zur Entscheidungstheorie in Oligopolsituationen

Betriebswirtschaftlicher Verlag Dr. Th. Gabler, Wiesbaden

ISBN   3 409 32182 9

Geleitwort

Bereits sehr früh — und seitdem immer wieder — hat ein Gebiet der Preistheorie besondere Aufmerksamkeit auf sich gezogen und Anlaß zu intensiven wissenschaftlichen Bemühungen gegeben: die Preisbildung auf oligopolistisch strukturierten Märkten.

Schon 1838 hat Cournot diese Frage aufgegriffen und eine Lösung angeboten. Die Reihe derer, die sich nach ihm dem Problem des Preiswettbewerbs zwischen Oligopolisten zuwandten, ist lang und enthält viele bekannte Namen. Im Mittelpunkt dieser vorwiegend volkswirtschaftlich ausgerichteten Untersuchungen stand die Frage nach dem Gleichgewicht auf Oligopolmärkten und den Eigenschaften dieses Gleichgewichts.

Neben diesen vornehmlich den Gesamtmarkt ins Auge fassenden Arbeiten sind jene Untersuchungen — z. B. von Erich Gutenberg — zu nennen, die — vom Standpunkt des in einer Unternehmung für die Preispolitik Verantwortlichen ausgehend — die Frage zu beantworten suchen, welche Preise und welches preispolitische Verhalten bestimmten, vorgegebenen Unternehmenszielen entsprechen.

Diesem Vorgehen folgend, sind die Betrachtungen des hier vorgelegten Buches betriebswirtschaftlich orientiert, d. h. aus der Sicht der Unternehmung angestellt. Es geht dem Verfasser darum, einen Beitrag zur Entscheidungstheorie der Unternehmung in Oligopolsituationen zu leisten: Für welchen Preis bzw. welche Preisstrategie muß sich ein Oligopolist entscheiden, um sich unter Berücksichtigung der jeweiligen Datenkonstellation seiner Zielsetzung entsprechend zu verhalten?

Diese Frage kann

a) — wie bisher in der Literatur vorwiegend geschehen — im Entscheidungsfeld einer statischen Oligopoltheorie und

b) — realitätsnäher — im Entscheidungsfeld einer dynamischen Oligopoltheorie

untersucht und beantwortet werden.

Beiden Problemkreisen wendet sich der Verfasser zu.

Aufbauend auf den einschlägigen Modellen der Literatur wird zunächst analysiert, wie die statische Oligopoltheorie im Sinne einer Entscheidungstheorie oligopolistischer Anbieter ausgebaut werden kann. Dabei wird sowohl der Einfluß der Beweglichkeit der Nachfrage, als auch der Einfluß von Reaktionsverzögerungen der Konkurrenten auf die preispolitische Entscheidung untersucht.

Anschließend hebt der Verfasser die einengenden Prämissen der statischen Oligopoltheorie schrittweise auf und zeigt, wie im Rahmen einer dynamischen Entscheidungstheorie Oligopolprobleme unter Annahmen gelöst werden können, die den Verhältnissen in der Realität wesentlich besser entsprechen. Unter anderem wird berücksichtigt, daß in der Praxis das langfristige (mehrperiodige) Gewinnstreben vorherrscht, die Preis-Absatz-Beziehungen dynamischer Natur sind und preispolitische Entscheidungen in der Regel auf der Grundlage unvollkommener Informationen getroffen werden müssen.

Die in der vorliegenden Arbeit zu den kurz skizzierten Problemen erarbeiteten Lösungsvorschläge stellen einen beachtenswerten Beitrag zur Entwicklung einer wirklichkeitsnahen Entscheidungstheorie des Oligopols dar; einer Theorie, die um so notwendiger wird, je weiter die Konzentration in der Wirtschaft fortschreitet und für die überlebenden Unternehmen Oligopolsituationen entstehen läßt.

Herbert Jacob

Vorwort

Das Oligopol auf unvollkommenem Markt ist in der wirtschaftlichen Wirklichkeit bereits heute recht häufig anzutreffen; da außerdem Tendenzen zur weiteren Konzentration in der Wirtschaft bestehen, ist damit zu rechnen, daß diese Marktform in Zukunft noch an Bedeutung gewinnen wird. Hierin liegt der eine reizvolle Grund, sich mit Problemen von Oligopolmärkten auseinanderzusetzen.

Zum anderen sind trotz der umfangreichen Literatur zur Preisbildung im Oligopol noch einige Fragen unbeantwortet geblieben oder unbefriedigend behandelt worden, insbesondere aus einzelwirtschaftlicher Sicht. Beispielsweise interessiert den einzelnen Oligopolisten nicht nur, ob auf seinem Markt ein Gleichgewicht(sgebiet) existiert; noch viel wichtiger für seine Entscheidungen ist die Antwort auf die Frage, ob und, wenn ja, wie er in dieses Gleichgewicht(sgebiet) durch preispolitische Aktivität gelangen kann.

Diese und alle anderen Problemstellungen der vorliegenden Arbeit werden stets vom Standpunkt der Unternehmung aus behandelt mit dem Ziel, einen Beitrag zur Entscheidungstheorie in Oligopolsituationen zu leisten. Im Mittelpunkt des Interesses steht daher der einzelne oligopolistische Anbieter, der darüber zu entscheiden hat, welchen Preis er fordern soll, um bei verschiedenen Datenkonstellationen jeweils zieladäquat zu handeln.

Dieser entscheidungsorientierte Ansatz beginnt im vorliegenden Buch mit einer Analyse der Preis-Absatz-Funktionen, die für die Oligopolisten die Grundlage ihrer preispolitischen Entscheidungen bilden.

Sodann wird untersucht, inwieweit die Prämissen und Ergebnisse der bekanntesten statischen Oligopoltheorien entscheidungstheoretisch konsistent bzw. stringent sind. Zur Weiterentwicklung der statischen Oligopoltheorie wird anschließend erforscht, wie zum einen die Beweglichkeit der Nachfrage und zum anderen eine Reaktionsverzögerung der Konkurrenten die preispolitischen Entscheidungen der Oligopolisten beeinflussen.

Neben der Analyse des Preisbildungsprozesses im Entscheidungsfeld einer statischen Oligopoltheorie ist es ein weiteres Anliegen dieser Schrift, zur Entwicklung einer dynamischen und damit wirklichkeitsnäheren Entscheidungstheorie des Oligopols beizutragen. Zu diesem Zwecke werden die Prämissen der statischen Oligopoltheorie sukzessive aufgehoben.

In einer ersten Gruppe von dynamischen Oligopolmodellen streben die Oligopolisten teilweise oder alle gemeinsam nach mehrperiodiger Gewinnmaximierung. In einem weiteren Modell werden dynamische Preis-Absatz-Funktionen berücksichtigt, die dann gelten, wenn der Absatz in der Periode t nicht nur von den Preisen dieser Periode t abhängt. Schließlich werden noch dynamische Oligopolmodelle für Entscheidungssituationen formuliert, in denen die Anbieter nur unvollkommene Informationen über die Kosten- und Marktdaten besitzen. Bei unvollkommener Information „lernen" die Oligopolisten aus ihren Erfahrungen und korrigieren so ihre Erwartungsstrukturen im Zeitablauf. Dies bedingt, daß dann im Rahmen einer dynamischen Oligopoltheorie „Lernprozesse" berücksichtigt werden müssen. Einige Versuche in dieser Richtung werden im vorliegenden Buch unternommen und — wie alle anderen Lösungsvorschläge auch — zur Diskussion gestellt.

Meinem verehrten akademischen Lehrer, Herrn Professor Dr. H. Jacob, danke ich herzlich dafür, daß er mich auf dieses Thema aufmerksam gemacht und die gesamte Arbeit durch sein Interesse unterstützt hat. Mein Dank gilt auch meiner Frau, die am Entstehen dieser Schrift in besonderer Weise Anteil genommen hat.

Wolfgang Hilke

Inhaltsverzeichnis

Teil 1

Problemstellungen und Grundlagen einer Entscheidungstheorie
des Oligopols

Kapitel 3

Teil 2

Optimale Preispolitik im Entscheidungsfeld einer statischen Oligopoltheorie

Kapitel 5

Teil 3
Optimale Preispolitik im Entscheidungsfeld einer dynamischen Oligopoltheorie

Kapitel 1

Kapitel 2

Teil 1

Problemstellungen und Grundlagen
einer Entscheidungstheorie des Oligopols

Kapitel 1

Einführung und kurzer Abriß der Problemstellungen

Alle Betrachtungen in dieser Arbeit sind betriebswirtschaftlich orientiert, werden also vom Standpunkt der Unternehmung aus angestellt. Deshalb steht im Mittelpunkt des Interesses die Frage, welchen Preis ein Unternehmen unter Berücksichtigung der gegebenen Datenkonstellation setzen muß, um sich seiner Zielsetzung entsprechend zu verhalten[1]).

Dabei soll das Problem der optimalen preispolitischen Entscheidungen nur auf solchen Märkten untersucht werden, die sich durch folgende Eigenschaften auszeichnen: Auf der Angebotsseite konkurrieren relativ "wenige" Unternehmungen miteinander, denen "viele" Nachfrager gegenüberstehen. Derartige Märkte, die noch genauer zu charakterisieren sind, werden in der Literatur als (Angebots-) Oligopolmärkte bezeichnet[2]).

Die Oligopolisten können nach Meinung der Nachfrager entweder völlig gleichartige (homogene) Waren oder irgendwie unterschiedliche (heterogene) Güter anbieten. Dementsprechend wird - worauf noch näher einzugehen ist - zwischen vollkommenen und unvollkommenen Oligopolmärkten unterschieden[3]). Im Mittelpunkt dieser Arbeit soll die Preispolitik der Unternehmung auf *unvollkommenem* Oligopolmarkt stehen. Denn diese Marktform ist - neben der polypolistischen Konkurrenz auf unvollkommenem Markt - in der wirtschaftlichen Wirklichkeit am häufigsten anzutreffen[4]). "Man

[1]) Vgl. E. Gutenberg: "Grundlagen der Betriebswirtschaftslehre", 2. Bd.: Der Absatz, (im folgenden zitiert als: "Der Absatz"), 8. Auflage, Berlin-Heidelberg-New York 1965, S. 178 f. und H. Jacob: "Preispolitik", Wiesbaden 1963, Vorwort (S. 5)

[2]) Vgl. H.v. Stackelberg: "Marktform und Gleichgewicht" (im folgenden zitiert als: "Marktform..."), Wien/Berlin 1934, S. 2 f. und S. 16 ff.; E. Gutenberg: "Der Absatz", a.a.O., S. 265 ff; H. Jacob: "Preispolitik", a.a.O., S. 32 ff. und S. 153 ff.; W. Krelle: "Preistheorie", Tübingen-Zürich 1961, S. 41 ff.; R. Richter: "Das Konkurrenzproblem im Oligopol", (im folgenden zitiert als: "Konkurrenzproblem.."), Berlin 1954, S. 11; T. Seitz: "Preisführerschaft im Oligopol" (im folgenden zitiert als: "Preisführerschaft.."), Köln-Berlin-München 1965, S.13.

[3]) Vgl. u.a. H. Jacob: "Preispolitik", a.a.O., S. 155

[4]) Vgl. W. Fellner: "Competition among the Few", New York 1949, S. 18 f.; H. Jacob: "Preispolitik", a.a.O., S. 153; W. Krelle: "Preistheorie", a.a.O., S. 14 und S. 245. Zahlreiche Beispiele für Oligopole im amerikanischen Wirtschaftsleben nennt T. Seitz: "Preisführerschaft...", a.a.O., S. 45 ff, insbesondere auch S. 66

denke z.B. an den Markt für Automobile, für Fernsehgeräte, Kühlschränke, Elektro-
herde, Treibstoffe, Heizöle"[5]), den Zigarettenmarkt und den Waschmittelmarkt in
der Bundesrepublik Deutschland.

Auf dem Markt für PKW hielten 1968 die vier großen Firmen VW (27,2%), Opel
(19,3%), Ford (13,6%) und Daimler-Benz (7,7%) insgesamt einen Marktanteil von
67,8%[6]). - Rund 95% des Zigarettenmarktes der BRD waren 1967 in Händen von nur
4 Firmen[7]). Beispielsweise besitzen die Firma H.F. & Ph.F. Reemtsma allein schon
mit den beiden Marken "Ernte 23" und "Peter Stuyvesant" einen Marktanteil von
rd. 30% und die Firma B.A.T.-Zigarettenfabriken GmbH mit der "HB" einen Marktanteil von 20%[8]). - Bei Vollwaschmitteln erzielte die Firma Henkel & Cie. GmbH auf
Kosten ihrer beiden großen Konkurrenten, der Unilever-Gruppe (Sunlicht) und des
Procter & Gamble-Konzerns, 1968 einen Marktanteil von mehr als 50%[9]).

Die einfachste Form des Oligopols stellt das sog. "Dyopol" dar; hier konkurrieren
zwei Anbieter um den gleichen Kundenkreis[10]). Wenn in der vorliegenden Arbeit
nicht den höheren Oligopolen, sondern dem Dyopol auf unvollkommenem Markt
besondere Beachtung geschenkt wird, so erscheint diese Beschränkung aus drei
Gründen zulässig:

a) "Alle wesentlichen Merkmale oligopolistischer Märkte finden sich bereits im
   Dyopol"[11]), so daß die Analyse des Dyopols die notwendige und geeignete Grundlage für das Verständnis der höheren Oligopole bildet.

b) Reine Dyopol-Situationen sind durchaus auch in der wirtschaftlichen Wirklichkeit
   anzutreffen; als ein interessantes Beispiel neuerer Zeit sei der Kunstfasermarkt in
   Südafrika genannt, auf dem sich die South African Nylon Spinners (Pty.) Ltd. und
   Hoechst Fibres and Chemicals (Pty.) Ltd. als die beiden einzigen Konkurrenten
   gegenüberstehen[12]).

c) Das Problem des n-fachen Oligopols läßt sich formal auf das Dyopol-Problem
   zurückführen; es kommt dadurch den praktischen Überlegungen oligopolistischer
   Unternehmungen nahe, daß der einzelne Anbieter die vielen Einzelreaktionen seiner
   Konkurrenten zusammenfaßt und nur die daraus resultierende Reaktion "der
   Konkurrenz" betrachtet[13]).

[5]) H. Jacob: "Preispolitik", a.a.O., S. 153
[6]) Vgl. H. Michaels: "Klassenkampf auf dem Automarkt", in: DIE ZEIT, Nr. 22 v. 31.5.1968,
S 31 f.
[7]) Vgl. P. Witzens: "Blauer Dunst und harte Fakten", in: die absatzwirtschaft, 1967, S. 1502
[8]) Vgl. K. Wendt: "Reemtsma schickt R 6 ins Rennen", in: DIE ZEIT, Nr. 38 v. 20.9.1968,
S.33 f.
[9]) Vgl. o. V.: "Henkel erobert bei Vollwaschmitteln mehr als die Hälfte des Marktes", in:
DIE WELT, Nr. 190 v. 16.8.1968, S.20.
[10]) Vgl. u.a. W. Krelle: "Preistheorie", a.a.O., S. 245 und H. Jacob: "Preispolitik", a.a.O., S. 153
[11]) H. Jacob: "Preispolitik", a.a.O., S.153.
[12]) Vgl. o.V.: "Deutsche und britische Firmen im Kampf um Südafrikas Kunstfasermarkt",
in: Handelsblatt, Nr. 144 v. 29.7.1965, S. 5. Weitere Beispiele finden sich bei H. Jacob:
"Preispolitik", a.a.O., S. 154 und W. Krelle: "Preistheorie", a.a.O., S. 245 f.
[13]) Vgl. hierzu die ausführlichen Darstellungen bei H. Jacob: "Preispolitik", a.a.O., S. 190 ff.

Schon 1838 hat Cournot als erster die oligopolistische Preisbildung untersucht und eine Lösung angeboten[14]. Sein Lösungsvorschlag wurde heftig diskutiert, zuerst von Bertrand[15] und Edgeworth[16]. "Im Anschluß an diese drei Autoren haben sich nahezu alle bekannten Nationalökonomen, indem sie die Voraussetzungen ihrer Vorgänger präzisierten, verwarfen oder neue einführten, mit diesem Preisbildungsproblem befaßt"[17]. Trotzdem blieben - wie die folgenden Ausführungen zeigen werden - noch zahlreiche Fragen offen und wesentliche Probleme ungelöst. Außerdem beinhalten u.E. einige bekannte Oligopoltheorien der Literatur gewisse Widersprüche; sei es, weil die gewählten Prämissen ökonomisch nicht miteinander vereinbar sind oder weil die gezogenen Schlüsse z.T. nicht logisch erscheinen.

Ziel der vorliegenden Untersuchung soll es daher sein, eine umfassendere und vor allem *konsistente Entscheidungstheorie des Oligopols auf unvollkommenem Markte* zu entwickeln. Den Gegenstand dieser Analysen bilden insbesondere folgende Problemstellungen:

1. Was ist der ökonomische Inhalt der *Preis-Absatz-Funktionen* im Oligopol auf unvollkommenem Markte?

Eine kritische Durchsicht der Oligopol-Literatur läßt erkennen:
Häufig werden die Preis-Absatz-Funktionen, die für die Oligopolisten die Grundlage ihrer preispolitischen Entscheidungen bilden, gar nicht näher beschrieben, oder es werden hierüber Annahmen getroffen, die mit den Merkmalen eines unvollkommenen Oligopolmarktes logisch nicht vereinbar sind. Wie die Analyse zeigen wird, beruhen bereits einige Mängel und Widersprüche bekannter Oligopoltheorien darauf, daß die angenommenen Preis-Absatz-Funktionen nicht sinnvoll sind. Deshalb besteht eine erste Aufgabe dieser Arbeit darin, ökonomisch sinnvolle Preis-Absatz-Funktionen für Entscheidungssituationen im Oligopol auf unvollkommenem Markte abzuleiten. Zu diesem Zwecke ist der - bisher in der Literatur fast völlig vernachlässigte - ökonomische Inhalt der Koeffizienten der Preis-Absatz-Funktionen von Oligopolisten zu untersuchen.

Hieran schließt sich folgender Problemkreis an:

2. Welche Entscheidungssituationen können im Rahmen einer *statischen* Oligopoltheorie behandelt werden und wann wird eine *dynamische* Oligopolanalyse erforderlich?

Fast alle bekannten Oligopoltheorien sind "statischer" Natur. Daher wird durch eine

---

[14]) Vgl. A. Cournot: "Recherches sur les Principes Mathématiques de la Théorie des Richesses", Paris 1838, deutsche Übersetzung von W.G. Waffenschmidt: "Untersuchungen über die mathematischen Grundlagen der Theorie des Reichtums", Jena 1924, S. 68 - 78.

[15]) Vgl. J. Bertrand: "Théorie Mathématique de la Richesse Sociale", in: Journal des Savants, Paris 1883, S. 503 ff.

[16]) Vgl. F.Y. Edgeworth: "La teoria pura del monopolio", in: Giornale degli Economisti, Vol. 15 (1897), S. 21 ff, englische Übersetzung: "The Pure Theory of Monopoly", in: Papers Relating to Political Economy, Vol. I, London 1925, S.111 ff.

[17]) T. Seitz: "Preisführerschaft..", a.a.O., S. 20

Diskussion der Prämissen dieser statischen Oligopolanalysen dreierlei erreicht:

a) Es wird deutlich, welche Entscheidungssituationen bisher in der Literatur mit welchem Erfolg im Rahmen einer statischen Oligopoltheorie behandelt wurden; evtl. Mängel im Lösungsweg können aufgedeckt und anschließend beseitigt werden.

b) Es wird herausgearbeitet, in welcher Hinsicht die bisherigen statischen Theorien noch erweitert werden können.

c) Die Notwendigkeit einer dynamischen Oligopoltheorie wird offensichtlich; gleichzeitig werden Ansatzpunkte für eine Dynamisierung der Oligopoltheorie gewonnen.

In der Reihenfolge der Punkte a bis c werden die weiteren Problemstellungen der vorliegenden Arbeit behandelt. Dabei geht es zunächst darum, die optimale Preispolitik im Entscheidungsfeld einer *statischen* Oligopoltheorie darzustellen. In diesem Zusammenhang werden folgende Fragen zu beantworten sein:

3. Wie sind die *kurzfristig* - gewinnmaximalen Preisforderungen zu bestimmen, wenn Dyopolisten "zeitliche Preisgebundenheit" zu beachten haben (Modell I)?

4. Welche Preisstrategie ist *kurzfristig* - gewinnmaximal, wenn Oligopolisten *ohne* "zeitliche Preisgebundenheit" agieren können (Modell II)?

In Verbindung mit den Problemstellungen 3 und 4 ist zum einen kritisch auf die Dyopoltheorie von Krelle einzugehen. Zum anderen ist auch zu untersuchen, ob die Lösungsvorschläge in der Literatur zu Problemstellung 3 und 4 entscheidungstheoretisch konsistent bzw. stringent sind.

Zur Weiterentwicklung der statischen Oligopoltheorie ist ferner folgende Problemstellung zu behandeln:

5. Wie beeinflußt die *"Beweglichkeit der Nachfrage"* die Dyopol-Lösung (Modell III)?

Hier ist zu analysieren, ob eine höhere "Beweglichkeit der Nachfrage" die Dyopolisten zwingt, niedrigere (Gleichgewichts-) Preise zu fordern. Wie sich zeigen wird, kann diese Frage nur beantwortet werden, wenn wir zuvor den ökonomischen Inhalt der Koeffizienten der Preis-Absatz-Funktionen von Oligopolisten gründlich untersucht haben (vgl. Problemstellung 1).

In den Entscheidungssituationen 3 bis 5 werden wir jeweils von zeitlich übereinstimmenden Planungsperioden ausgehen. Deshalb ist anschließend zu ermitteln:

6. Wie sind optimale preispolitische Entscheidungen zu treffen, wenn die Planungsperioden der Dyopolisten zeitlich auseinanderfallen, d.h. wenn eine *"Reaktionsverzögerung" des Konkurrenten* zu beachten ist (Modell IV)?

Mit dieser Entscheidungssituation von Modell IV wird - wie zu zeigen ist - die Grenze einer statischen Oligopoltheorie erreicht.

Hieran anschließend ist deshalb der Versuch zu unternehmen, eine *dynamische* Oligopoltheorie zu entwickeln. In ihrem Rahmen sollen folgende Probleme gelöst werden:

7. Wie können Dyopolisten ihre Gewinne *langfristig,* d.h. über mehrere Perioden

maximieren, wenn sie vollkommene Information über im Planungszeitraum *konstante* Kosten und Marktdaten besitzen (Modell V)?

In der Entscheidungssituation des dynamischen Modelles V ist zu berücksichtigen, daß sich die Dyopolisten reaktions*bewußt* verhalten. Ferner wird in diesem Zusammenhang darzustellen sein, wie die Länge des Gesamtplanungszeitraumes die Lösung des Problems beeinflußt. Dabei sollen in Modell V die Kosten- und Marktdaten noch im Zeitablauf konstant bleiben.

Wird diese Prämisse aufgehoben, so ergibt sich eine neue Problemstellung:

8. Wie ist eine dynamische Preispolitik zu betreiben, wenn bei vollkommener Information die Marktdaten im Zeitablauf *variabel* sind (Modell VI und VII)?

Hierbei sind zwei Entscheidungssituationen zu unterscheiden:

a) Im dynamischen Modell VI strebt ein Dyopolist nach langfristiger, der Konkurrent nach kurzfristiger Gewinnmaximierung.

b) Die Dyopolisten streben beide nach langfristiger, mehrperiodiger Gewinnmaximierung (Modell VII).

Durch einen Vergleich der Gewinne von Modell VI und VII kann herausgearbeitet werden, welchen Einfluß die gewählte Zielsetzung auf die Preisentscheidungen ausübt.

Den statischen Modellen I bis IV und den dynamischen Modellen V bis VII ist noch eine Prämisse gemeinsam: die Oligopolisten besitzen vollkommene Information.

Diese Prämisse ist schrittweise auch noch aufzuheben. Dies führt zu den beiden letzten Problemstellungen dieser Arbeit:

9. Welche Überlegungen sind von den Dyopolisten anzustellen, wenn über die *Kostenlage* nur *unvollkommene* Information besteht (Modell VIII)?

10. Wie ist eine dynamische Preispolitik bei *unvollkommener* Information über die *Markt*-Daten zu betreiben (Modell IX)?

Insbesondere mit dem abschließenden dynamischen Modell IX soll ein entscheidender Mangel beseitigt werden, der den bisherigen - ohnehin relativ seltenen - Lösungsvorschlägen in der Literatur zu Problemstellung 10 anhaftet: Dort bleiben, obwohl sich die Oligopolisten laufend in ihren Erwartungen getäuscht sehen, die Erwartungsstrukturen *konstant;* eine Prämisse, die den Wert dieser Lösungsvorschläge erheblich in Zweifel stellt.

Aus diesem Grunde wollen wir im Rahmen unseres dynamischen Modells IX einmal zu berücksichtigen versuchen: Die Dyopolisten "lernen" aus ihren Erfahrungen und korrigieren daher im Zeitablauf ihre Erwartungsstruktur, die somit *variabel* wird. Bei unvollkommener Information ist deshalb eine sinnvolle dynamische Oligopoltheorie nur auf der Grundlage eines "Lernprozesses" abzuleiten. Erste Versuche dieser Art sollen mit unseren dynamischen Modellen VIII und IX unternommen und zur Diskussion gestellt werden.

Kapitel 2

Grundlagen für eine Entscheidungstheorie des Oligopols

Nach dem Abriß der Problemstellungen dieser Arbeit sind im Kapitel 2 zunächst einmal die Grundlagen für die weiteren Analysen zu schaffen. Seine Bedeutung erhält dieses Kapitel aus folgendem: Bei der Erarbeitung der Grundlagen müssen bereits einige grundsätzliche Probleme dargestellt und gelöst werden, die in der bisherigen Oligopolliteratur entweder gar nicht, zu knapp oder nicht konsequent genug behandelt worden sind. Auf diese Weise wurden in der Literatur schon zu Anfang bisweilen die Weichen für die weiteren Untersuchungen falsch gestellt, so daß entweder Widersprüche auftraten oder gar der Weg zur Lösung versperrt wurde.

Um derartige Mängel einiger bekannter Oligopoltheorien aufzuzeigen und dann bei den hier zu beschreibenden Lösungsansätzen zu vermeiden, sollen die erforderlichen Grundlagen hier sorgfältig erarbeitet und ausführlich beschrieben werden.

A. Die typische Entscheidungssituation im Oligopol

I.   Zum Wesen eines "Oligopol-Marktes"

Um das Wesen eines "Oligopol-Marktes" kennzeichnen zu können, ist zuvor kurz auf den Begriff des "Marktes" einzugehen.

1. Marktbegriff und Marktabgrenzung

Ganz allgemein wird unter dem Begriff "Markt" der ökonomische Ort des Austausches von bestimmten Gütern und Dienstleistungen verstanden. "Der ökonomische Ort bedeutet dabei die Gesamtheit der Gelegenheiten, bei denen der Verkauf von bestimmten Gütern für einen bestimmten Abnehmerkreis vorgenommen wird."[1]

Aus dieser allgemeinen Definition des Marktes folgt, "daß es, um einen konkreten Markt eindeutig zu umschreiben und abzugrenzen, erforderlich ist, erstens das *Gut* oder die *Gütergruppe,* die auf ihm gehandelt wird, klar zu definieren, und zweitens

---

[1] W. Krelle: "Preistheorie", a.a.O., S. 23.

das *Marktgebiet* oder auch den *Personenkreis,* auf den sich der Markt beziehen soll, genau festzulegen"[2]). Bei der Abgrenzung eines Marktes von anderen Märkten ist also unter preispolitischen Aspekten auf zweierlei zu achten:

a) "Die den Markt kennzeichnende Gütergruppe ist in der Weise zu definieren, daß *sämtliche relevanten Konkurrenzbeziehungen,* aber auch nur diese, erfaßt sind"[3]).

Um dies zu gewährleisten, erscheint es am sinnvollsten, "alle Gutsarten, z.B. Brotsorten, die der Deckung eines bestimmten gesellschaftlichen Bedarfs, z.B. nach Brot, dienen, zum Begriff des 'Bedarfsgutes' (H. Arndt) zusammenzufassen"[4]). Dieses "Bedarfsgut", das in der Regel mehr oder weniger zahlreiche heterogene Güter umschließt,[5]) definiert dann einen "Bedarfsmarkt"[6]).

Die Vorstellung eines solchen "Bedarfsmarktes" findet sich auch bei Gutenberg, wenn er von einem Markt spricht, auf dem eine Vielzahl von heterogenen, differenzierten Erzeugnissen angeboten wird, die alle dem gleichen Zweck dienen[7]). "Der 'gleiche Zweck' liegt eben darin, daß die Güter der Deckung ein und desselben gesellschaftlichen Bedarfs dienen"[8]).

Demnach läßt sich der durch ein bestimmtes *"Bedarfsgut"* gekennzeichnete "Bedarfsmarkt" von anderen Märkten folgendermaßen abgrenzen: Er hat die Funktion der Deckung eines ganz bestimmten Bedarfes übernommen, wohingegen auf anderen Märkten mit anderen Bedarfsgütern ein anderer Bedarf getroffen werden soll.

b) Das *Marktgebiet* muß räumlich und personell klar abgegrenzt werden.

Kriterium für die räumliche Abgrenzung ist: Die Nachfrager können nicht von einem Markt zu einem benachbarten Markt überwechseln bzw. die dabei entstehenden Kosten, wie z.B. Transportkosten, Zeitverlustkosten oder Zölle, sind so hoch, daß ein Überwechseln sich für die Nachfrager nicht lohnt[9]).

Personell läßt sich eine Abgrenzung folgendermaßen vornehmen:
Alle jene Anbieter und Nachfrager, die in einem bestimmten Wirtschaftsgebiet ein bestimmtes Bedarfsgut - im obigen Sinne - anbieten bzw. nachfragen, zählen zu einem bestimmten "Bedarfsmarkt".

Damit ein in diesem Sinne definierter und abgegrenzter Markt als "Oligopol-Markt" angesprochen werden kann, muß er bestimmte Eigenschaften aufweisen; diese sind näher zu betrachten.

---

[2]) H. Jacob: "Preispolitik", a.a.O., S. 27.

[3]) H. Jacob: "Preispolitik", a.a.O., S. 28.

[4]) H. Sanmann: "Marktform, Verhalten, Preisbildung bei heterogener Konkurrenz", in: Jahrbuch für Sozialwissenschaft, Band 14 (1963), S. 66.

[5]) Vgl. hierzu die Ausführungen zum "Vollkommenen und unvollkommenen Markt" auf S. 39 f. dieser Arbeit.

[6]) Eine Theorie des Bedarfsmarktes wurde zuerst entwickelt von H. Arndt: "Anpassung und Gleichgewicht am Markt", in: Jahrbücher für Nationalökonomie und Statistik, Bd. 170, Jg. 1958, S. 217 ff, 362 ff und 434 ff; ihre Weiterentwicklung stammt von H. Sanmann, a.a.O., S. 64 ff.

[7]) Vgl. E. Gutenberg: "Der Absatz", a.a.O., S. 234.

[8]) H. Sanmann, a.a.O., S. 67.

[9]) Vgl. H. Jacob: "Preispolitik", a.a.O., S. 30 f.

2. Strukturelemente und "Denkart" zur Kennzeichnung eines Oligopol-Marktes

Die Gesamtheit der Eigenschaften eines Marktes wird in der Literatur als seine Struktur, die einzelnen Eigenschaften selbst werden als die Strukturelemente dieses Marktes bezeichnet[10]).

Als das wichtigste Strukturelement "ist die *Anzahl,* gegebenenfalls auch die *Größe* der einander gegenüberstehenden *Anbieter und Nachfrager* zu nennen"[11]). Mit Hilfe der Anzahl der Marktteilnehmer werden üblicherweise drei Hauptgruppen "ein", "wenige" und "viele" Anbieter bzw. "ein", "wenige", "viele" Nachfrager gebildet. Dann lassen sich nach der Anzahl der Partner grundsätzlich drei Angebots- und drei Nachfragestrukturen ableiten, die kombiniert insgesamt neun *Marktformen* (im engeren Sinne) ergeben[12]).

Von diesen neun Marktformen (i.e.S.) interessiert im Rahmen dieser Arbeit nur diejenige des sog. *"Oligopols".* Etymologisch stellt das Wort "Oligopol" eine Zusammensetzung aus dem Wort "oligoi", einem Bestimmungswort mit der Bedeutung "wenig", "gering", und dem Verb "polein" (gr.) = "verkaufen" dar. "Oligopol" bedeutet etymologisch demnach so viel wie "wenige Verkäufer" oder "wenige Anbieter"[13]); somit wird nur über die Anzahl der Marktpartner auf der Angebotsseite Auskunft gegeben. Zur genauen Kennzeichnung einer Marktform muß aber auch die Anzahl der Nachfrager genannt werden. Dabei ist es eine Konvention, daß dann, wenn über eine Marktseite nichts ausgesagt wird, sie stets das Strukturelement "viele" aufweisen soll[14]). Demnach wird ein "Oligopol" durch die Strukturelemente "wenige" auf der Angebotsseite und "viele" auf der Nachfrageseite definiert.

Hierbei können "wenige" Anbieter allein *zahlenmäßig* noch eindeutig gegenüber "einem" Anbieter, dem sog. Monopolisten, abgegrenzt werden. Denn bereits zwei Anbieter sind mehr als ein Anbieter und gleichzeitig noch wenige Anbieter; dementsprechend stellt das sog. "Dyopol", bei dem zwei Anbieter vielen Nachfragern gegenüberstehen[15]), den einfachsten Fall des "Oligopols" dar.

Nach völlig anderen Gesichtspunkten muß die Abgrenzung der "wenigen" Anbieter des Oligopols gegenüber dem "Polypol", bei dem "viele" Anbieter auftreten, vorgenommen werden. Zwischen "wenigen" und "vielen" kann nämlich *zahlenmäßig* keine

---

[10]) Vgl. hierzu vor allem K. Brandt: "Preistheorie", Ludwigshafen 1960, S. 23 ff.

[11]) H. Jacob: "Preispolitik", a.a.O., S. 32.

[12]) Vgl. hierzu vor allem H. v. Stackelberg: "Marktform...", a.a.O., S. 2 ff; zu Problemen der Marktformenlehre vgl. ferner H.C. Recktenwald: "Zur Lehre von den Marktformen", in: Weltwirtschaftliches Archiv, Bd. 67 (1951 II), S. 298 ff und G. Lehmann: "Marktformenlehre und Monopolpolitik", Berlin 1956.

[13]) Die in der Literatur häufig verwendete Bezeichnung "Angebots-Oligopol" stellt deshalb streng genommen einen Pleonasmus dar, weil "Oligopol" schon etymologisch beinhaltet, daß wenige A n b i e t e r auftreten. Stehen im Gegensatz dazu wenige N a c h f r a g e r vielen Anbietern gegenüber, so ist exakt von einem "Oligopson" zu sprechen; vgl. u.a. H. Jacob: "Preispolitik", a.a.O., S. 33, Fußnote 9.

[14]) Vgl. H. v. Stackelberg: "Marktform...", a.a.O., S. 3.

[15]) Vgl. H. v. Stackelberg: "Marktform...", a.a.O., S. 16; W. Krelle: "Preistheorie", a.a.O., S. 245 und H. Jacob: "Preispolitik", a.a.O., S. 153.

eindeutige Grenze mehr gezogen werden. Vielmehr ist hier die aus der Anzahl der Anbieter resultierende Marktwirkung als das maßgebliche Kriterium anzusehen. Dementsprechend liegt eine oligopolistische Angebotsstruktur dann vor, "wenn das Marktgut (die auf dem Markt konkurrierende Gütergruppe) zwar von mehreren Firmen angeboten wird, die Zahl dieser Firmen aber so klein und ihr jeweiliger Marktanteil dementsprechend so groß ist, daß Maßnahmen eines Unternehmens Gegenmaßnahmen der Konkurrenten auslösen"[16]).

Das spezifische Kennzeichen des Oligopols ist somit: Die Zahl der Anbieter ist so gering, "daß der einzelne Anbieter mit seinem Einfluß auf das Marktgeschehen rechnen muß, der für die anderen fühlbar ist"[17]); deshalb hat ein Oligopolist "bei seiner Marktstrategie mindestens zwei Fronten im Auge zu behalten: die seiner Abnehmer und die seiner Konkurrenten. Beider *Reaktionen* sind zu berücksichtigen"[18]). Der Oligopolist wird also damit rechnen müssen, daß eine eigene Preissenkung "eine so merkbare Absatzänderung bei seinen Konkurrenten hervorrufen wird, daß sie früher oder später auf seine Preissenkung reagieren werden"[19]).

Die Oligopoldefinition beinhaltet folglich ausdrücklich, daß die wenigen Anbieter bei eigenen Aktionen mit *Reaktionen,* und zwar nicht nur der Marktgegenseite (Nachfrager), sondern insbesondere auch mit Reaktionen der *Konkurrenten* rechnen müssen[20]). Dadurch grenzt diese Definition das Oligopol eindeutig von der Marktform des Monopols und des Polypols ab, bei denen die Anbieter Konkurrentenreaktionen nicht beachten. Demgegenüber wird bei der Kennzeichnung des Oligopols bereits auf eine spezifische "Denk-Art"[21]) der Anbieter abgestellt[22]): Oligopolisten erwarten Reaktionen der Konkurrenten auf eigene Maßnahmen, d.h. ein Anbieter "ist ein Oligopolist, wenn er vor Entscheidungen über Angebotspreise, Angebotsmengen, Erzeugnisqualitäten, Kapazitätserweiterungen oder Werbetätigkeit überlegt, wie seine Konkurrenten auf seine Handlungen reagieren könnten"[23]).

Bevor diese "Denkart" in ihrer Beziehung zur sog. "oligopolistischen Verhaltensweise" untersucht werden kann, ist die Frage zu beantworten, was die in der Oligopoltheorie übliche Annahme besagt: "Die Oligopolisten handeln bzw. verhalten sich rational".

---

[16]) H. Jacob: "Preispolitik", a.a.O., S. 33.

[17]) A.E. Ott: "Marktform und Verhaltensweise", (im folgenden zitiert als "Marktform..."), Stuttgart 1959, S. 19.

[18]) W. Krelle: "Preistheorie", a.a.O., S. 41 f.

[19]) E. Schneider: "Einführung in die Wirtschaftstheorie", II. Teil: "Wirtschaftspläne und wirtschaftliches Gleichgewicht in der Verkehrswirtschaft", (im folgenden zitiert als "Einführung..., II. Teil"), 6. Auflage, Tübingen 1960, S. 73 f.

[20]) Vgl. B. Röper, a.a.O., S. 242.

[21]) F. Machlup: "Oligopol", (im folgenden zitiert als "Oligopol"), in: Handwörterbuch der Sozialwissenschaften, Bd. 8, Stuttgart-Tübingen-Göttingen 1964, S. 83.

[22]) H. Sanmann spricht in diesem Zusammenhang von "Grundverhalten" als Gegensatz zur "Verhaltensweise"; vgl. H. Sanmann, a.a.O., S. 89.

[23]) F. Machlup: "Oligopol", a.a.O., S. 83.

II. Die Beziehungen zwischen Zielsetzung, Information(-sumfang) und "rationaler Verhaltensweise"

1. Rationalität und Verhaltensweise bei vollkommener Information

Ausgangspunkt jeder unternehmerischen Aktivität ist folgende Überlegung: "Die Aufgabe der Unternehmung besteht darin, 1. die relevanten Daten zu erkennen und 2. die unter Berücksichtigung dieser Daten richtigen Mittel zur Erreichung des gesetzten Zieles zu erkennen und auszuwählen"[24]). Hieraus folgt: Bevor die "richtigen" Maßnahmen ergriffen werden können, muß über die unternehmenspolitische Zielsetzung [25]), die Datenkonstellation und alle Handlungsalternativen Klarheit bestehen.

Nach dem Umfange, in dem der Unternehmer Informationen über Daten und Handlungsalternativen besitzt, kann zwischen "vollkommener Information" und "unvollkommener Information" unterschieden werden. Kennzeichen der *vollkommenen Information"*, die hier zunächst betrachtet werden soll, sind[26]):

a) die volle (sichere) Kenntnis aller relevanten Größen und Beziehungen, die in Vergangenheit und Gegenwart für eine konkrete Entscheidungssituation von Bedeutung sind, und

b) die volle (sichere) Kenntnis der zukünftigen Veränderungen dieser Größen und Beziehungen[27]).

Da der Planungszeitraum der Unternehmer in der Praxis grundsätzlich nicht die gesamte Zeit bis ins Unendliche umfaßt, sondern nur einen bestimmten endlichen Zeitraum, soll sich die "vollkommene Information" auch jeweils nur auf diesen Planungszeitraum beziehen[28]).

---

[24]) H. Jacob: "Preispolitik", a.a.O., S. 16.

[25]) Zu Problemen der unternehmenspolitischen Zielsysteme vgl. u.a. E. Heinen: "Die Zielfunktion der Unternehmung", in: Zur Theorie der Unternehmung, Festschrift für E. Gutenberg, hrsg. v. H. Koch, Wiesbaden 1962, S. 9 ff. und J. Bidlingmaier: "Unternehmerziele und Unternehmerstrategien", Wiesbaden 1964.

[26]) Vgl. hierzu vor allem W. Wittmann: "Unternehmung und unvollkommene Information", Köln u. Opladen 1959, S. 13-22.

[27]) Der Begriff "vollkommene Information" ist nicht identisch, deckt sich aber weitgehend mit der Bedingung der "vollkommenen Voraussicht", die in der wirtschaftswissenschaftlichen Theorie häufig als Prämisse gesetzt wird; vgl. O. Morgenstern: "Vollkommene Voraussicht und wirtschaftliches Gleichgewicht", in: Zeitschrift für Nationalökonomie, Bd. 6 (1935), S. 337 ff; siehe auch die folgende Fußnote.

[28]) Im Gegensatz dazu wird mit dem Begriff "vollkommene Voraussicht" häufig die Vorstellung verbunden, für die gesamte Zeit bis ins Unendliche alles zu wissen; vgl. W. Wittmann, a.a.O., S. 19 u. S. 22.

Auf den konkreten Inhalt und die Konsequenzen der Prämisse "vollkommener Information" im Oligopolfall wird noch ausführlich einzugehen sein. Hier braucht der Begriff "vollkommene Information" zunächst nur so weit gekennzeichnet zu werden, wie es für die folgenden Überlegungen erforderlich ist.

Bei "vollkommener Information" — im oben beschriebenen Sinne — wird die Auswahl der "richtigen" Mittel bzw. Maßnahmen von den Unternehmern grundsätzlich nach dem *"Rationalitätsprinzip"* vorgenommen; d.h. die Unternehmer prüfen alle Mittel bzw. alle Maßnahmen darauf hin, ob und in welchem Maße sie geeignet sind, bei der gegebenen Datenkonstellation die Erreichung des gesetzten Zieles zu gewährleisten. Streng genommen handelt es sich bei der Auswahl nach dem Rationalitätsprinzip, wenn vollkommene Information besteht, um ein Optimierungsproblem; denn es geht um die Bestimmung der "besten", d.h. "optimalen" Maßnahme aus allen bestehenden Handlungsalternativen. So gesehen bedeutet das Rationalitätsprinzip "das Anstreben eines Optimums innerhalb einer bekannten Präferenzordnung"[29]), wobei "die Existenz einer konsistenten Präferenzordnung zur Definition der Rationalität unabdingbar"[30]) ist. Die zu ergreifende Maßnahme soll also "rational" im Sinne von "optimal" in Bezug auf die gewählte Zielsetzung *und* eine bekannte Datenkonstellation sein.

Das rational-gesteuerte Ergreifen dieser oder jener Maßnahme ist dann Ausdruck des rationalen Handelns eines Unternehmers. Durch die Maßnahme wird erkennbar, wie der Unternehmer in einer konkreten Situation handelt. Die Summe dieser konkreten Handlungen (Maßnahmen), die durch die Vernunft zielsetzungs-adäquat und "datengerecht" gesteuert werden, kennzeichnet die *"rationale Verhaltensweise"* eines Unternehmers bei vollkommener Information.

Von "Verhaltensweise" ist also nur dann zu sprechen, "wenn damit konkretes Handeln gemeint ist"[31]). Der Begriff "Verhaltensweise" umfaßt daher etwas anderes als nur die Zielsetzung[32]) oder die "Denkart", die den "Motor" für eine Handlung darstellt.

Die rationale Verhaltensweise eines Unternehmers ist vielmehr ein zielorientiertes und zugleich auf die jeweilige Datenkonstellation abgestimmtes *Handeln*. Dementsprechend werden sich die zu ergreifenden Maßnahmen und damit die rationale Verhaltensweise des Unternehmers ändern, wenn bei gleicher Zielsetzung die Datenkonstellation — z.B. im Zeitablauf — Veränderungen unterworfen ist. Analog wird bei unveränderter Datenkonstellation die Verhaltensweise eines Anbieters durch eine Variation der Zielsetzung ebenfalls beeinflußt.

---

[29]) W. Meißner: "Oligopolanalyse im Rahmen eines allgemeinen Handlungsmodells", Wirtschaftswissenschaftliche Abhandlungen Heft 21, Berlin 1965, S. 56.

[30]) W. Meißner, a.a.O., S. 56 (Fußnote 40).

[31]) H. Sanmann, a.a.O., S. 89.

[32]) Anderer Meinung ist u.a. Kantzenbach, der "Verhaltensweise" und "Zielsetzung" als Synonyma verwendet; vgl. E. Kantzenbach: "Dynamischer Wettbewerb und oligopolistisches Marktverhalten", in: Jahrbuch der Sozialwissenschaft, Bd. 14 (1963), S. 202 f.

Unter einem etwas anderen Blickwinkel folgt aus dem Rationalitätsprinzip und der beschriebenen Beziehung zwischen Verhaltensweise, Zielsetzung und vollkommener Information ferner: Bei gegebener Zielsetzung und vollkommener Information über die Datenkonstellation wird i.d.R. eine und nur eine Verhaltensweise "rational" im Sinne von "optimal" sein. Sind alle Elemente der Entscheidungssituation bekannt, so ist der Handlungsablauf durch das Rationalitätsprinzip eindeutig determiniert[33]), d.h. aus der Datenkonstellation und der gewählten Zielsetzung folgt zwingend (meist) eine einzige rationale (optimale) Maßnahme bzw. Verhaltensweise.

Bei vollkommener Information kann daher von *"objektiver Rationalität"* gesprochen werden. Denn hier kann eindeutig entschieden werden, welche Maßnahme bzw. Verhaltensweise "optimal" in Bezug auf Zielsetzung und Datenkonstellation ist und welche nicht. Dieses Ergebnis wird beispielsweise für die Beurteilung der "normalen Reaktion" in der Dyopoltheorie von Krelle[34]) bedeutsam.

2. "Subjektive Rationalität" und "Lernprozeß" bei unvollkommener Information

Analog zum Begriff der vollkommenen Information ist von "unvollkommener Information" dann zu sprechen, wenn ein Unternehmer entweder *nur einen Teil* derjenigen Größen und Beziehungen kennt, die für seine unternehmerische Entscheidung von Bedeutung sind, oder wenn er diese Größen nur *"ungefähr"* kennt[35]).

Die nur teilweise oder ungefähre und deshalb un-vollkommene Kenntnis kann sich einmal auf die gegenwärtigen Daten und Handlungsalternativen, zum anderen - evtl. gleichzeitig - auf die zukünftige Entwicklung dieser Größen beziehen.

Im Rahmen dieses Buches wird schrittweise von der vollkommenen zur unvollkommenen Information übergegangen, um herausarbeiten zu können, welcher Einfluß von der unvollkommenen Information auf den Entscheidungprozeß im Oligopol ausgeht. Dazu läßt sich hier bereits folgendes ausführen:

Bisweilen wird in der Literatur von "Störungen der Rationalität durch mangelhafte Übersicht"[36]) gesprochen. Hierin kommt zum Ausdruck, daß bei unvollkommener Information das Konzept "objektiver Rationalität" im oben beschriebenen Sinne eines Optimierungsstrebens nicht anwendbar ist; denn Voraussetzung für eine Optimierung ist, daß sämtliche Elemente der Entscheidungssituation objektiv erfaßt werden können.

Bei unvollkommener Information, z.B. über die Entscheidungsresultate, können wir der Unternehmung als Entscheidungseinheit "nicht mehr die 'objektive' Rationalität der Optimierungsforderung abverlangen, sondern müssen ihr eine *'subjektive' Rationalität* zugestehen, die das Ergebnis der beschränkten Fähigkeiten (Informationen) der

---

[33]) Vgl. W. Meißner, a.a.O., S. 108.

[34]) Vgl. hierzu die Ausführungen in Teil 2, Kapitel 1.

[35]) Fehlt j e g l i c h e Information, so spricht Wittmann von "vollkommener Ignoranz", die er als Gegenpol zur "vollkommenen Voraussicht" ansieht; vgl. W. Wittmann, a.a.O., S. 23.

[36]) W. Wittmann, a.a.O., S. 22.

Entscheidungseinheiten ist. Für die Entscheidung ist es nicht ausschlaggebend, wie sie mit 'Schiedsrichterinformation' über die Situation zu lösen wäre, sondern wie sie von der Entscheidungseinheit erfaßt wird"[37]).

Ist also eine Situation durch unvollkommene Information gekennzeichnet, so muß der Unternehmer versuchen, mit Hilfe einer "subjektiven" Rationalität, beispielsweise mit Hilfe des subjektiven Maßstabes eines bestimmten *"Anspruchsniveaus"*[38]) die Ergebnisse seiner Entscheidungen (Handlungen) zu beurteilen und zu verbessern.

Bemerkenswerterweise wird nun häufig folgende Beziehung zwischen Optimierungsverhalten und "Anspruchsniveau"-Verhalten bestehen: Der Unternehmer hält in der ersten Entscheidungssituation ein bestimmtes "Anspruchsniveau" für erreichbar. Das tatsächliche Ergebnis wird wegen der unvollkommenen Information i.d.R. vom erwarteten "Anspruchsniveau" abweichen. Aufgrund dieser Abweichungen wird der Unternehmer sein "Anspruchsniveau" und/oder die gewählten Handlungsalternativen ändern, und zwar sukzessiv von Entscheidung zu Entscheidung. Indem mehr und mehr Handlungsalternativen und -resultate bekannt und von dem Unternehmer erfaßt werden (Informationsgewinn), wird – insbesondere bei einer konstanten Zahl von Elementen der Entscheidungssituation – *das Anspruchsniveau-Verhalten zum Optimierungsverhalten konvergieren*[39]).

Der Vergleich der Ergebnisse mit dem "Anspruchsniveau" gewährleistet demnach zwar nicht, die "beste" Handlungsalternative und somit das (objektive) Optimum *sofort* zu bestimmen und zu realisieren. Dies wird auch gar nicht erst versucht, weil gerade die Unvollkommenheit der Information die sofortige Bestimmung des objektiven Optimums unmöglich macht. Das Messen am "Anspruchsniveau" erlaubt jedoch eine Beurteilung der erreichten Ergebnisse hinsichtlich ihrer Entwicklung in die Richtung "besser" oder "schlechter". Auf diese Weise wird, da jeder Unternehmer sein Ergebnis (Gewinn) verbessern will, ein Anpassungsprozeß in eine "bessere" Richtung eingeleitet. Dieser Anpassungsprozeß schließt die Möglichkeit ein, eine (objektiv) optimale und eindeutige Lösung zu finden.

Das Ganze vollzieht sich mithin im Rahmen eines dynamischen *"Lernprozesses"*, in dem die aufgrund unvollkommener Information "subjektiven" Anspruchsniveaus der Marktteilnehmer *iterativ* erhöht bzw. gesenkt und so allmählich dem "objektiven" Optimum angenähert werden.

---

[37]) W. Meißner, a.a.O., S 105.

[38]) Das Konzept des "Anspruchsniveaus" (level of aspiration) wurde vor allem in der Psychologie entwickelt; vgl. hierzu u.a. F. Hoppe: "Erfolg und Mißerfolg", in: Psychologische Forschung, 14. Jg. (1930), S. 1 ff; S. Siegel: "Level of aspiration and decision making", in: Psychological Review, 1957, S. 253 ff. Zur Diskussion des Anspruchsniveaus in betriebswirtschaftlichen Zusammenhängen vgl. u.a.: G. Katona: "Das Verhalten der Verbraucher und Unternehmer", Tübingen 1960, S. 241 ff; H. Sauermann und R. Selten: "Anspruchsanpassungstheorie der Unternehmung", in: Zeitschrift für die gesamte Staatswissenschaft, 118. Bd., (1962), S. 577 ff; U. Schmidt-Sudhoff: "Unternehmerziele und unternehmerisches Zielsystem", Wiesbaden 1967, S. 66 ff.

[39]) Vgl. W. Meißner, a.a.O., S. 106.

Dieser "Lernprozeß" ist in Struktur und Ablauf dem Auffinden der optimalen Lösung bei der Simplex-Methode der linearen Optimierungsrechnung vergleichbar: Dem "subjektiven" Anspruchsniveau entspricht bei der linearen Optimierungsrechnung eine der "zulässigen" Lösungen, die den linearen Nebenbedingungen genügen; indem nun jeweils von einer erreichten zulässigen Lösung zu einer nächst "besseren" zulässigen Lösung fortgeschritten wird, wird schließlich die "optimale" Lösung gefunden. die das Optimalitätskriterium berücksichtigt. Im "Lernprozeß" erfolgt die allmähliche Annäherung an das Optimum sowohl durch die Anpassung der Anspruchsniveaus als auch durch die zunehmende Erkenntnis der Situation, d.h. durch Ausweitung der Menge der erfaßten Daten der Entscheidungssituation.

Die Einbeziehung eines derartigen "Lernprozesses" in die Oligopoltheorie soll im Rahmen dieser Arbeit erfolgen[40]). Damit wird der Versuch unternommen, in Oligopolmodellen zu berücksichtigen, daß die Anbieter ihre Erwartungsstrukturen im Zeitablauf systematisch ändern, um ihre Ergebnisse sukzessive zu verbessern. Auf diese Weise wird es möglich sein, die Oligopolpreisbildung bei unvollkommener Information wirklichkeitsnäher darzustellen, als es bisher in den ohnehin seltenen Versuchen geschehen ist.

Die hier angestellten Überlegungen zu Rationalitätskonzept und Verhaltensweise bei vollkommener und unvollkommener Information sind aber auch noch aus einem anderen Grunde notwendig: Sie sind erforderlich, um gleich am Anfang einer Oligopolanalyse einige Prämissen-Kombinationen, die in der Literatur häufiger anzutreffen sind — wie z.B. die Prämissen-Kombination: Streben nach maximalem Gewinn, vollkommene Information und "autonomes" Verhalten der Oligopolisten —, richtig beurteilen zu können. Nur so können gegebenenfalls Widersprüche, die bereits in der Kombination der Prämissen liegen, rechtzeitig erkannt und eliminiert werden.

Aus diesem Grunde sind auch die in der Literatur üblichen Begriffe bzw. Prämissen "oligopolistische Verhaltensweise", "konjekturales" ("reaktions-bewußtes") und "autonomes" ("reaktions-indifferentes") Verhalten kurz auf ihren Inhalt zu überprüfen.

III. Oligopolistische Verhaltensweise und Reaktionserwartungen

1. "Oligopolistische Denkart" und "oligopolistische Verhaltensweise"

Bei der Definition des Oligopol-Marktes wurde bereits ausführlich dargestellt, daß sich Oligopolisten durch eine spezifische "Denkart" auszeichnen: Oligopolisten unterscheiden sich von Polypolisten und Monopolisten dadurch, daß sie — unabhängig von ihrer Zielsetzung — grundsätzlich mit *Konkurrenten-Reaktionen* rechnen.

Die Erwartung von Konkurrenten-Reaktionen ist somit Ausdruck der "oligopolistischen Denkart" und diese *das* Kennzeichen des Oligopols. Aus der - oben beschriebenen -

---

[40]) Vgl. hierzu Teil 3, Kapitel 3 (Modelle VIII und IX) dieser Arbeit.

Abstimmung von Zielsetzung, Rationalitätsprinzip und "oligopolistischer Denkart" resultieren in Abhängigkeit vom gegebenen Informationsumfang (vollkommene oder unvollkommene Information) bestimmte Maßnahmen bzw. Handlungen. Diese konkreten Handlungen konstituieren dann eine bestimmte "oligopolistische Verhaltensweise".

Eine "oligopolistische Verhaltensweise" wird also nicht allein schon durch die "oligopolistische Denkart", d.h. durch die bloße Erwartung von Konkurrenten-Reaktionen definiert; sie wird genau genommen erst durch zielsetzungs-adäquate, konkrete Handlungen, die in Erwartung von Konkurrenten-Reaktionen ergriffen werden, determiniert[41]).

Entscheidend bleibt aber: Ein Anbieter handelt bzw. verhält sich nur dann als Oligopolist, wenn er wegen der geringen Zahl der Mit-Anbieter mit Reaktionen dieser Konkurrenten rechnet. Dies wird für die folgende Beurteilung einiger grundsätzlicher Prämissen bekannter Oligopoltheorien bedeutsam.

2.   "Autonomes" und "konjekturales" Verhalten im Oligopol

R. Frisch hat als erster "die Art und Weise, in der sich jeder Polist eine Meinung über die Rückwirkungen auf die Aktionen der anderen Polisten bildet — Rückwirkungen, die von einer Veränderung in seinen eigenen Aktionsparametern hervorgerufen werden können —"[42]), grundlegend behandelt und klassifiziert. Er unterscheidet zwischen "autonomer Aktion", "konjekturaler Aktion" und "Überlegenheitsaktion"[43]).

a) Kritik an der Prämisse: "Autonomes Verhalten von Oligopolisten"

Von einer "autonomen Aktion" ist in dem Falle zu sprechen, "in dem sich jeder Polist der Bedeutung der verschiedenen Aktionsparameter, die tatsächlich auf dem Markt existieren, *bewußt ist, aber so handelt, als ob* eine kleine Veränderung seiner eigenen Parameter *keine* Veränderung der Parameter der anderen hervorriefe. Mit anderen Worten: Jeder Polist sieht seine eigenen Parameter als Variable und die Parameter der anderen als Konstanten an, die durch die tatsächliche Situation gegeben seien"[44])[45]).

[41]) Weniger auf die konkreten Handlungen als vielmehr allein auf die "Denkart" stellt Schneider ab, da er von einer "oligopolistischen Verhaltensweise" bereits dann spricht, wenn Anbieter 1 d e n k t, "daß der Anbieter Nr. 2 auf Änderungen des Preises p_1 irgendwie reagieren wird"; E. Schneider: "Einführung..., II. Teil", a.a.O., S. 64.

[42]) R. Frisch: "Monopole - Polypole. La notion de force dans l'économie", Festschrift til H. Westergaard, in: Nationaløkonomisk Tidsskrift, Bd. 71 (1933), S. 241 ff, deutsche Übersetzung von A.E. Ott: "Monopol-Polypol - der Begriff der Kraft in der Wirtschaft", in: "Preistheorie", hrsg. von A.E. Ott (im folgenden zitiert als: R. Frisch: "Monopol..."), Köln-Berlin 1965, S. 25.

[43]) Vgl. R. Frisch: "Monopol...", a.a.O., S. 19 u. 25 ff.

[44]) R. Frisch: "Monopol...", a.a.O., S. 25.

[45]) In gleicher Weise definiert Schneider die sog. "polypolistische Verhaltensweise": Der Anbieter Nr. 1 r e c h n e t d a m i t, daß s e i n Absatz auch vom Preis des Anbieters Nr. 2 abhängt, g l a u b t a b e r n i c h t, daß Änderungen seines eigenen Preises den Anbieter Nr. 2 veranlassen werden, seinen Preis p_2 als F o l g e d e r Ä n d e r u n g v o n p_1 zu variieren ... Betrachtet also der Anbieter Nr. 1 den Preis p_2 als Konstante" ..., so sagt man, "der Anbieter Nr. 1 verhalte sich polypolistisch"; E. Schneider: "Einführung..., II. Teil, a.a.O., S. 63 f. - Die Argumente gegen die Annahme "autonomer Aktionen im Oligopol" sprechen daher gleichzeitig gegen Schneiders Vorstellung, Oligopolisten könnten sich evtl. polypolistisch - mit R. Frisch gesprochen "autonom" - verhalten; vgl. E. Schneider: "Einführung..., II. Teil", a.a.O., S. 71 ff und S. 346 ff.

Aus dieser Definition ist ein wesentlicher Gesichtspunkt zu gewinnen, der sehr natürlich erscheint, der aber trotzdem in der Oligopolliteratur nicht immer genügend beachtet wurde:

Ein Oligopolist, der sich der verschiedenen Aktionsparameter seiner Konkurrenten *bewußt* ist, aber dennoch so handelt, *als ob* z.B. "sein Absatz allein von seinen eigenen Aktionsparametern, nicht dagegen auch von den Aktionsparametern anderer Anbieter abhängt"[46]), handelt *nicht* "rational"[47]). Anders ausgedrückt: "Autonome Aktion" und "rationale Verhaltensweise" sind Prämissen, die - oft gleichzeitig genannt[48]) - im *Oligopol*fall einander widersprechen!

Dies gilt zum einen für den Fall der vollkommenen Information: Dann würde der "autonom" handelnde Oligopolist deshalb nicht rational handeln, weil er verfügbare Informationen über die tatsächlichen Reaktionen der Konkurrenten nicht beachtet bzw. nutzt.

Aber auch im Falle unvollkommener Information widerspricht eine "autonome" bzw. "reaktions-indifferente" Handlungsweise dem (subjektiven) Rationalprinzip. Denn

1. müßte der Oligopolist für eine autonome, reaktions-indifferente Maßnahme seine "oligopolistische Denkart" aufgeben, aufgrund derer er mit Konkurrentenreaktionen hätte rechnen müssen;

2. müßte er spätestens nach der ersten Reaktion der Konkurrenten auf seine "autonome Aktion" seine Erwartung korrigieren; ein Festhalten an der "autonomen" Grundeinstellung, obwohl Informationen darüber vorliegen, *daß* die Konkurrenten reagieren, wäre wiederum irrational.

Die Prämisse "autonomer Aktionen" ist also mit einer sinnvollen Oligopolanalyse logisch nicht vereinbar[49]).

Das klassische Beispiel für eine derartige widersprüchliche Prämissen-Kombination ist der von Cournot erstmals untersuchte Dyopol-Fall: Jeder Produzent variiert seine Menge unter der Annahme, "daß eine Veränderung seiner eigenen Menge keine Veränderung der von den anderen produzierten Menge hervorrufe"[50]). Bei Cournot und verschiedenen anderen Autoren[51]) handelt also jeder Dyopolist "autonom". Wenn nun diese Dyopol-Fälle wegen der aufgezeigten Widersprüche im folgenden nicht näher betrachtet werden, so soll damit jedoch das Verdienst Cournots, die Dyopoltheorie entscheidend vorangetrieben zu haben, keineswegs geschmälert werden.

---

[46]) E. Schneider: "Einführung..., II. Teil", a.a.O., S. 63.

[47]) Vgl. hierzu die vorhergehenden Ausführungen über die "Beziehungen zwischen Zielsetzung, Information(-sumfang) und rationaler Verhaltensweise" in dieser Arbeit.

[48]) Vgl. u.a. R. Richter: "Preistheorie" (im folgenden zitiert als: "Preistheorie"), Wiesbaden 1963, S. 178 ff und S. 186 ff.

[49]) In diesem Sinne äußert sich auch E. Gutenberg: "Der Absatz", a.a.O., S. 270 f.

[50]) R. Frisch: "Monopol...", a.a.O., S. 25.

[51]) Ebenfalls eine "autonome" Verhaltensweise liegt den Untersuchungen zur Oligopolpreisbildung von Bertrand, Edgeworth, Launhard und Hotelling zugrunde; vgl. dazu E. Gutenberg: "Der Absatz", a.a.O., S. 271, und R. Richter: "Preistheorie", a.a.O., S. 186 ff und S. 194 ff.

b) "Konjekturales" bzw. "reaktions-bewußtes" Verhalten von Oligopolisten

So wenig wie also die "autonome Aktion" mit der "oligopolistischen Denkart" und daher mit der Oligopol-Definition selbst in Einklang zu bringen ist, so sehr stellt die sog. "konjekturale Aktion" eine rationale Handlungsmaxime für Oligopolisten dar.

Eine "konjekturale Aktion" liegt nämlich dann vor, wenn "die Polisten die Möglichkeit berücksichtigen, daß eine Veränderung ihrer eigenen Parameter eine Veränderung in den Parametern der anderen induziert"[52]). Die "konjekturale Aktion" kann somit als eine der "oligopolistischen Denkart" konforme Handlungsweise von Oligopolisten angesehen werden: Oligopolisten verhalten sich nur dann rational, wenn sie "reaktions-bewußt" handeln.

"Oligopolistische Denkart" und "konjekturales" (reaktions-bewußtes) Verhalten lassen bereits die fundamentale Bedeutung erkennen, die die Erwartung von Konkurrenten-Reaktionen für die Oligopolpreisbildung besitzt. Deshalb ist der Inhalt der Reaktionserwartungen von Oligopolisten im folgenden näher zu betrachten.

3.   Die Reaktions-Erwartungen von Oligopolisten

a) Erwartungen über Nachfrager-Reaktionen und Konkurrenten-Reaktionen

Ergreift ein Oligopolist eine bestimmte Maßnahme, so erwartet er auf diese Aktion Reaktionen der Nachfrager *und* Reaktionen der Konkurrenten.

Diese beiden "Reaktionstypen" sind grundsätzlich auseinander zu halten. Dementsprechend müssen sie im Entscheidungsprozeß der Oligopolisten auch in unterschiedlicher Weise berücksichtigt werden. So gehen die Erwartungen über die Nachfrager-Reaktionen - wie noch diskutiert wird - unmittelbar in die Preis-Absatz-Funktionen ein; im Gegensatz dazu sind für die Erwartungen über Konkurrenten-Reaktionen sog. "Reaktionsfunktionen"[53]) zu formulieren. Hierauf werden wir noch ausführlich eingehen.

Allerdings besteht zwischen den beiden Reaktionstypen ein kausaler Zusammenhang[54]): Die Reaktionen der Nachfrager beeinflussen im Oligopol "fühlbar" die Absatzsituation der Konkurrenten. Auf die veränderte Absatzlage müssen die Konkurrenten mit Gegenmaßnahmen antworten, um sich in der neuen Situation ihrer Zielsetzung gemäß optimal zu verhalten. Gleichzeitig werden die Konkurrenten-Reaktionen erneute Nachfrager-Reaktionen induzieren. Diese Reaktionen der Nachfrager beeinträchtigen den Erfolg der ursprünglichen Aktion des Oligopolisten, der als erster aktiv wurde. Deshalb muß ein Oligopolist, der Entscheidungen über eine Aktion treffen will, hierbei Erwartungen über Nachfrager-Reaktionen und vor allem über Reaktionen der Konkurrenten berücksichtigen.

---

[52]) R. Frisch: "Monopol..." a.a.O., S. 26.
[53]) Vgl. W. Krelle: "Preistheorie", a.a.O., S. 13 f.
[54]) Vgl. E. Gutenberg: "Der Absatz", a.a.O., S. 267 f. und H. Jacob: "Preispolitik" a.a.O., S. 154.

b) Die vier Teil-Erwartungen der Oligopolisten im einzelnen

Bisher ist immer nur die erste Teil-Erwartung der Oligopolisten beschrieben worden: die Teil-Erwartung, *daß* die Nachfrager und deshalb auch die Konkurrenten auf die Aktion eines Anbieters reagieren. Diese Teil-Erwartung, insbesondere hinsichtlich der Konkurrenten-Reaktionen, wurde bereits als Inhalt der "oligopolistischen Denkart" gekennzeichnet.

Daneben sind noch drei weitere Teil-Erwartungen für die Oligopolpreisbildung von besonderer Bedeutung. Es erscheint erforderlich, diese Teil-Erwartungen ausführlich zu beschreiben und streng voneinander zu trennen. Denn einige Unklarheiten und Widersprüche bekannter Oligopoltheorien beruhen darauf, daß die Erwartungen der Oligopolisten nicht exakt genug formuliert oder in ihrer Tragweite nicht konsequent genug berücksichtigt wurden.

Zur zweiten Teil-Erwartung führt folgende Überlegung: Ein Unternehmer kann noch keine preispolitische Entscheidung treffen, wenn er nur erwartet, *daß* Nachfrager und Konkurrenten reagieren. Vielmehr erfordert diese Entscheidung auch eine Teil-Erwartung darüber, *wie* die Reaktionen der Nachfrager und Konkurrenten aussehen werden. Die Erwartung über das "wie" der Nachfrager- und Konkurrenten-Reaktionen beinhaltet in erster Linie eine Quantifizierung des erwarteten *Ausmaßes,* in dem Nachfrager und Konkurrenten Gegenmaßnahmen ergreifen.

Das Ausmaß der Nachfrager-Reaktionen bzw. der "Nachfrage-Beweglichkeit" hängt allgemein von der Datenkonstellation, der Präferenzstruktur und der Nutzenfunktion der Nachfrager ab. Der Umfang von Informationen, den die Unternehmen hierüber besitzen, bestimmt, wie exakt die Unternehmensleitungen ihre Erwartungen über die Nachfragereaktionen quantifizieren und in ihre Preis-Absatz-Funktionen einbeziehen können[55]).

Die Frage nach dem "wie" der Konkurrenten-Reaktionen kann der Oligopolist zunächst global dahingehend beantworten, daß sich seine Konkurrenten ebenfalls "rational" - im oben beschriebenen Sinne[56]) - verhalten werden. Dies besagt: Die Konkurrenten bestimmen ihre Gegenmaßnahmen so, daß sie in Bezug auf die Datenkonstellation und die Zielsetzung optimal sind. Die Erwartung eines Oligopolisten über das Ausmaß der Konkurrenten-Reaktionen hängt also ab: (1) von seiner Erwartung über die Zielsetzung der Konkurrenz und (2) von seiner Erwartung über diejenige Datenkonstellation, die die Konkurrenten ihren Entscheidungen zugrunde legen.

Daher wird im Zusammenhang mit den Erwartungen über die Konkurrenten-Reaktionen wiederum bedeutsam, ob die Oligopolisten vollkommene oder unvollkommene Information besitzen. Denn bei vollkommener Information kennt der einzelne Anbieter nicht nur die eigene Nachfrage- und Kostensituation, sondern auch diejenige der Konkurrenten und deren Zielsetzung. Dann müßte aber aufgrund dieser vollkommenen

---

[55]) Vgl. hierzu unsere späteren Ausführungen über die "Preis-Absatz-Funktionen im Dyopol auf unvollkommenem Markte" und über den "Einfluß der Beweglichkeit der Nachfrage auf die Dyopol-Lösung".

[56]) Vgl. S. 27 ff.

Informationen gleichzeitig die Möglichkeit gegeben sein, das Ausmaß der Konkurrenten-Reaktionen auf eigene preispolitische Maßnahmen exakt zu bestimmen[57]). Eine hierzu konträre Meinung vertritt beispielsweise Krelle; er hält es trotz vollkommener Information über Daten und Zielsetzung für erforderlich, zusätzlich noch eine Erwartung in der Form der "normalen Reaktion" zu unterstellen[58]). Damit erhebt sich die grundsätzliche Frage, welche Interdependenzen zwischen Erwartungen über Konkurrenten-Reaktionen und dem verfügbaren Informationsumfang bestehen. Diese Frage soll später beantwortet werden.

Zunächst ist noch auf weitere Teil-Erwartungen einzugehen. Die dritte Teil-Erwartung der Oligopolisten bezieht sich darauf, *wann* mit Reaktionen der Nachfrager und Konkurrenten zu rechnen ist[59]). Diese Teil-Erwartung beinhaltet den *Zeitpunkt,* zu dem Nachfrager und Konkurrenz ihre Gegenmaßnahmen starten werden. Häufig wird statt vom Zeitpunkt der erwarteten Reaktionen auch von der "Reaktionsgeschwindigkeit" gesprochen[60]).

Die vierte Teil-Erwartung zielt darauf, wie *häufig* Nachfrager und Oligopolisten innerhalb einer bestimmten Zeitspanne reagieren können. Diese Erwartung über die "Aktions- bzw. Reaktions*häufigkeit*" ist zwar eng mit der Erwartung über die Reaktions*geschwindigkeit* verknüpft, aber keineswegs mit ihr identisch.

So kann ein Oligopolist beispielsweise erwarten, daß die Nachfrager und Konkurrenten *sofort,* d.h. *unendlich schnell* auf seine Aktion reagieren. Wenn er gleichzeitig annimmt, daß er auf diese Reaktionen der Konkurrenz seinerseits unendlich schnell zu reagieren vermag, die Konkurrenten wiederum auf die neue Maßnahme des "Aktivisten" sofort antworten können usw., so werden neben unendlich schnellen zusätzlich unendlich *häufige* Reaktionen erwartet. Damit wird eine recht praxisfremde Situation betrachtet: Die betrieblichen und marktlichen Anpassungsprozesse vollziehen sich "simultan und gewissermaßen zeitlos"[61]). Aus Gründen der Einfachheit wurde dieser Fall unendlich großer Reaktionsgeschwindigkeit *und* -häufigkeit in der Oligopolliteratur fast ausschließlich behandelt.

Daher wird es ein Anliegen dieser Arbeit sein, auch einmal folgende praxisnäheren Oligopolsituationen zu betrachten:

1) Die Nachfrager und Konkurrenten reagieren zwar unendlich schnell, d.h. ohne zeitliche Verzögerung, aber die Oligopolisten sind an einen einmal gesetzten Preis für eine bestimmte Dauer gebunden. Dies bedeutet zweierlei: Der aktive Oligopolist kann innerhalb einer bestimmten Zeitspanne nur einmal agieren und seine Konkurrenten können auch nur einmal reagieren. Es besteht also eine "zeitliche Preisgebundenheit" der Oligopolisten. Trotz unendlicher Reaktionsgeschwindigkeit sind die

[57]) Vgl. H. Jacob: "Preispolitik", a.a.O., S. 180.

[58]) Vgl. W. Krelle: "Preistheorie", a.a.O., S. 247 ff.

[59]) Vgl. E. Schneider: "Einführung..., II. Teil", a.a.O., S. 345.

[60]) Vgl. E. Gutenberg: "Der Absatz", a.a.O., S. 180.

[61]) E. Gutenberg: "Der Absatz", a.a.O., S. 180.

Oligopolisten in ihrer Aktions- bzw. Reaktionshäufigkeit innerhalb eines bestimmten Zeitraumes beschränkt. Auf dieses Problem wird noch eingegangen (Modell I).

2) Die Nachfrager reagieren unendlich schnell, die Konkurrenten jedoch nur mit einer "zeitlichen Verzögerung" und wegen der zeitlichen Preisgebundenheit nur einmal in einer bestimmten Periode. Der Einfluß, den derartige "Reaktionsverzögerungen" (time-lags) der Konkurrenten auf die Oligopolpreisbildung ausüben, ist im Rahmen dieser Arbeit zu analysieren (Modell IV).

Die genannten Oligopolsituationen unterscheiden sich also in den Teil-Erwartungen darüber, "wie häufig" und "wann" die Konkurrenten reagieren können. Somit zeigen diese Fälle einmal mehr, welche entscheidende Bedeutung dem Inhalt der oligopolistischen Erwartungen zukommt: Je nach den gehegten Erwartungen gelten ganz unterschiedliche Oligopol-Entscheidungssituationen. Eine widerspruchsfreie Oligopolanalyse muß daher bei einer exakten Formulierung der Erwartungen der Oligopolisten ansetzen.

An diese Erwartungen der Oligopolisten anknüpfend kann jetzt das typische Oligopolproblem kurz beschrieben werden.

IV. Das spezifische Oligopolproblem

Der fundamentale Unterschied zwischen Monopol und Polypol einerseits und dem Oligopol andererseits beruht auf den *Interdependenzen*, die aufgrund der Erwartungen zwischen den oligopolistischen Anbietern bestehen. "Charakteristisch für das ... Oligopol ist die Tatsache, daß die Nachfrage nach dem Erzeugnis des Anbieters (A) nicht allein von seinem eigenen Preis, sondern auch von den *Preisen seiner Konkurrenten* abhängt, diese Preise jetzt aber - im Gegensatz zur polypolistischen Konkurrenz - *nicht mehr als feststehende Größen* angesehen werden können"[62]). Denn die Preise der Konkurrenten hängen infolge der engen gegenseitigen Verflechtung auch von dem Preis ab, den der Anbieter A fordert.

Variiert beispielsweise Anbieter A seinen Preis, so muß er damit rechnen, daß auch seine Konkurrenten ihre Preise ändern werden. Machlup charakterisiert diese Interdependenz wie folgt: "Oligopoly implies that a seller consciously includes in his sales expectations and price-setting considerations certain measures which he expects his rivals to take in reaction to his own actions"[63]). Daher hat Anbieter A bei der Festlegung des eigenen Preises bereits die zu erwartenden Reaktionen der Konkurrenten zu berücksichtigen. "Diese Reaktionen hängen aber nun wieder davon ab, welche Reaktionen die Konkurrenten erwarten usf. Wir sehen uns also einer Kette von Reaktionen und Gegenreaktionen gegenüber"[64]).

[62]) H. Jacob: "Preispolitik", a.a.O., S. 154.

[63]) F. Machlup: "Evaluation of the Practical Significance of the Theory of Monopolistic Competition", in: American Economic Review, Vol. 29 (1939), S. 232.

[64]) H. Jacob: "Die dynamische Problematik der Oligopolpreisbildung" (im folgenden zitiert als: "Dynamische Oligopolpreisbildung..."), Diss. Frankfurt/M. 1954, S. 13.

Für das Dyopol kann diese Interdependenz auch folgendermaßen formuliert werden: "A kann seine optimale Verhaltensweise nur bestimmen, wenn er die Verhaltensweise des B kennt; B kann entsprechend seine optimale Verhaltensweise nur bestimmen, wenn er die Verhaltensweise des A kennt"[65]).

Diese "Kette von Wirkungen und Rückwirkungen preispolitischer Maßnahmen"[66]), d.h. die Reaktions-Interdependenz der Anbieter, stellt das spezifische Oligopolproblem dar. Es äußert sich in folgendem[67]): Ein Oligopolist steht einer Gewinnfunktion gegenüber, die als unabhängige Variable neben seinem eigenen Preis auch die Preise der Konkurrenten enthält. Das Gesamtergebnis ist von *allen* Variablen zusammen abhängig; jeder Oligopolist kontrolliert aber nur *eine* der Variablen.

Wie dieses Problem in befriedigender Weise zu lösen ist, soll Untersuchungsgegenstand dieser Arbeit sein.

---

[65]) A.E. Ott: "Marktform...", a.a.O., S. 121.

[66]) E. Gutenberg: "Der Absatz", a.a.O., S. 268.

[67]) Zu dieser Formulierung des Problems vgl. O. Morgenstern: "Die Theorie der Spiele und des wirtschaftlichen Verhaltens", in: Jahrbuch für Sozialwissenschaft, Bd. 1 (1950), S. 113 ff.

B. Ableitung kompatibler Preis-Absatz-Funktionen im Dyopol auf unvollkommenem Markte

I. Charakterisierung des Dyopols auf unvollkommenem Markte

Das *Dyopol* stellt die einfachste Form des Oligopols dar: Nur *zwei* Anbieter konkurrieren miteinander; sie treffen auf *viele* Nachfrager[68]).

Wesentlich ist das bedeutende Marktgewicht der einzelnen Anbieter. Jeder der Dyopolisten muß daher bei preispolitischen Aktionen - wie bereits beschrieben - mit Reaktionen der Nachfrager und des Konkurrenten rechnen.

Um die Preispolitik im Dyopol auf unvollkommenem Markt analysieren zu können, muß zuvor das Wesen eines "unvollkommenen Marktes" erläutert werden. Zu diesem Zweck sei zunächst definiert, was unter einem "vollkommenen Markt" zu verstehen ist: Ein vollkommener Markt liegt vor, wenn auf einem räumlich konzentrierten Markt ("Punktmarkt") homogene Güter gehandelt werden[69]). Ändert sich eine dieser beiden Eigenschaften - Homogenität der Güter oder Punktförmigkeit des Marktes -, so geht der vollkommene Markt in einen unvollkommenen über.

Ein unvollkommener Markt wird also durch die Heterogenität der gehandelten Güter und/oder durch räumliche Ausdehnung des Marktes gekennzeichnet. Als "heterogen" sind *konkurrierende* Güter dann anzusehen, wenn sie zwar der Deckung desselben Bedarfes dienen[70]), aber zumindest in den Augen der Nachfrager Unterschiede aufweisen[71]). Es kann sich dabei um Unterschiede in der Art, Qualität, Ausstattung, Verpackung der Erzeugnisse oder auch um Unterschiede im Kundendienst oder persönlichen Ruf der Unternehmung handeln[72]). Sowohl die Heterogenität der Güter als auch der Umstand, daß der Standort des einen Unternehmens für eine Gruppe von Abnehmern günstiger ist als der eines anderen, lassen auf Seiten der Nachfrager *Präferenzen* entstehen. Aufgrund dieser Präferenzen existieren auf einem unvollkommenen Markt in der Regel verschieden hohe Preise für die einzelnen Erzeugnisse.

---

[68]) Vgl. hierzu z.B.: E. Gutenberg: "Der Absatz", a.a.O., S. 266; H. Jacob: "Preispolitik", a.a.O., S. 153; W. Krelle: "Preistheorie", a.a.O., S. 245; siehe ferner die Ausführungen auf S. 7 dieser Arbeit.

[69]) Vgl. H. Jacob: "Preispolitik", a.a.O., S. 35, S. 127 und S. 138. Als Kennzeichen eines vollkommenen Marktes wird in der Literatur häufig zusätzlich die Voraussetzung voller Markttransparenz genannt. Diese Voraussetzung bedarf u.E. keiner besonderen Erwähnung, da sie für einen Punktmarkt, auf dem homogene Güter gehandelt werden, i.d.R. erfüllt ist; vgl. H. Jacob, ebenda, S. 38, Fußnote 17.

[70]) Vgl. die Ausführungen über das "Bedarfsgut" zum Zwecke der Marktabgrenzung.

[71]) Vgl. H. Jacob: "Preispolitik", a.a.O., S. 138.

[72]) Vgl. E. Gutenberg: "Der Absatz", a.a.O., S. 180 ff.

Fassen wir zusammen: Dyopolistische Konkurrenz auf unvollkommenem Markte liegt dann vor, wenn zwei Unternehmungen

a) auf einem Gebietsmarkt homogene oder heterogene Güter bzw.

b) auf einem Punktmarkt heterogene Güter anbieten.

Wir wollen uns in dieser Arbeit auf den Fall (b) beschränken, daß heterogene, miteinander konkurrierende Güter auf einem Punktmarkt gehandelt werden.

II. Die Bestimmungsgrößen der Nachfrage

Auf die Bestimmungsgrößen der Nachfrage ist aus zwei Gründen kurz einzugehen. Sie müssen erstens für die Ableitung von Preis-Absatz-Funktionen und zweitens für die Erklärung von Nachfrageänderungen im Zeitablauf bekannt sein.

Die Art und Höhe der Nachfrage nach Gütern und Dienstleistungen wird vor allem durch folgende Faktoren bestimmt:

a) die Bedürfnisse und die Rangordnung dieser Bedürfnisse (Präferenzstruktur) der einzelnen Nachfrager;

b) die Höhe und Verteilung des Volkseinkommens;

c) die Erwartungen der Nachfrager hinsichtlich der zukünftigen Entwicklung.

"Der Trend der Nachfrageentwicklung ist durch die Größen a) und b) determiniert, während Nachfrageschwankungen kurzfristiger Art, die sich um diesen Trend bewegen, in erster Linie durch die sich öfters ändernden Erwartungen der Konsumenten bezüglich der zukünftigen Entwicklung verursacht werden"[73]).

Auch die Präferenzstruktur des einzelnen Nachfragers, d.h. die Rangordnung seiner Bedürfnisse, und das Volkseinkommen sind im Zeitablauf Veränderungen unterworfen. Bei der Präferenzstruktur kann es sich um "spontane", "umweltbedingte" und "induzierte" Veränderungen handeln[74]). Die spontanen Veränderungen der Präferenzstruktur sind mit der inneren Entwicklung eines Menschen verbunden[75]); so erlischt beispielsweise im Reifeprozeß des Jugendlichen zum Erwachsenen das Interesse an Kinderbüchern, die Anziehungskraft von naturwissenschaftlichen oder politischen Büchern steigt. Ändert sich die Umwelt eines Nachfragers, so können auch hierdurch Veränderungen seiner Bedürfnisstruktur bedingt sein.

[73]) H. Jacob: "Dynamische Oligopolpreisbildung...", a.a.O., S. 50.
[74]) Vgl. W. Krelle: "Preistheorie", a.a.O., S. 116 ff.
[75]) Vgl. derselbe, "Preistheorie", a.a.O., S. 117 f.

Für eine Unternehmung besonders bedeutsam ist es, daß sie vor allem durch ihre Preispolitik und Werbung Veränderungen der Präferenzstruktur der Nachfrager "induzieren" kann. Auf die Wirkung preispolitischer Maßnahmen wird noch ausführlich eingegangen. Deshalb ist hier kurz nur auf den Einfluß der Werbung hinzuweisen: Die Wandelbarkeit der individuellen Nutzenvorstellungen ermöglicht es dem Unternehmen, mit Hilfe der Werbung Präferenzen für seine Erzeugnisse zu schaffen und bestehende Präferenzen zu verstärken. Denn eine erfolgreiche Werbung beeinflußt die potentiellen Käufer in zweifacher Hinsicht[76]):

(1.) Sie veranlaßt die Nachfrager, das angebotene Produkt hinsichtlich seiner Eignung, ein gegebenes Bedürfnis zu befriedigen, höher einzuschätzen als Erzeugnisse der Konkurrenz.

(2.) Außerdem können geeignete Werbemaßnahmen die Intensität eines Bedürfnisses verstärken und damit die Rangordnung der Bedürfnisse, also die Präferenzstruktur selbst, umgestalten.

Im folgenden wird zunächst angenommen:
Die Präferenzstrukturen der Nachfrager, die Höhe des Volkseinkommens sowie die Erwartungen der Nachfrager sind im Zeitablauf konstant und
die Oligopolisten besitzen über diese Bestimmungsgrößen der Nachfrager vollkommene Information.
An späterer Stelle soll aber auch untersucht werden, wie (zeitliche) Veränderungen der Bestimmungsfaktoren der Nachfrage und unvollkommene Information darüber die Oligopolpreisbildung beeinflussen.

III. Der ökonomische Inhalt der Koeffizienten einer betriebsindividuellen Preis-Absatz-Funktion im Dyopol auf unvollkommenem Markte

1. "Absatz-Funktion" und "Preis-Absatz-Funktion"

Für einen Anbieter, der sich *vielen Nachfragern* gegenübersieht, existiert in der Regel eine sog. *"Absatzfunktion"*[77]). Sie gibt an, daß und wie der Absatz, den ein solcher Anbieter in einer bestimmten Periode t erzielen kann, entscheidend von seinen *gesamten* absatzpolitischen Instrumenten abhängt: von dem Preis, den er fordert, von der Qualität und der Gestaltung seines Produktes, vom Ausmaß seiner Werbung und von seinen Absatzmethoden[78]).

Wird nun angenommen, daß über die Qualität des Produktes, über den Umfang der Werbung und über die Absatzmethoden bereits entschieden ist, so kann der Absatz

---

[76]) In diesem Sinne auch: F. Edler: "Werbetheorie und Werbeentscheidung", Wiesbaden 1966, S. 34 ff; S. Weintraub: "Price Theory", 2nd Edition, New York-Toronto-London 1956, S. 205; H. Wilhelm: "Werbung als wirtschaftstheoretisches Problem", Berlin 1961, S. 61 ff und S. 207 f; E. Verboom: "Absatzpolitik im Polypol auf unvollkommenem Markte unter Berücksichtigung der Interdependenzen zur Investitions- und Finanzierungspolitik", Diss. Hamburg 1968, S. 212 f.

[77]) Vgl. H. Jacob: "Preispolitik", a.a.O., S. 44 ff.

[78]) Vgl. E. Gutenberg: "Der Absatz", a.a.O., S. 47 ff.

in der betrachteten Periode als *allein* abhängig von der *Preisforderung* aufgefaßt werden[79]). Diese Abhängigkeit spiegelt die sog. *"Preis-Absatz-Funktion"* wieder. Sie gibt an, wie groß die mögliche Absatzmenge eines Unternehmens bei alternativen Preisforderungen ist[80]).

Durch die Annahme, über Produktgestaltung, Werbung und Absatzmethoden sei bereits eine Entscheidung getroffen, wird in dieser Arbeit die Betrachtung auf preispolitische Fragen beschränkt. Diese Voraussetzung soll aber keineswegs darüber hinwegtäuschen, "daß die Preispolitik stets nur ein Teil der gesamten Absatzpolitik des Unternehmens ist. Streng genommen müßten Preisforderung, Werbeaufwand usw. simultan festgelegt werden"[81]).

Im Dyopol hängt nun der Absatz eines Anbieters nicht nur von seinem eigenen Verhalten, sondern auch von dem absatzpolitischen Verhalten seines Konkurrenten ab. Nehmen wir an, daß lediglich die Preise als Variable des Problems angesehen werden, so läßt sich für das betrachtete Unternehmen A folgende Preis-Absatz-Funktion aufstellen[82]):

$$(1-A) \qquad\qquad x_A = f_A \ (p_A, p_B(p_A))$$

In der Preis-Absatz-Funktion (1-A) bedeutet x_A den voraussichtlich erzielbaren Absatz des A in der zugrunde gelegten Periode t; p_A stellt die Preisforderung des Unternehmens A, p_B die Preisforderung des Konkurrenten B dar. Dabei ist der Konkurrenzpreis p_B in bestimmter Weise abhängig von der eigenen Preisforderung p_A: Verändert A seinen Preis, so muß er damit rechnen, daß auch der Konkurrent B seine Preisforderung - in Reaktion auf p_A - variiert.

Als Grundlage für preispolitische Entscheidungen im Dyopol muß die Preis-Absatz-Funktion wesentlich konkreter formuliert werden, als dies in der Funktion (1-A) bisher geschehen ist. Dazu sind zunächst die Wirkungen preispolitischer Maßnahmen im Dyopol auf unvollkommenem Markte näher zu beschreiben.

2. Wirkungen preispolitischer Maßnahmen auf die Nachfrage im Dyopol auf unvollkommenem Markte

Es ist hier die Frage zu beantworten, in welcher Weise durch preispolitische Maßnahmen *die Nachfrage* auf einem unvollkommenem Dyopolmarkt beeinflußt werden kann. Diese Untersuchungen sind deshalb erforderlich, weil ihre Ergebnisse für Formulierung und Inhalt von Preis-Absatz-Funktionen eine zentrale Bedeutung erlangen werden.

[79]) Vgl. H. Jacob: "Preispolitik", a.a.O., S. 45.

[80]) Cournot hat diesen funktionalen Zusammenhang zwischen Absatzmenge und Preisforderung als "Gesetz der Nachfrage" bezeichnet und als erster in der Wirtschaftstheorie berücksichtigt; vgl. A. Cournot, a.a.O., S. 35 ff.

[81]) H. Jacob: "Preispolitik", a.a.O., S. 45. Zum kombinierten Einsatz des absatzpolitischen Instrumentariums vgl. insbesondere: E. Gutenberg: "Der Absatz", a.a.O., S. 117 ff und S. 496 ff; H. Jacob: "Preispolitik", a.a.O., S. 73 ff; E. Verboom: "Absatzpolitik im Polypol auf unvollkommenem Markte...", a.a.O., S. 209 ff und S. 244 ff.

[82]) Vgl. u.a.: E. Gutenberg: "Der Absatz", a.a.O., S. 268; H. Jacob: "Preispolitik", a.a.O., S. 45 f; E. Schneider: "Einführung..., II. Teil", a.a.O., S. 334.

a) Latente Nachfrage und "absolute Nachfrageänderung"

Senkt beispielsweise Anbieter A seinen Preis, so werden einige Konsumenten, die bisher auf das entsprechende Gut verzichteten, nun ebenfalls dieses Gut kaufen. Andere Konsumenten weiten möglicherweise ihren Verbrauch aus. "Es handelt sich hierbei um *zusätzliche* Nachfrage, die bisher noch nicht in Erscheinung getreten war und bei anderer Preisstellung auch nicht in Erscheinung getreten wäre"[83]).

Die Preissenkung des Anbieters A führt also zu einer Ausweitung der Gesamtnachfrage. Diese Änderung der Gesamtnachfrage beruht darauf, daß bisher latente Nachfrage wirksam geworden ist[82]). Analog dazu verringert sich die Gesamtnachfrage bei einer Preiserhöhung, weil dadurch bisher wirksame Nachfrage latent wird.

Eine Änderung der Gesamtnachfrage, die darauf zurückzuführen ist, daß entweder bisher latente Nachfrage wirksam oder bisher wirksame Nachfrage latent wird, sei als "absolute Nachfrageänderung" bezeichnet.

b) Die "Nachfrageverschiebung" oder "relative Nachfrageänderung"

Neben der "absoluten Nachfrageänderung" wird im Dyopol durch eine Preisvariation grundsätzlich noch eine "Nachfrageverschiebung" ausgelöst.

Beispielsweise bewirkt eine Preissenkung des Anbieters A auch folgendes: "Nachfrage, die zwar bereits in Erscheinung getreten, jedoch nicht dem betrachteten Unternehmen zugute gekommen war, wendet sich nunmehr diesem zu"[85]). Bisherige Abnehmer des Konkurrenten B werden teilweise zum Produzenten A überwechseln[86]). Hierdurch wird die Gesamtnachfrage nicht verändert. Es kann daher von einer "relativen Nachfrageänderung"[87]) gesprochen werden. Sie bezeichnet diejenige Nachfrage, die bei einer Preisvariation von dem einen Unternehmen abfließt und dem anderen Unternehmen zuströmt.

c) Die "direkte Preiswirkung"

"Absolute" und "relative Nachfrageänderung" treten im unvollkommenen Dyopol bei einer Preisvariation i.d.R. *gemeinsam* auf. Dies bedeutet: Durch eine Preissenkung gewinnt Dyopolist A sowohl bisher latente Nachfrager als auch einige Konsumenten des Konkurrenten B. Diese Nachfragewirkungen sind nun in Symbolen auszudrücken und zueinander in Beziehung zu setzen.

Die Menge der latenten Nachfrage, die Anbieter A bei einer Preissenkung um 1 Geldeinheit in der Periode t gewinnt, sei mit m_A bezeichnet. Diejenige Nachfragemenge, die Produzent A durch eine derartige Preissenkung von seinem Konkurrenten B abzieht, soll durch das Symbol c_B umschrieben werden. Dabei weist hier der Index

---

[83]) H. Jacob: "Dynamische Oligopolpreisbildung...", a.a.O., S. 62.

[84]) Vgl. H. v. Stackelberg: "Probleme der unvollkommenen Konkurrenz" (im folgenden zitiert als: "Probleme..."), in: Weltwirtschaftliches Archiv, 48. Bd. (1938 II), S. 99.

[85]) H. Jacob: "Dynamische Oligopolpreisbildung...", a.a.O., S. 62.

[86]) Vgl. H. v. Stackelberg: "Probleme...", a.a.O., S. 99.

[87]) H. Jacob: "Dynamische Oligopolpreisbildung...", a.a.O., S. 62.

B darauf hin, daß *Konkurrent* B diese Menge (c_B) an A infolge einer Preissenkung des A verliert[88]).

Die Absatzmenge (b_A), die Anbieter A in der Periode t durch eine Preissenkung um 1 Geldeinheit *insgesamt* gewinnt, errechnet sich daher als:

(2-A) $$b_A = m_A + c_B$$

Die Gleichung (2-A) gilt auch, wenn Anbieter A seinen Preis um 1 Geldeinheit erhöht. Denn hierdurch verliert Dyopolist A insgesamt die Menge b_A [ME^2/GE] Nachfrage in Höhe von m_A, die bisher von A befriedigt wurde, wird latent; Nachfrager im Umfange von c_B wandern jetzt von A zum Konkurrenten B ab.

Die Größe b_A beinhaltet also stets die Summe von zwei Nachfrageänderungen (m_A und c_B).

Obwohl die beiden Nachfrageänderungen in der Oligopolliteratur grundsätzlich erkannt worden sind, ist die Gleichung (2-A) dort unseres Wissens nicht aufgestellt worden. Auf die Konsequenzen hieraus, insbesondere auf die volle Tragweite der Gleichung (2-A), ist noch ausführlich einzugehen.

Zuvor sollen die verschiedenen Faktoren beschrieben werden, von denen der Wert der Größe b_A abhängt[89]).

Als eine der wichtigsten Bestimmungsgrößen ist die Marktübersicht bzw. der Informationsgrad der Nachfrager zu nennen. So wird die Anzahl der Nachfrager, die in der Periode t auf eine Preisvariation reagiert, entscheidend dadurch bestimmt, wie schnell die interessierten Verbraucher von einer vorgenommenen Preisänderung Kenntnis erhalten.

Angenommen, Unternehmen A senkt seinen Preis. Dies werden diejenigen Nachfrager als erste bemerken, die vorher schon zum Kundenkreis des Anbieters A zählten. Sie erfahren von der Preissenkung bei ihrem nächsten Kauf und nehmen dann evtl. etwas mehr ab. Die Ausweitung des Absatzes wird aber in erster Linie durch Nachfrager bewirkt, die bisher beim Konkurrenten B kauften und nun dem Unternehmen A zuwandern; ferner durch Nachfrager, die bisher auf Konsum verzichteten, unter den neuen Preisverhältnissen aber bei A kaufen möchten. Je schneller diese beiden Nachfragergruppen von der Preissenkung erfahren, um so größer wird die erzielbare Preiswirkung (b_A) in der Periode t sein. Dementsprechend wird die Größe b_A bei vollkommener Information der Nachfrager einen höheren Wert annehmen als bei unvollkommener Information[90]).

Allerdings wird sich auch bei vollkommener Information der Wert der Größe b in gewissen Grenzen halten. So kann beispielsweise Anbieter A trotz vollkommener

[88]) Auf diese Wirkung einer Preisvariation des A (B) auf den Absatz des Konkurrenten B (A) ist noch ausführlich einzugehen; vgl. den Abschnitt über die "Konkurrenzpreis-Mengenwirkung".
[89]) Zu den folgenden Ausführungen siehe auch H. Jacob: "Dynamische Oligopolpreisbildung...", a.a.O., S. 64 ff.
[90]) Zu dem Einfluß, der von unterschiedlichen Werten der Größe b auf die Preisstellung im Oligopol ausgeht, vgl. Teil 2, Kap. 3 (Modell III).

Information nur jeweils einen relativ eng begrenzten Teil der latenten Nachfrager gewinnen und gleichzeitig auch nur einige Nachfrager vom Konkurrenten B abziehen, wenn er (A) seinen Preis sukzessive um 1 Geldeinheit senkt. Die Gründe hierfür sind vor allem in folgendem zu sehen:

Ein Grund liegt in der *Heterogenität der Güter,* die auf einem unvollkommenen Dyopolmarkt von A und B angeboten werden. Diese Heterogenität läßt auf Seiten der Nachfrager gewisse Präferenzen für eines der beiden angebotenen Produkte entstehen. Aufgrund derartiger Präferenzen können die Dyopolisten für ihre Produkte unterschiedliche Preise verlangen. Dies bedeutet, daß ein Anbieter nicht sofort alle Nachfrager des Konkurrenten gewinnt, wenn er dessen Preis um 1 Geldeinheit unterbietet.

Desweiteren sind psychologische Faktoren dafür verantwortlich, daß durch eine Preissenkung um 1 Geldeinheit nur in begrenztem Rahmen Nachfrager vom Konkurrenten abzuziehen sind. Hier läßt sich "in erster Linie das dem Menschen innewohnende Trägheitsmoment der Gewohnheit"[91]) nennen. Diese Gewohnheit steht jeder Veränderung des bisherigen Handelns entgegen. Der Entschluß, von einem bestimmten Gut zu einem anderen überzugehen, weil dessen Preis gesenkt wurde, wird oftmals aus Gründen der Trägheit bzw. Gewohnheit nur von einem Teil der Nachfrager gefaßt. Auch aus diesem Grunde wird der Wert der Größe b im Verhältnis zur Gesamtnachfrage nur relativ klein sein.

Im folgenden sei angenommen, daß für die Größe b_A (bzw. b_B) ein ganz bestimmter numerischer Wert gegeben ist, der sich gemäß Gleichung (2) durch Addition des Wertes für die absolute Nachfrageänderung m_A (bzw. m_B) und des Wertes für die relative Nachfrageänderung c_B (bzw. c_A) errechnet. Variiert dann der Anbieter A seinen Preis um $\triangle\, p_A$, so resultiert daraus in der Periode t *insgesamt* eine Nachfragewirkung von

$$\triangle x_A \;=\; b_A \;\cdot\; \triangle p_A \;=\; (m_A \,+\, c_B)\;\cdot\;\triangle p_A \;.$$

Diese Gesamtwirkung einer *eigenen* Preisänderung auf die Nachfrage soll als "direkte Preiswirkung" bezeichnet werden[92]). Ihre zentrale Bedeutung ist bei den Interdependenzen zwischen den Preis-Absatz-Funktionen im unvollkommenen Dyopol noch herauszuarbeiten.

3. Zur Aufstellung einer ökonomisch sinnvollen Preis-Absatz-Funktion eines Dyopolisten auf unvollkommenem Markte

a) Vorüberlegungen und Grundannahmen

Wir gehen bei allen weiteren Ableitungen davon aus, daß zwei Anbieter A und B auf einem Punktmarkt je ein Gut anbieten. Die angebotenen Erzeugnisse dienen zwar der Deckung des gleichen Bedürfnisses, unterscheiden sich aber in den Augen der Konsumenten "fühlbar"[93]): Senkt Anbieter A seinen Preis, während B den Preis konstant

91) H. Jacob: "Dynamische Oligopolpreisbildung...", a.a.O., S. 65.

92) Vgl. hierzu u.a. H. Jacob: "Preispolitik", a.a.O., S. 154.

93) In diesem Sinne auch W. Krelle: "Preistheorie", a.a.O., S. 12 f.

hält, so wird A zwar - wie beschrieben - Nachfrager von B abziehen. Jedoch verbleibt dem Konkurrenten B, sofern der Preisunterschied nicht zu groß wird, noch ein bestimmter Kreis von Abnehmern. Es handelt sich hierbei um jene Nachfrager, "die trotz des Preisunterschiedes das Erzeugnis des Anbieters B wegen seiner besonderen Eigenschaften nach wie vor dem Erzeugnis des Anbieters A vorziehen"[94]).

Der Absatz jedes Dyopolgutes hängt somit von beiden Preisen p_A und p_B ab. Diese funktionelle Beziehung konnten wir in der allgemeinsten Form ausdrücken als:

$$(1\text{-}A) \qquad x_A = f_A\,(p_A, p_B\,(p_A)\,)$$

In Übereinstimmung mit dem allergrößten Teil der Oligopolliteratur seien lineare Beziehungen angenommen[95]), so daß die lineare Preis-Absatz-Funktion des Dyopolisten A lautet:

$$(3\text{-}A) \qquad x_A = a_A - b_A\,p_A + c_A\,p_B \;.$$

Die Koeffizienten a_A, b_A und c_A in Gleichung (3-A) sind positiv. Die unterschiedlichen Vorzeichen von b_A und c_A zeigen: Die Produkte konkurrieren miteinander. Steigt nämlich der Preis p_A, so nimmt bei gegebenem Preis p_B der Absatz des Dyopolisten A ab; erhöht dagegen B den Preis p_B bei konstantem Preis p_A, so steigt der Absatz des Anbieters A. Der Absatz (x_A) des A ist also mit p_A negativ, mit p_B jedoch positiv korreliert.

Diese Aussagen über die Koeffizienten der Preis-Absatz-Funktion sind nahezu die einzigen, die in der Oligopolliteratur üblicherweise gemacht werden. Sie sind jedoch noch nicht ausreichend: Spätere Ausführungen werden zeigen, daß gerade dem ökonomischen Inhalt der Koeffizienten der Preis-Absatz-Funktion eine *zentrale* Bedeutung für die Oligopolpreisbildung zukommt. Aus diesem Grunde ist hier auf die wirtschaftlichen Bestimmungsgrößen der Koeffizienten ausführlich einzugehen.

b) Ökonomische Bestimmungsgrößen der "absoluten Sättigungsmenge"

Betrachten wir zunächst den Koeffizienten a_A in der Preis-Absatz-Funktion (3-A):

$$x_A = a_A - b_A\,p_A + c_A\,p_B \;.$$

Diese additive Konstante definiert die Absatzmenge des A in dem extremen Fall, daß sowohl B als auch A einen Preis von Null fordern. Für $p_A = p_B = 0$ gilt dann:

$$x_A = a_A$$

[94]) H. Jacob: "Preispolitik", a.a.O., S. 155.

[95]) Vgl. hierzu insbesondere: H. v. Stackelberg: "Probleme...", a.a.O., S. 95 ff; A. Heertje: "Preis-Absatzfunktionen beim Oligopol" (im folgenden zitiert als: "Preis-Absatzfunktionen..."), in: Weltwirtschaftliches Archiv, Bd. 89 (1962 II), S. 302 ff; H. Jacob: "Preispolitik", a.a.O., S. 155 ff; A.E. Ott: "Preis-Absatzfunktionen beim unvollkommenen Oligopol" (im folgenden zitiert als: "Preis-Absatzfunktionen..."), in: Weltwirtschaftliches Archiv, Bd. 88 (1962 I), S. 287 ff und ders.: "Preis-Absatzfunktionen beim Oligopol" (im folgenden ebenso zitiert), in: Weltwirtschaftliches Archiv, Bd. 90 (1963 I), S. 115 ff; H. Sauermann: "Einführung in die Volkswirtschaftslehre", Bd. II, Wiesbaden 1964, S. 217 f.

Die Menge a_A sei als "absolute Sättigungsmenge" bezeichnet[96]).

Für die Existenz und die Größe der additiven Konstante a_A lassen sich folgende ökonomische Erklärungen geben:

Die beiden Anbieter A und B konkurrieren auf einem unvollkommenen Dyopol-Markt, der hinreichend stark von der Umwelt, d.h. von allen anderen Märkten, abgegrenzt sein möge. Dann gibt es Preise, auf deren Veränderung die Konkurrenten A und B bewußt reagieren, und Umwelt-Preise, deren Einfluß wegen der Marktabschirmung so gering ist, daß A und B damit nicht rechnen. "Wir sprechen von strategischen und nicht-strategischen Preisen"[97]). Im Dyopol-Fall betrachtet jeder Dyopolist außer seinem eigenen Preis nur einen Preis als strategisch, nämlich den seines Konkurrenten. Dahingegen wirken sich die nicht-strategischen (Umwelt-) Preise in den additiven Konstanten (a_A bzw. a_B) aus[98]). Existenz und Größe der additiven Konstanten a_A ist also *erstens* abhängig von nicht-strategischen Preisen und von den Konsumentenpräferenzen in Bezug auf die nicht-strategischen Güter.

Zweitens werden Existenz und Größe der "absoluten Sättigungsmenge" a_A aber vor allem dadurch bestimmt, wie groß die Unterschiede zwischen den beiden von A und B angebotenen Gütern in den Augen der Nachfrager sind. Diese Unterschiede können "so groß sein, daß sich auch dann noch Konsumenten bereit finden, etwas für das Erzeugnis des Anbieters A zu bezahlen"[99]), wenn B sein Erzeugnis verschenkt ($p_B = 0$).

Aufgrund dieser Überlegungen ist im folgenden anzunehmen, daß ein Dyopolist in seiner Preis-Absatz-Funktion eine additive Konstante a (> 0) als "absolute Sättigungsmenge" berücksichtigt.

c) Die "Konkurrenzpreis-Mengenwirkung"

Der Koeffizient b_A in der Preis-Absatz-Funktion (3-A) wurde bereits ausführlich im Zusammenhang mit der "direkten Preiswirkung" des A charakterisiert. Der Koeffizient b_A gibt an, um wieviel sich der Absatz x_A ändert, wenn A seine *eigene* Preisforderung (p_A) um 1 Geldeinheit variiert.

Demgegenüber erfaßt der Koeffizient c_A die Absatzänderung bei A, die durch Variation des *Konkurrenzpreises* p_B um 1 Geldeinheit hervorgerufen wird. Es kann daher von der Wirkung einer Konkurrenzpreisänderung auf den eigenen Absatz oder kürzer von der "Konkurrenzpreis-Mengenwirkung" gesprochen werden[100]). Variiert Konkurrent

---

[96]) Im Gegensatz dazu geben "relative Sättigungsmengen" diejenigen Absatzmengen an, die Anbieter A bei $p_A = 0$ zu alternativen Preisen $p_B > 0$ realisieren kann; vgl. hierzu auch die Ausführungen über die "Monopolkurven".

[97]) A. Heertje: "Preis-Absatzfunktionen...", a.a.O., S. 303.

[98]) In diesem Sinne auch A.E. Ott: "Preis-Absatzfunktionen beim Oligopol", a.a.O., S. 119, und A. Heertje: "Preis-Absatzfunktionen...", a.a.O., S. 304.

[99]) H. Jacob: "Preispolitik", a.a.O., S. 156.

[100]) In einem ähnlichen Zusammenhang spricht Krelle von der "Preisbeweglichkeit der Nachfrage zwischen Firma 1 und 2 bezogen auf die Firma 1 und eine Preisänderung der Firma 2", W. Krelle: "Preistheorie", a.a.O., S. 9.

B seinen Preis um $\Delta\,p_B$, so beläuft sich bei Konstanz des Preises p_A die "Konkurrenz-preis-Mengenwirkung" auf

$$\Delta\,x_A = c_A \cdot \Delta\,p_B$$

Diese "Konkurrenzpreis-Mengenwirkung" beruht auf folgendem:
Hält A seinen Preis p_A konstant und senkt der Konkurrent B seinen Preis p_B, so gewinnt B zum einen bisher latente Nachfrager, zum anderen zieht er - worauf es hier ankommt - Nachfrager von A ab[101]). Der Umfang dieser "Nachfrageverschiebung" von A nach B bei einer Preissenkung des B um 1 Geldeinheit wird durch die Größe c_A determiniert; umgekehrt gibt die Größe c_A an, wieviel Nachfrage der A - praktisch ohne eigene Aktivität, denn A hält ja seinen Preis konstant - vom Konkurrenten B gewinnt, wenn dieser (B) seinen Preis um 1 Geldeinheit erhöht.

Dabei erscheint es ökonomisch sinnvoll anzunehmen, daß der "Preiseinfluß eines Anbieters auf seinen eigenen Absatz stärker ist als der seines Konkurrenten"[102]). Dies besagt:

(4-A) $$b_A > c_A \quad ;$$

d.h. senkt (erhöht) A seinen Preis p_A um 1 Geldeinheit, so gewinnt er dadurch mehr Nachfrage als durch eine Preiserhöhung (-senkung) des Konkurrenten B um 1 Geldeinheit. Die "direkte Preiswirkung" ist also größer als die "Konkurrenzpreis-Mengenwirkung".

d) Graphische Darstellung der Preis-Absatz-Funktion

Betrachtet sei zunächst der Fall, daß die Absatzmenge x_A als abhängige Variable, die Preise p_A und p_B als unabhängige Variable aufgefaßt werden. Dann ist eine Preis-Absatz-Funktion in der Form

(3-A) $$x_A = a_A - b_A\,p_A + c_A\,p_B$$

darzustellen. Dazu werden auf der Ordinate die Werte für x_A, auf der Abszisse die Werte für p_A abgetragen. Die graphische Darstellung der Funktion

(5-A) $$x_A = 60 - 10\,p_A + 7\,p_B$$

zeigt folgendes Bild:

---

[101]) Vgl. hierzu unsere früheren Ausführungen über die "Wirkungen preispolitischer Maßnahmen auf die Nachfrage".

[102]) A.E. Ott: "Preis-Absatzfunktionen...", a.a.O., S. 290. Diese Annahme findet sich häufig, u.a. bei: E. Schneider: "Einführung..., II. Teil", a.a.O., S. 64 und S. 336; H. Sauermann, a.a.O., S. 222; T. Seitz: "Preisführerschaft...", a.a.O., S. 180; A. Heertje: "Preis-Absatzfunktionen...", a.a.O., S. 304; H. Neisser: "Oligopoly as a Non-Zero-Sum-Game", in: Review of Economic Studies, Vol. XXV (1957/1958), S. 9, Anm. 6.

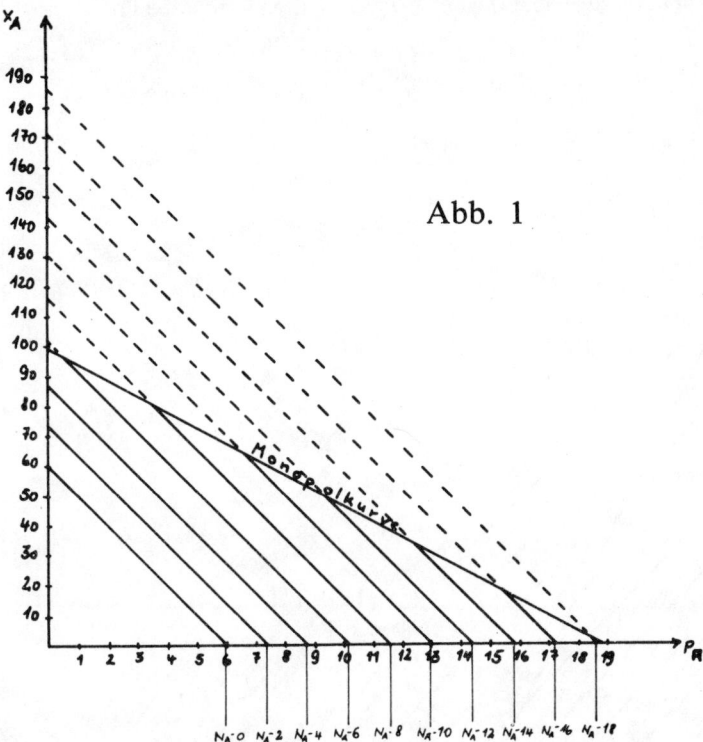

Abb. 1

Aus Abb. 1 ist zu erkennen: "Statt einer einzigen Nachfragekurve sieht sich der Dyopolist einer Schar von Nachfragekurven gegenüber"[103]). Denn zu jeder Preisforderung des Konkurrenten B gehört eine andere Absatzkurve des Anbieters A. Dabei bestimmt die Größe b_A, also die "direkte Preiswirkung", die Neigung der einzelnen Nachfragekurve. Der senkrechte Abstand zwischen den jeweiligen Absatzkurven, die zu alternativen Konkurrenzpreisen p_B gehören, wird durch die "Konkurrenzpreis-Mengenwirkung" ($c_A \cdot \triangle p_B$) determiniert.

Wird der eigene Preis als abhängige Variable, der Konkurrenzpreis p_B und die eigene Absatzmenge x_A als unabhängige Variable aufgefaßt, so tritt an die Stelle der Preis-Absatz-Funktion in der Form (3-A)

$$x_A = a_A - b_A\, p_A + c_A\, p_B$$

die inverse Funktion:

(6-A)
$$p_A = \frac{a_A}{b_A} + \frac{c_A}{b_A}\, p_B - \frac{1}{b_A}\, x_A \; .$$

Zur graphischen Darstellung sind dann die Werte für p_A auf der Ordinate, die Werte

---

[103]) H. Jacob: "Preispolitik", a.a.O., S. 155.

für x_A auf der Abszisse abzutragen[104]). So erhalten wir für die Preis-Absatz-Funktion

(7-A)
$$p_A = \frac{60}{10} + \frac{7}{10}\, p_B - \frac{1}{10}\, x_A$$

folgende Schar von Nachfragekurven $N_{A\text{-}p_B}$:

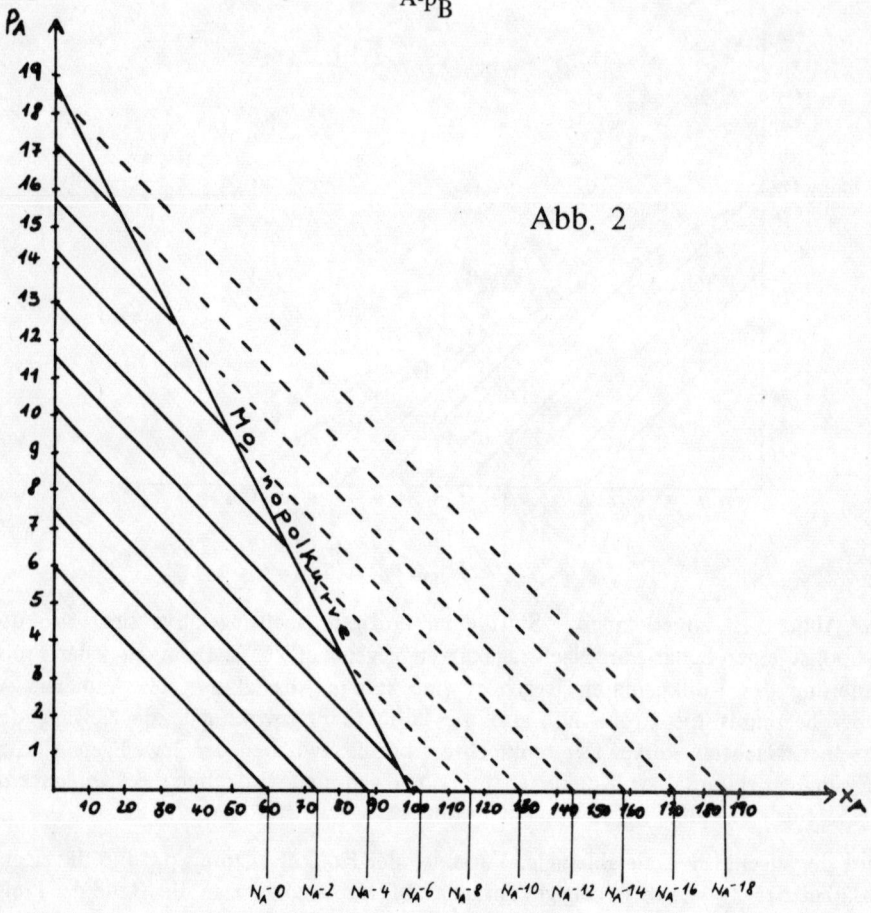

Abb. 2

In Abb. 2 gilt für den Preis $p_B = 0$ die Absatzkurve $N_{A\text{-}0}$:

$$p_A = \frac{60}{10} - \frac{1}{10}\, x_A$$

Dieser Nachfragekurve $N_{A\text{-}0}$ sieht sich der Anbieter A mithin gegenüber, wenn B sein Erzeugnis verschenkt[105]). Wegen der Heterogenität der Güter sind selbst dann

---

[104]) Zu dieser Art der Darstellung vgl. u.a.: H. v. Stackelberg: "Probleme...", a.a.O., S. 107 ff; H. Jacob: "Preispolitik", a.a.O., S. 156; W. Krelle: "Preistheorie", a.a.O., S. 248; E. Schneider: "Einführung..., II. Teil", a.a.O., S. 46 und S. 336.

[105]) Vgl. H. Jacob: "Preispolitik", a.a.O., S. 156. Wenn A.E. Ott ("Preis-Absatzfunktionen...", a.a.O., S. 291) hierbei von der "monopolistischen Preis-Absatzfunktion des Dyopolisten A" spricht, so kann dies Verwirrung anrichten. Denn A ist, wenn für ihn die $N_{A\text{-}0}$ gilt, keineswegs Monopolist, sondern B ist weiterhin im Markt, und zwar besonders stark, da $p_B = 0$ ist.

noch Konsumenten bereit, etwas für das Erzeugnis des A zu bezahlen. Allgemein genügt diese Nachfragekurve der Gleichung:

$$(8\text{-}A) \qquad p_A = \frac{a_A}{b_A} - \frac{1}{b_A} x_A \qquad \text{für } p_B = 0 \ .$$

Sie läßt zweierlei erkennen: (1.) Die Neigung der Nachfragekurve wird durch den reziproken Wert der "direkten Preiswirkung" bestimmt. (2.) Fordert A einen Preis, der durch das Verhältnis von "absoluter Sättigungsmenge" (a_A) zu "direkter Preiswirkung" (b_A) determiniert wird, also

$$p_A = \frac{a_A}{b_A}$$

so kann A beim Konkurrenzpreis $p_B = 0$ gerade nichts mehr absetzen. Dieser Preis - und jeder andere -, zu dem der Absatz des Anbieters A bei gegebenem Konkurrenzpreis p_B gerade Null wird, sei als "prohibitiver Preis" $p_{Ah}(p_B)$ bezeichnet[106]). Der Prohibitivpreis

$$p_{Ah} (p_B = 0) = \frac{a_A}{b_A}$$

determiniert den Schnittpunkt der Nachfragekurve $N_{A\text{-}0}$ mit der Ordinate. Im Beispielsfall ist $p_{Ah}(p_B = 0) = 6$.

Wie ferner aus Gleichung (6-A)

$$p_A = \frac{a_A}{b_A} + \frac{c_A}{b_A} p_B - \frac{1}{b_A} x_A$$

abzuleiten ist, hängt der Prohibitivpreis p_{Ah} von dem Konkurrenzpreis p_B ab, und zwar gilt die Beziehung

$$(9\text{-}A) \qquad p_{Ah}(p_B) = \frac{a_A}{b_A} + \frac{c_A}{b_A} p_B \qquad \text{für } x_A = 0^{[107]}).$$

Je niedriger (höher) der Konkurrenzpreis p_B liegt, um so niedriger (höher) liegt auch der prohibitive Preis des $A^{[108]}$). Für das Ausmaß, in dem der Prohibitivpreis des A mit steigendem p_B wächst, ist die "Konkurrenzpreis-Mengenwirkung" (c_A) mitverantwortlich. Denn dieses Ausmaß wird - wie Gleichung (9-A) zeigt - durch das Verhältnis von "Konkurrenzpreis-Mengenwirkung" zu "direkter Preiswirkung" (b_A) bestimmt. Steigt (bzw. sinkt) der Konkurrenzpreis um 1 Geldeinheit, so steigt (bzw. sinkt) der Prohibitivpreis des A um $\frac{c_A}{b_A}$. Dieser Quotient kann daher als "Konkurrenzpreis-Prohibitivpreiswirkung" bezeichnet werden.

[106]) Vgl. H. Jacob: "Preispolitik", a.a.O., S. 156.
[107]) Zur graphischen Darstellung dieser Funktion siehe Abb. 3.
[108]) Vgl. H. Jacob: "Preispolitik", a.a.O., S. 156.

Der Quotient $\frac{c_A}{b_A}$ ($= \frac{7}{10}$ im Beispiel) gibt den *senkrechten* Abstand zwischen den Nachfragekurven N_{A-p_B} an, wenn der Konkurrenzpreis p_B sukzessive um 1 Geldeinheit variiert wird. Analog dazu wird bei einer derartigen Preisvariation des B der *waagerechte* Abstand zwischen den einzelnen Nachfragekurven durch die "Konkurrenzpreis-Mengenwirkung" (c_A) determiniert.

An Hand der graphischen Darstellung ist somit der Einfluß beschrieben worden, der von der Höhe des Konkurrenzpreises p_B auf die Prohibitivpreise und die Lage der Nachfragekurven des Anbieters A ausgeht. Das Ausmaß dieses Einflusses wird durch die Koeffizienten b_A und c_A der Preis-Absatz-Funktion bestimmt. Die ökonomischen Bestimmungsgrößen dieser Koeffizienten haben wir gründlich analysiert. Deshalb kann jetzt auch die Frage aufgeworfen werden, ob zwischen den *Koeffizienten* der Preis-Absatz-Funktion des A und den Koeffizienten der Preis-Absatz-Funktion des B irgendwelche Wechselbeziehungen bestehen. Gesucht wird mithin nach *Interdependenzen zwischen den Preis-Absatz-Funktionen* von Dyopolisten. Derartige gegenseitige Verflechtungen der Preis-Absatz-Funktionen sind bisher *nicht* vermutet und daher in keiner Oligopoltheorie berücksichtigt worden. Der folgende Abschnitt soll zunächst Beweise für diese Behauptung liefern. Anschließend ist die Frage nach Interdependenzen zwischen den Preis-Absatz-Funktionen zu beantworten und ihre Bedeutung für die Oligopolpreisbildung zu analysieren.

IV. Interdependenzen zwischen den Preis-Absatz-Funktionen der Dyopolisten

1. Die formale Gleichheit der Preis-Absatz-Funktionen der Anbieter

Analog zur allgemeinen Form der Preis-Absatz-Funktionen des Anbieters A

(3-A) $$x_A = a_A - b_A \, p_A + c_A \, p_B$$

kann die Preis-Absatz-Funktion des B geschrieben werden als:

(3-B) $$x_B = a_B - b_B \, p_B + c_B \, p_A$$

Hierin bezeichnen die Koeffizienten a_B, b_B und c_B selbstverständlich dieselben ökonomischen Sachverhalte wie die entsprechenden Größen des A.

In der Oligopolliteratur besteht völlige Übereinstimmung aller Autoren hinsichtlich dieser formalen Gleichheit zwischen der Preis-Absatz-Funktion des A und derjenigen des B. Jedoch können bereits grundsätzlich zwei Gruppen gebildet werden, wenn nach konkreten Annahmen über die Koeffizienten dieser Funktionen gefragt wird.

Eine Gruppe von Autoren hat diese Koeffizienten überhaupt nicht näher untersucht. Insbesondere treffen diese Verfasser keinerlei Aussagen darüber, ob zwischen den. Koeffizienten des A und denjenigen des B irgendwelche Beziehungen bestehen[109]).

Auch die andere Gruppe von Autoren hat die ökonomischen Bestimmungsgrößen der Koeffizienten nicht näher erläutert. Jedoch enthalten ihre Darstellungen und Beispiele ganz bestimmte Annahmen über die Koeffizienten[110]). Diese Annahmen sollen im folgenden kritisch betrachtet werden.

2. Kritik an der Hotelling-Symmetrie der Preis-Absatz-Funktionen im Dyopol auf unvollkommenem Markte

Als einer der ganz wenigen Nationalökonomen, die - expressis verbis - Annahmen über die Koeffizienten der Preis-Absatz-Funktionen der Dyopolisten machten, ist Hotelling zu nennen[111]). Seine Unterstellungen wurden von zahlreichen Autoren übernommen, so daß sie inzwischen in der Oligopoltheorie sehr weit verbreitet sind[112]).

Es handelt sich hierbei um die Annahme Hotellings, die Preis-Absatz-Funktionen im Dyopol seien *symmetrisch*. Dies besagt: Es wird hinsichtlich der Koeffizienten der Preis-Absatz-Funktionen angenommen, daß

(10a) $a_A = a_B$ (10b) $b_A = b_B$ und (10c) $c_A = c_B$

ist. Preis-Absatz-Funktionen, die im Hotelling-Sinn symmetrisch sind, werden demnach geschrieben als[113]):

(11-A) $x_A = a - bp_A + cp_B$

(11-B) $x_B = a - bp_B + cp_A$

Eine graphische Darstellung von (11-A) und (11-B) würde in Lage und Form *identische* Preis-Absatz-Kurven des Anbieters A und des B zeigen.

Die Annahmen der Gleichungen (10a), (10b) und (10c) sollen nach Ansicht der genannten Autoren ausdrücklich für folgenden Fall gelten: Die Dyopolisten bieten Güter an, die zumindest in den Augen der Nachfrager Unterschiede aufweisen, also mehr oder minder *heterogen* sind. Die Autoren betrachten demnach - wie wir - ein

---

[109]) Zu dieser Gruppe zählen u.a.: H. v. Stackelberg: "Probleme ...", a.a.O.; ders.: "Marktform ...", a.a.O.; W. Krelle: "Preistheorie", a.a.O., S. 247 ff.; E. Schneider: "Einführung ..., II. Teil", a.a.O., S. 64 f und S. 333 ff.

[110]) Zu dieser Gruppe gehören insbesondere: H. Hotelling, A.E. Ott, H. Sauermann, T. Seitz, A. Heertje, in gewissem Sinne auch E. Gutenberg und H. Jacob. Genaue Quellenangaben enthalten die nächsten Fußnoten.

[111]) Vgl. H. Hotelling: "Edgeworth's Taxation Paradox and the Nature of Demand and Supply Functions", in: "The Journal of Political Economy", Chicago, Ill. Vol. 40 (1932), S. 577 ff.

[112]) Die Annahmen Hotellings finden sich z.B. bei: A.E. Ott: "Preis-Absatzfunktionen...", a.a.O., S. 290; H. Sauermann, a.a.O., S. 222; T. Seitz: "Preisführerschaft...", a.a.O., S. 145; A. Heertje: "Preis-Absatzfunktionen...", a.a.O., S. 304; A.E. Ott: "Vertikale Preisbildung und Preisbindung", (im folgenden zitiert als: "Vertikale Preisbildung..."), Göttingen 1966, S. 112 f.

[113]) Vgl. u.a.: A.E. Ott: "Preis-Absatzfunktionen...", a.a.O., S. 290.

Dyopol auf unvollkommenem Markte. Wir müssen deshalb diese Annahme kurz einer kritischen Analyse unterziehen.

Die Gleichungen (10a), (10b) und (10c) bedeuten ökonomisch: Die Anbieter A und B besitzen eine *gleich* große "absolute Sättigungsmenge" (a) und erzielen ferner die *gleiche* "direkte Preiswirkung" (b) sowie die *gleiche* "Konkurrenzpreis-Mengenwirkung" (c). Senkt also z.B. der A seinen Preis um 1 Geldeinheit, so gewinnt er insgesamt genau die gleiche Nachfragemenge ($b_A = b_B$), wie sie auch Konkurrent B bei einer entsprechenden Preissenkung realisieren würde. Ferner zieht A dabei von B genau so viele Nachfrager ab, wie Nachfrage von A zu B fließen würde, wenn B die Preissenkung vornimmt ($c_A = c_B$). Darüber hinaus könnten beide Anbieter zum Preis $p_A = p_B = 0$ dieselbe Menge absetzen, nämlich $a_A = a_B$. Überhaupt könnten sie zu jedem Preis $p_A = p_B$ einen gleich hohen Absatz ($x_A = x_B$) erzielen.

Diese ökonomische Betrachtungsweise der Gleichungen (10a) bis (10c) führt zu dem Ergebnis: Die Annahmen dieser Gleichungen sind *nicht vereinbar* mit der - gleichzeitig genannten - Prämisse der *Heterogenität* der gehandelten Güter; Hotelling-Symmetrie und Unvollkommenheit des Marktes *widersprechen* einander. Ist ein Markt unvollkommen, weil die auf ihm angebotenen Güter in den Augen der Nachfrager Unterschiede aufweisen, so muß sich dies auch in unterschiedlichen ("asymmetrischen") Koeffizienten der Preis-Absatz-Funktionen niederschlagen. Gerade wegen der Heterogenität der Güter werden auf einem unvollkommenen Dyopol-markt folgende Bedingungen gelten:

1. Die "absoluten Sättigungsmengen" der Anbieter A und B werden voneinander abweichen. Wenn nämlich die Produkte als unterschiedlich angesehen werden, können bei $p_A = p_B = 0$ auch nur *verschiedene* Mengen davon verschenkt werden; demnach ist:

(12a) $$a_A \neq a_B .$$

2. Auf einem unvollkommenen Markt bestehen auf Seiten der Nachfrager Präferenzen für das eine oder andere Erzeugnis. Deshalb wird Anbieter A durch eine Preissenkung um 1 Geldeinheit sicherlich eine andere Nachfragemenge gewinnen können als Konkurrent B durch eine entsprechende Maßnahme. Hieraus folgt:

(12b) $$b_A \neq b_B ,$$

d.h. die "direkte Preiswirkung" ist bei Anbieter A und Anbieter B verschieden groß.

3. Die Heterogenität der Güter wird sich auch darin ausdrücken, daß sich die erzielbare "Konkurrenzpreis-Mengenwirkung" des A von derjenigen des B unterscheidet, also:

(12c) $$c_A \neq c_B$$

ist.

Die Annahme der in der Oligopolliteratur weit verbreiteten Hotelling-Symmetrie ist daher für Preis-Absatz-Funktionen im Dyopol auf unvollkommenem Markte *abzulehnen*. Stattdessen gelten die in den Gleichungen (12a), (12b) und (12c) genannten Bedingungen: Für die Koeffizienten der Preis-Absatz-Funktion des A sind andere Werte anzusetzen als für die analogen Koeffizienten der Preis-Absatz-Funktion des B. Die Folge davon ist, daß die Absatzsituation des A zwar grundsätzlich, aber nicht in der Lage und Form der einzelnen Kurven der Absatzlage des B entspricht[114]). Es besteht also keine Hotelling-Symmetrie.

Dieses Ergebnis, daß - im Gegensatz zu einer weit verbreiteten Meinung - für Preis-Absatz-Funktionen im Dyopol auf unvollkommenem Markte keine Hotelling-Symmetrie angenommen werden darf, gibt den Anstoß zu weiteren Untersuchungen. Es ist nämlich die Frage zu beantworten, ob zwischen den Preis-Absatz-Funktionen irgendwelche *anderen* Interdependenzen bestehen. Zur Beantwortung dieser Frage müssen die Koeffizienten hinsichtlich ihrer ökonomischen Bedeutung noch weiter analysiert werden. Dies soll im folgenden geschehen.

3. Die mengenbezogenen Interdependenzen zwischen "direkter Preiswirkung" und "Konkurrenzpreis-Mengenwirkung"

Die Analyse der ökonomischen Bestimmungsgrößen der Koeffizienten[115]) in den Preis-Absatz-Funktionen wird im folgenden weitere Bedeutung erlangen. Knüpfen wir zu diesem Zweck an die bereits abgeleitete Gleichung (2-A)

$$b_A = m_A + c_B$$

an. Sie besagt, daß die "direkte Preiswirkung" (b_A) des A sich zusammensetzt aus der "absoluten Nachfrageänderung" (m_A) und der "relativen Nachfrageänderung" (c_B)[116]). Oder anders ausgedrückt: Durch eine *eigene* Preissenkung um 1 Geldeinheit gewinnt A zum einen latente Nachfrager (m_A) und zieht zum anderen c_B-Nachfrager von Konkurrent B ab. Diese schon früher abgeleitete Nachfragewirkung bei Anbieter A ist nunmehr *gleichzeitig* von der Seite des Konkurrenten B zu betrachten.

Dann zeigt sich nämlich: Für den Konkurrenten B wird die "direkte Preiswirkung" (b_A) des Anbieters A teilweise, und zwar in dem Ausmaß (c_B) *spürbar*. Denn diejenige Menge (c_B), die Anbieter A infolge seiner Preissenkung von B abzieht, entspricht vice versa vollkommen der Menge, die Anbieter B an seinen Konkurrenten A hierbei verliert. D.h. was als "relative Nachfragewirkung" (c_B) für Anbieter A bezeichnet wurde, ist identisch mit der "Konkurrenzpreis-Mengenwirkung" (c_B) bei Anbieter B.

---

[114]) In diesem Sinne auch H. Jacob: "Preispolitik", a.a.O., S. 157.

[115]) Vgl. hierzu die Ausführungen über die "Wirkungen preispolitischer Maßnahmen auf die Nachfrage" und über die "Sättigungsmenge" sowie "Konkurrenzpreis-Mengenwirkung".

[116]) Zur ausführlichen Ableitung siehe S. 43 ff.

Aus diesen ökonomischen Überlegungen folgt also zwingend, daß die Größe b_A - wie in Gleichung (2-A) geschehen - die Größe c_B enthalten muß. Die beiden Koeffizienten b_A und c_B sind demnach miteinander eng verknüpft. Dabei handelt es sich um Verflechtungen zwischen den Absatz*mengen* des Anbieters A und dem Absatz des B. Daher kann von "mengenbezogenen Interdependenzen" zwischen direkter Preiswirkung (b_A) und Konkurrenzpreis-Mengenwirkung (c_B) gesprochen werden.

Vergegenwärtigen wir uns nun noch, daß die Größe b_A als ein Koeffizient in der Preis-Absatz-Funktion (3-A) des A, die Größe c_B hingegen als ein Koeffizient in der Funktion (3-B) des B auftritt. Dann läßt sich aus den bisherigen Überlegungen ein wichtiges Ergebnis ableiten: *Zwischen den Preis-Absatz-Funktionen der beiden Anbieter bestehen mengenmäßige Interdependenzen* über die Koeffizienten b_A und c_B. Entsprechendes gilt natürlich auch für die Koeffizienten b_B und c_A; denn analog den Überlegungen zu Gleichung (2-A) kann geschrieben werden:

(2-B) $$b_B = m_B + c_A \quad .$$

Die mengenbezogenen Interdependenzen zwischen den Preis-Absatz-Funktionen werden besonders deutlich sichtbar, wenn in den Funktionen für b_A die Gleichung (2-A) und für b_B die Gleichung (2-B) eingesetzt werden. Es ergibt sich dann:

(13-A) $$x_A = a_A - (m_A + c_B) \cdot p_A + c_A \, p_B$$

(13-B) $$x_B = a_B - (m_B + c_A) \cdot p_B + c_B \, p_A$$

Diese nicht zu durchbrechenden mengenmäßigen Interdependenzen zwischen den Koeffizienten der Preis-Absatz-Funktionen sind - unseres Wissens - bisher in der Oligopoltheorie nicht dargestellt worden. Dort wurden die Interdependenzen allein darin gesehen, *daß* der Absatz des A (B) auch von dem Preis des Konkurrenten B (A) abhängt. *Wie* diese Interdependenzen in den Preis-Absatz-Funktionen quantitativ erfaßt werden müssen, wurde u.W. bisher nicht beschrieben. Symptomatisch dafür ist: Die Koeffizienten der Preis-Absatz-Funktionen wurden einer ökonomischen Analyse kaum unterzogen. Darüber hinaus wurde i.d.R. auch nur die Preis-Absatz-Funktion *eines* Dyopolisten global dargestellt; ihre Verflechtungen mit der Funktion des Konkurrenten konnten aus diesem Grunde nicht sichtbar werden.

Eine Aufgabe dieser Arbeit war es daher, diese mengenmäßigen Interdependenzen aufzudecken. Eine weitere Aufgabe wird darin bestehen, die Bedeutung dieser mengenmäßigen Interdependenzen für die Oligopolpreisbildung darzustellen.

Zuvor sei jedoch noch gezeigt: Die Überlegungen, die den - für die Interdependenzen entscheidenden - Gleichungen (2-A) und (2-B) zugrunde liegen, lassen sich auch auf die Gesamtnachfrage des Dyopolmarktes übertragen. Dieser Hinweis erscheint angebracht, weil in der Praxis häufig nicht nur nach der betriebsindividuellen Preis-Absatz-Situation gefragt wird. Vielmehr interessiert oftmals auch die Gesamtnachfrage des Marktes. Jede Errechnung eines Marktanteiles setzt beispielsweise die Kenntnis der Gesamtnachfrage voraus.

Bezeichnen wir die Gesamtnachfrage des Dyopolmarktes mit N_g, so gilt:

(14) $\quad N_g = x_A + x_B = a_A - b_A\, p_A + c_A\, p_B + a_B - b_B\, p_B + c_B\, p_A$.

Die Gesamtnachfrage reagiert auf Preisvariationen *"normal"*, wenn sie bei Preiserhöhung ab- und bei Preissenkung zunimmt. Eine normale Reaktion der Gesamtnachfrage setzt also voraus: Die Menge, die A beispielsweise bei eigener Preiserhöhung verliert (= b_A), muß größer sein als die Menge (c_B), die B dadurch gewinnt. Sonst sinkt die Gesamtnachfrage bei Preiserhöhung nicht. Es muß daher gelten:

(15a) $\qquad\qquad\qquad b_A > c_B \qquad$ bzw.

(15b) $\qquad\qquad\qquad b_B > c_A$

Und eben diese Bedingungen werden durch die Gleichungen (2-A) bzw. (2-B) erfüllt, denn danach gilt ja gerade:

$$b_A = m_A + c_B > c_B \qquad \text{und} \qquad b_B = m_B + c_A > c_A \ !$$

kein Beweis

4. Die "Kurven der prohibitiven Preise" und die "Monopolkurven" als Ausdruck der preisbezogenen Interdependenzen

a) Kritische Analyse der "Kurven prohibitiver Preise"

Den Ausgangspunkt der folgenden Betrachtungen bilden Preis-Absatz-Funktionen der Gestalt:

(7-A) $\qquad p_A = \dfrac{a_A}{b_A} + \dfrac{c_A}{b_A}\, p_B - \dfrac{1}{b_A}\, x_A = \dfrac{60}{10} + \dfrac{7}{10}\, p_B - \dfrac{1}{10}\, x_A$

(7-B) $\qquad p_B = \dfrac{a_B}{b_B} + \dfrac{c_B}{b_B}\, p_A - \dfrac{1}{b_B}\, x_B = \dfrac{50}{9} + \dfrac{6}{9}\, p_A - \dfrac{1}{9}\, x_B$

Die Koeffizienten dieser Funktionen erfüllen die Bedingungen (15a) und (15b):

$$b_A = m_A + c_B > c_B$$

$$b_B = m_B + c_A > c_A$$

außerdem genügen sie den früher genannten Forderungen (4-A) und (4-B)[117]:

$$b_A > c_A \quad \text{und} \quad b_B > c_B$$

d.h. die eigene Preiswirkung auf den eigenen Absatz ist größer als die "Konkurrenz-preis-Mengenwirkung"[118].

---

[117]) Siehe S. 47 ff.

[118]) Neisser bezeichnet jeden anderen Fall mit Recht als "economically absurd"; H. Neisser, a.a.O., S. 9, Anm. 6.

evtl. Anm. 25: $\eta_{12} \cdot \eta_{21} > 2\, \eta_{11}\, \eta_{22}$

Ferner ist zu beachten: Preise und Absatzmengen der beiden Produkte können nur größer oder gleich Null sein; als einschränkende Nebenbedingungen erscheinen also

(16-A) $p_A \geqslant 0$,   (16-B) $p_B \geqslant 0$

und

(17-A) $x_A \geqslant 0$,   (17-B) $x_B \geqslant 0$.

Die Bedingung $x_A \geqslant 0$ ist erfüllt, wenn gilt:

$$(18\text{-}A) \qquad p_A \leqslant \frac{a_A}{b_A} + \frac{c_A}{b_A} p_B = \frac{60}{10} + \frac{7}{10} p_B \quad ;$$

der Forderung $x_B \geqslant 0$ wird durch die Ungleichung

$$(18\text{-}B) \qquad p_B \leqslant \frac{a_B}{b_B} + \frac{c_B}{b_B} p_A = \frac{50}{9} + \frac{6}{9} p_A$$

genügt.

Berücksichtigen wir in diesen beiden Beziehungen zunächst einmal nur die Gleichheitszeichen, so handelt es sich um zwei Gerade mit den Variablen p_A und p_B. Sie gelten offensichtlich dann, wenn die Absatzmengen x_A bzw. x_B gerade Null sind. Denjenigen Preis des Anbieters A, zu dem bei gegebenem Konkurrenzpreis p_B sein Absatz x_A gerade Null wird, haben wir bereits an früherer Stelle als seinen "prohibitiven Preis" $p_{Ah}(p_B)$ bezeichnet. Die Abhängigkeit seines prohibitiven Preises $p_{Ah}(p_B)$ vom Konkurrenzpreis p_B wird durch die Gleichung (19-A) determiniert:

$$(19\text{-}A) \qquad p_{Ah}(p_B) = \frac{a_A}{b_A} + \frac{c_A}{b_A} p_B = \frac{60}{10} + \frac{7}{10} p_B \quad \text{für } x_A = 0$$

Analog gilt für die prohibitiven Preise $p_{Bh}(p_A)$ des Anbieters B die aus (18-B) abgeleitete Beziehung:

$$(19\text{-}B) \qquad p_{Bh}(p_A) = \frac{a_B}{b_B} + \frac{c_B}{b_B} p_A = \frac{50}{9} + \frac{6}{9} p_A \quad \text{für } x_B = 0$$

Für die Gleichungen (19-A) und (19-B) sind in Abb. 3 die "Kurven der prohibitiven Preise" $p_{Ah} = p_{Ah}(p_B)$ und $p_{Bh} = p_{Bh}(p_A)$ in ein p_A; p_B-Koordinatensystem eingezeichnet worden[119]). Beide Kurven können auch als "Null-Absatzkurven" charakterisiert werden[120]), da für sie $x_A = 0$ bzw. $x_B = 0$ gilt.

---

[119]) Zur graphischen Darstellung von Kurven der prohibitiven Preise vgl. u.a. H. Jacob: "Preispolitik", a.a.O., S. 157; R. Richter: "Preistheorie", a.a.O., S. 188 f. und H. Sauermann, a.a.O., S. 218 f.

[120]) Vgl. T. Seitz: "Preisführerschaft...", a.a.O., S. 148.

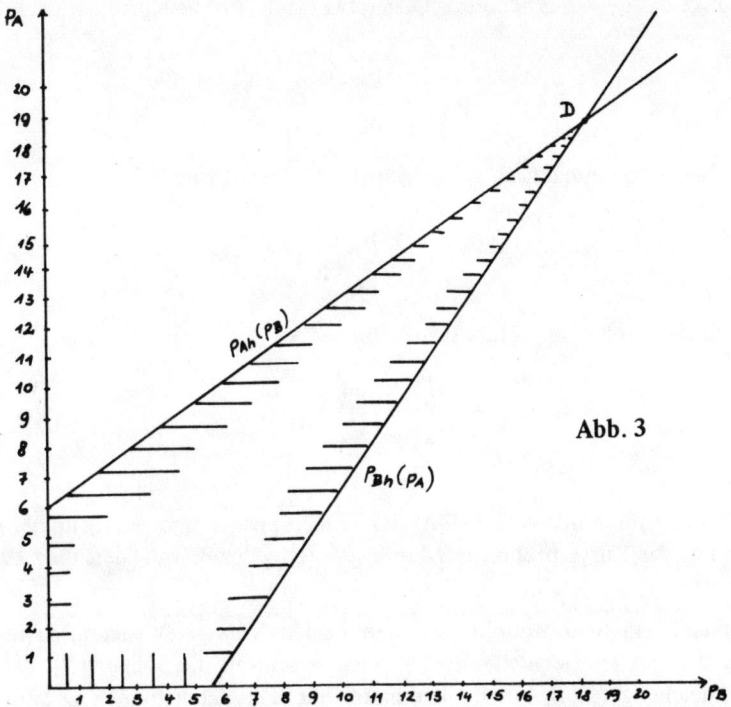

Abb. 3

Alle Preiskombinationen p_A; p_B, die auf und zwischen den beiden Kurven prohibitiver Preise liegen, erfüllen die Bedingungsgleichungen (18-A) und (18-B). Wird ferner beachtet, daß p_A und p_B nicht negativ sein sollen - vgl. Bedingungen (16-A) bzw. (16-B) -, so umgrenzt die schraffierte Fläche in Abb. 3 den für A und B relevanten Preisbereich[121]). Dieser Preisbereich wird in Abb. 3 nach oben eindeutig durch den Schnittpunkt D der Kurven prohibitiver Preise begrenzt. Die Koordinaten des Punktes D geben Höchstpreise an, zu denen die Nachfrage nach den Erzeugnissen *beider* Anbieter gerade Null wird.

Die Existenz des Schnittpunktes D und damit die Abgrenzungsmöglichkeit des Preisbereiches wird in der Literatur bisweilen bezweifelt: "Natürlich ist der Fall denkbar, daß... sich... die Geraden *nicht* schneiden. Der Preisbereich des heterogenen Dyopols ist dann nicht von vornherein in der geschilderten Weise abgegrenzt"[122]). Diese Auffassung können wir *nicht* teilen. Aufgrund der von uns aufgedeckten Interdependenzen zwischen den Koeffizienten der Preis-Absatz-Funktionen des A und B ist nachzuweisen: Der Schnittpunkt D *existiert immer.*

---

[121]) Vgl. H. Jacob: "Preispolitik", a.a.O., S. 158.
[122]) H. Sauermann, a.a.O., S. 218.

Ausgangspunkt des Beweises bildet die Gleichung (19-B) für die Kurve der prohibitiven Preise des B:

$$p_{Bh}(p_A) = \frac{a_B}{b_B} + \frac{c_B}{b_B} p_A$$

Wird diese Gleichung einmal nach p_A aufgelöst, so erhalten wir:

(19-B/A) $$p_A = -\frac{a_B}{c_B} + \frac{b_B}{c_B} p_B$$

Ein Vergleich mit der Kurve prohibitiver Preise des A:

(19-A) $$p_A = \frac{a_A}{b_A} + \frac{c_A}{b_A} p_B$$

zeigt:

1. Der Ordinatenabschnitt von (19-A) ist immer positiv und damit immer *größer* als derjenige der Kurve prohibitiver Preise $p_{Bh}(p_A)$ des B (vgl. Gleichung 19-B/A);

2. soll trotzdem ein Schnittpunkt zwischen beiden Kurven existieren, so muß die Steigung der zweiten Geraden, also $\frac{c_A}{b_A}$, *kleiner* sein als die Steigung $\frac{b_B}{c_B}$ der Kurve gemäß Gleichung (19-B/A); die Bedingung für den Schnittpunkt D lautet also:

(20) $$\frac{c_A}{b_A} < \frac{b_B}{c_B}$$

Vergegenwärtigen wir uns nunmehr früher abgeleitete Beziehungen zwischen den Koeffizienten c_A, b_A, b_B und c_B. Es war dort festgestellt worden, daß der eigene Preiseinfluß auf den eigenen Absatz größer ist als derjenige des Konkurrenten[123]). Diese Überlegung führte zu Bedingung (4-A) bzw. (4-B):

$$b_A > c_A \quad \text{und} \quad b_B > c_B$$

Hieraus folgt dann aber:

(21) $$\frac{c_A}{b_A} < 1 < \frac{b_B}{c_B}$$ (q.e.d.).

Die Bedingung (20) wird also stets erfüllt; dementsprechend existiert immer ein Schnittpunkt D der Kurven prohibitiver Preise $p_{Ah}(p_B)$ und $p_{Bh}(p_A)$. Der Nachweis konnte nur erbracht werden, weil die ökonomischen Interdependenzen zwischen den Koeffizienten zuvor analysiert worden sind.

---

[123]) Siehe hierzu S. 47 f; Sauermann nimmt übrigens dasselbe an, vgl. H. Sauermann, a.a.O., S. 222.

Darüber hinaus kommt den Beziehungen zwischen den Koeffizienten der Preis-Absatz-Funktionen eine weitere Bedeutung zu: Aus ihnen resultieren *"preisbezogene" Inter-dependenzen zwischen den Kurven der prohibitiven Preise*. D.h. die Abhängigkeit des eigenen Prohibitivpreises vom Konkurrenzpreis wird wesentlich bestimmt durch die Interdependenzen zwischen den Koeffizienten a_A, b_A, c_A, a_B, b_B und c_B. Dies zeigt sich, wenn in die Gleichungen (19-A) und (19-B) der Kurven der prohibitiven Preise die Gleichungen (2-A) und (2-B)

$$b_A = m_A + c_B$$

$$b_B = m_B + c_A$$

eingesetzt werden.

Die Bestimmungsgleichungen der Kurven der prohibitiven Preise können dann ge-schrieben werden als:

(22-A)
$$p_{Ah}(p_B) = \frac{a_A}{m_A + c_B} + \frac{c_A}{m_A + c_B} p_B$$

(22-B)
$$p_{Bh}(p_A) = \frac{a_B}{m_B + c_A} + \frac{c_B}{m_B + c_A} p_A$$

Die preisbezogenen Interdependenzen zwischen (22-A) und (22-B) kommen darin zum Ausdruck, daß *beide* Gleichungen die Koeffizienten c_A und c_B enthalten. Auch diese preisbezogenen Interdependenzen sind u.W. in der Oligopolliteratur bisher *nicht* genannt worden. Bevor auf ihre Bedeutung für die Dyopolpreisbildung eingegangen wird, sollen die preisbezogenen Interdependenzen noch in einer anderen Form dargestellt werden.

b) Die ökonomischen Bestimmungsgrößen der "Monopolkurve"

Der Dyopolist A (B) befindet sich in einer quasi-monopolistischen Situation, wenn sein Konkurrent B (A) den prohibitiven - oder einen höheren - Preis fordert. Der Konkurrent B (A) bietet zwar sein Produkt noch an[124], sein Absatz beläuft sich aber auf $x_B = 0$ (bzw. $x_A = 0$). Nur der Anbieter A (bzw. B) setzt mithin sein Erzeugnis noch ab.

In diesem Zusammenhang interessiert, wie groß beispielsweise der Absatz des An-bieters A wird, wenn der Absatz des Konkurrenten B gleich Null ist. Zur Beantwortung dieser Frage kann von den bereits genannten Preis-Absatz-Funktionen (3-A) und (3-B) ausgegangen werden:

(3-A)
$$x_A = a_A - b_A p_A + c_A p_B$$

(3-B)
$$x_B = a_B - b_B p_B + c_B p_A$$

---

[124]) Deshalb ist A (B) nur "Quasi-Monopolist", zumal Konkurrent B (A) sehr schnell durch eine entsprechend niedrigere Preisforderung wieder einen Absatz erzielen kann.

Für $x_B = 0$ ergibt sich aus Gleichung (3-B) die nach p_B aufgelöste Gleichung der prohibitiven Preise p_{Bh} (p_A):

(19-B) $$p_{Bh}(p_A) = \frac{a_B}{b_B} + \frac{c_B}{b_B} p_A \qquad \text{für } x_B = 0$$

Wird nun in Gleichung (3-A) der Preis p_B durch die Beziehung (19-B) ersetzt, so führt dies über

$$x_A = a_A - b_A\, p_A + c_A\left(\frac{a_B}{b_B} + \frac{c_B}{b_B} p_A\right)$$

zu der Gleichung (23-A):

(23-A) $$x_{A,M} = a_A + a_B \cdot \frac{c_A}{b_B} - p_A\left(b_A - c_B \cdot \frac{c_A}{b_B}\right)$$

Mit Gleichung (23-A) ist eine extreme, aber bedeutsame Situation des Dyopolmarktes beschrieben: Sie gibt an, welche Mengen der Anbieter A absetzen kann, wenn Konkurrent B stets den prohibitiven Preis $p_{Bh}(p_A)$ oder einen höheren fordert. Somit kann Gleichung (23-A) als "Preis-Absatz-Funktion des A für prohibitive Konkurrenzpreise $p_{Bh}(p_A)$" bezeichnet werden oder kurz als "Monopolkurve". Denn Gleichung (23-A) bestimmt jene Nachfragekurve, der sich Anbieter A gegenübersehen würde, wenn er den Markt als Monopolist beherrschte.

In der Oligopolliteratur finden sich nur relativ selten Hinweise auf die Existenz der "Monopolkurve"[125]). Vor allem aber sind ihre Koeffizienten bisher *nicht* näher betrachtet worden. Deshalb soll hier einmal gezeigt werden, daß die vorstehende Ableitung der "Monopolkurve" nicht nur mathematisch, sondern auch ökonomisch richtig ist. Dabei ist herauszuarbeiten, welche Schlußfolgerungen aus einer ökonomischen Interpretation der Koeffizienten dieser "Monopolkurve" zu ziehen sind.

Die ersten beiden Glieder der Gleichung (23-A), also:

$$a_A + a_B \cdot \frac{c_A}{b_B}$$

bestimmen die *"relative Sättigungsmenge"*, d.h. diejenige Menge, die Anbieter A

---

[125]) Erste bescheidene Ansätze hierzu finden sich bei H. v. Stackelberg: "Probleme...", a.a.O., S. 120 ff. An ihn hat A.E. Ott angeknüpft und eine "Monopolkurve" abgeleitet, allerdings unter der - von uns abgelehnten - Annahme einer Hotelling-Symmetrie; vgl. A.E. Ott: "Preis-Absatzfunktion...", a.a.O., S. 295 ff, S. 298 u. S. 302 f. Das gleiche gilt für H. Sauermann, a.a.O., S 222 ff. Eine sinnvolle "Monopolkurve" beim unvollkommenen Dyopol wurde bisher dargestellt von H. Jacob: "Preispolitik", a.a.O., S. 156 und T. Seitz: "Bemerkungen zur Dyopoltheorie Krelles" (im folgenden zitiert als: "Bemerkungen..."), in: Jahrbücher für Nationalökonomie und Statistik, Bd. 174 (1962), S. 438 f, insbesondere Fußnoten 25 und 26. Jeglicher Hinweis auf eine, die Schar von Nachfragekurven begrenzende "Monopolkurve" fehlt z.B. bei E. Schneider: "Einführung...", II. Teil, a.a.O., S. 333 ff; W. Krelle: "Preistheorie", a.a.O., S. 247 ff; R. Richter: "Preistheorie", a.a.O., S. 188 ff.

absetzen kann, wenn er sein Gut verschenkt ($p_A = 0$) und sein Konkurrent gerade den zugehörigen Prohibitivpreis fordert. Für diese "relative Sättigungsmenge" bei p_{Bh} ($p_A = 0$) gilt:

$$(24\text{-}A) \qquad a_A < a_A + a_B \, \frac{c_A}{b_B} < a_A + a_B$$

Die Beziehung (24-A) läßt zwei ökonomisch sinnvolle Sachverhalte erkennen:

1. Die "relative Sättigungsmenge" ist *größer* als die "absolute Sättigungsmenge" (a_A), die für $p_A = p_B = 0$ gilt. Denn sinnvollerweise kann Anbieter A von seinem Gut *mehr* absetzen (verschenken), wenn sein Konkurrent B den von Null verschiedenen Preis p_{Bh} ($p_A = 0$) > 0 fordert.

2. Allerdings ist die "relative Sättigungsmenge" des A *kleiner* als die Summe aus den beiden "absoluten Sättigungsmengen" ($a_A + a_B$). Zum Beweis muß wiederum auf die oben abgeleiteten Beziehungen zwischen den Koeffizienten zurückgegriffen werden, und zwar hier auf Gleichung (2-B): $b_B = m_B + c_A$, wonach $b_B > c_A$ ist. Hieraus folgt:

$$\frac{c_A}{b_B} < 1 \text{ und somit } a_B \cdot \frac{c_A}{b_B} < a_B$$

Die ökonomisch sinnvolle Begründung hierfür lautet: Wegen der Heterogenität der gehandelten Güter kann Anbieter A niemals alle diejenigen Nachfrager (= a_B) gewinnen, die Konkurrent B verliert, wenn er seinen Preis auf $p_{Bh}(p_A = 0)$ erhöht. Einige präsumtive Nachfrager des B sind nur bereit, entweder das Gut des B zu kaufen oder, wenn der Preis p_B zu hoch ist, lieber gänzlich auf den Konsum zu verzichten, als das Produkt des A zu wählen.

Nunmehr sei der restliche Teil der Gleichung (23-A), also

$$p_A \, (b_A - c_B \, \frac{c_A}{b_B})$$

betrachtet. Der Klammerausdruck gibt die *Steigung* der "Monopolkurve" $N_{A\text{-}p_{Bh}}$ an. Dabei gilt:

$$(25\text{-}A) \qquad b_A > b_A - c_B \, \frac{c_A}{b_B} > b_A - c_B = m_A$$

Die Beziehung (25-A) weist auf folgende ökonomische Zusammenhänge hin:

1. Die Größe b_A kennzeichnet - wie oben gezeigt - die "direkte Preiswirkung", wenn Konkurrent B noch am Markt auftritt und einen Absatz $x_B > 0$ erzielt. Fordert der Konkurrent B einen *niedrigeren* als den Prohibitivpreis $p_{Bh}(p_A)$, so kann Anbieter A durch eine Preissenkung um 1 Geldeinheit insgesamt Nachfrage in Höhe von $b_A = m_A + c_B$ gewinnen. Dabei wandern c_B-Nachfrager von B zu A ab.

Ist A hingegen "Monopolist", weil B seinen prohibitiven oder sogar einen höheren Preis fordert, so kann A nicht mehr c_B-Nachfrager von B abziehen: Denn bei B kauften wegen $p_B = p_{Bh}(p_A)$ bereits keine Konsumenten mehr. Durch eine Preissenkung[126]) als "Monopolist" gewinnt Anbieter A also sinnvollerweise nur eine Nachfragemenge, die *kleiner* als b_A ist und sich gemäß "Monopolkurven-Gleichung" (23-A) beläuft auf

$$b_A - c_B \cdot \frac{c_A}{b_A} < b_A$$

2. Allerdings ist diese Nachfrage, die A als "Monopolist" bei einer Preissenkung um 1 Geldeinheit *insgesamt* gewinnt, *größer* als seine latente Nachfrage m_A:

$$b_A - c_B \frac{c_A}{b_B} > b_A - c_B = m_A \quad [127])$$

Dieser Sachverhalt läßt sich ebenfalls ökonomisch sinnvoll erklären: Ist Anbieter A "Monopolist", so mobilisiert er durch eine derartige Preissenkung nicht nur "seine" bisher latenten Nachfrager im Umfange von m_A. Vielmehr wird er darüber hinaus auch einen Teil der Nachfrager gewinnen, die eigentlich bei Konkurrent B kaufen wollten, aber bei den Preiserhöhungen des B bis zum Prohibitivpreis p_{Bh} latent wurden. Durch die Preissenkung des A wird nun für einen Teil dieser Nachfrager die Preisdifferenz zwischen p_{Bh} und p_A so groß, daß sie sich jetzt doch dem Anbieter A zuwenden[128]).

Der Umfang dieser latenten Nachfrage, die über die Menge m_A hinaus von A gewonnen wird, läßt sich eindeutig angeben. Zu diesem Zweck ist eine geeignete Schreibweise für die insgesamt zu mobilisierende Nachfrage zu wählen:

$$(26\text{-}A) \qquad b_A - c_B \frac{c_A}{b_B} = (\underbrace{b_A - c_B}_{m_A}) + (c_B - c_B \frac{c_A}{b_B})$$

Der Inhalt der zweiten Klammer gibt dann die bisher latente Nachfrage an, die Anbieter A als "Monopolist" - über die Menge "seiner" latenten Nachfrager m_A hinaus - bei einer Preissenkung um 1 Geldeinheit zusätzlich gewinnt.

---

[126]) - wiederum um 1 Geldeinheit -

[127]) Denn es ist $b_B > c_A$ und deshalb $\frac{c_A}{b_B} < 1$ (vgl. vorige Seite).

Dementsprechend muß auch sein: $c_B \cdot \frac{c_A}{b_B} < c_B$

[128]) Der andere Teil dieser Nachfrager bleibt latent; viele von ihnen deshalb, weil sie - wie bei der relativen Sättigungsmenge beschrieben - lieber gänzlich auf Konsum verzichten, als das Produkt des Anbieters A zu kaufen.

Damit sind die ökonomischen Bestimmungsgrößen der "Monopolkurve" $N_{A-p_{Bh}}$ beschrieben. Die ökonomische Interpretation der Koeffizienten dieser "Monopolkurve" ließ wiederum Interdependenzen zwischen den Preis-Absatz-Funktionen der Dyopolisten erkennen. Denn alle Koeffizienten der Preis-Absatz-Funktion des B sind in einer ganz bestimmten und - wie nachgewiesen wurde - ökonomisch sinnvollen Weise in den Koeffizienten der "Monopolkurve" des A enthalten. Dieses Ergebnis gilt selbstverständlich analog für die "Monopolkurve" $N_{B-p_{Ah}}$ des Anbieters B, wie Gleichung (23-A) zeigt:

$$(23\text{-}B) \qquad x_{B,M} = a_B + a_A \cdot \frac{c_B}{b_A} - p_B \left(b_B - c_A \cdot \frac{c_B}{b_A} \right) \ .$$

Nachdem nun alle Interdependenzen zwischen den Preis-Absatz-Funktionen, den Kurven der prohibitiven Preise und den Monopolkurven aufgedeckt wurden, ist im folgenden auf ihre Bedeutung für die Oligopolanalyse einzugehen.

5. Die Bedeutung der Interdependenzen für die Oligopolanalyse

a) ... bei vollkommener Information

In den Oligopoltheorien wird im allgemeinen unterstellt, daß die Anbieter vollkommene Information über alle eigenen und über alle "fremden" Daten der Konkurrenz besitzen[129]). Obwohl diese Annahme sicherlich recht wirklichkeitsfremd ist, kann sie dennoch aus zwei Gründen gewählt werden: Erstens ermöglicht diese vereinfachende Prämisse, die spezifischen Probleme der Oligopolpreisbildung in aller Deutlichkeit darzustellen. Zweitens sind auch in der Praxis Situationen gegeben, in denen Oligopolisten zumindest vollkommene Informationen über alle Wettbewerbshandlungen (Preise, Absatzmengen, Rabattkonditionen u.a.) der Konkurrenz besitzen. Beispielsweise erlangen einige Unternehmen in der Bundesrepublik diese (recht) vollkommene Information mit Hilfe sog. "Preisaustausch-" bzw. "Preismeldeverträge"[130]).

In derartigen Preisaustauschverträgen bzw. Preismeldesystemen verpflichten sich "Unternehmen einer bestimmten Branche, sich gegenseitig über Preise, Rabatte und Konditionen der von ihnen getätigten Geschäfte und u.U. auch schon über die entsprechenden Angebote - meistens mittelbar über eine gemeinschaftliche Stelle - zu informieren, ... (um) die Marktergebnisse der beteiligten Unternehmen zu verbessern"[131]).

---

[129]) Diese Prämisse findet sich u.a. bei H. Jacob: "Preispolitik", a.a.O., S. 161 f; W. Krelle: "Preistheorie", a.a.O., S. 247 f; R. Richter: "Preistheorie", S. 176 u. S. 188; H. Sauermann, a.a.O., S. 217.

[130]) Vgl. hierzu: F. Metzinger: "Preisaustauschverträge auf Oligopolmärkten", in: Der Betrieb, 17. Jg. (1964), S. 831 ff; K. Markert: "Kartellrechtliche Beurteilung von Preismeldeverträgen", in: Der Betrieb, 16. Jg. (1963), S. 1455 ff. (im folgenden zitiert als: "Preismeldeverträge..."; K. Markert: "Legalisierung von Preismeldesystemen durch Wettbewerbsregeln?", in: Der Betrieb, 17. Jg. (1964), S. 140 f; H.J. Krieger: "Preisaustauschverträge kein Kartellersatz", in: Der Betrieb, 17. Jg. (1964), S. 361 ff.

[131]) K. Markert: "... Preismeldeverträge ...", a.a.O., S. 1455.

Im folgenden sei daher zunächst angenommen, daß für die Dyopolisten vollkommene Information bestehe. Demzufolge kann der Anbieter A (B) seine eigene Preis-Absatz-Funktion und diejenige des Konkurrenten B (A) aus den bekannten Marktdaten *eindeutig* ableiten.

Bei der numerischen Formulierung der Preis-Absatz-Funktionen müssen die aufgezeigten Interdependenzen zwischen ihren Koeffizienten berücksichtigt werden. Ferner sind die Verflechtungen zwischen der eigenen Monopolkurve und der Preis-Absatz-Funktion des Konkurrenten zu beachten. Deshalb dürfen wir uns nicht darauf beschränken, nur *eine* Preis-Absatz-Funktion numerisch zu formulieren, wie dies aber häufig in der Oligopolliteratur geschieht[132]). Ebensowenig dürfen irgendwelche, d.h. "zusammenhanglose" Preis-Absatz-Funktionen gewählt werden. Vielmehr sind beide Preis-Absatz-Funktionen simultan zu gewinnen, um zu gewährleisten, daß sowohl die Interdependenzen zwischen den Koeffizienten als auch die Interdependenzen zwischen eigener Monopolkurve und Preis-Absatz-Funktion des Konkurrenten richtig erfaßt werden. Alle Funktionen müssen also miteinander "vereinbar", *kompatibel* sein.

Zwei hinsichtlich dieser Interdependenzen *"kompatible"* Preis-Absatz-Funktionen sind in den Gleichungen (7-A) und (7-B) gegeben:

$$(7\text{-}A) \qquad p_A = \frac{60}{10} + \frac{7}{10} p_B - \frac{1}{10} x_A$$

$$(7\text{-}B) \qquad p_B = \frac{50}{9} + \frac{6}{9} p_A - \frac{1}{9} x_B$$

mit den Nebenbedingungen:

(16-A) $p_A \geqslant 0$;   (17-A) $x_A \geqslant 0$;

(16-B) $p_B \geqslant 0$;   (17-B) $x_B \geqslant 0$.

Die Koeffizienten erfüllen die Interdependenz-Bedingungen (2-A), (2-B), (4-A) und (4-B):

$$b_A = m_A + c_B = 4 + 6 = 10 > 6 = c_B$$
$$b_B = m_B + c_A = 2 + 7 = 9 > 7 = c_A$$
$$b_A = 10 > 7 = c_A$$
$$b_B = 9 > 6 = c_B$$

Ferner muß jeder Dyopolist zur vollständigen Erfassung seiner Preis-Absatz-Situation seine "Monopolkurve" ableiten. Er erhält sie aufgrund der Überlegungen, die zur

[132]) Vgl. hierzu u.a.: E. Schneider: "Einführung...", II. Teil", a.a.O., S. 64 f und S. 333 ff.

Bestimmung der Gleichung (23-A) angestellt wurden[133]). Nach dem Preis p_A aufgelöst, ergibt sich daraus Gleichung (27-A) für die Monopolkurve des A:

$$(27\text{-}A) \qquad p_{A,M} = \frac{a_A\, b_B + c_A\, a_B}{b_A\, b_B - c_A\, c_B} - \frac{b_B}{b_A\, b_B - c_A\, c_B}\, x_A$$

Die Interdependenzen zwischen den Preis-Absatz-Funktionen der Dyopolisten kommen bei Gleichung (27-A) in folgendem zum Ausdruck: Die Funktion für die Monopolkurve des *Anbieters* A enthält *alle* Koeffizienten der Preis-Absatz-Funktion des *Konkurrenten* B.

Bei der unterstellten vollkommenen Information kann Anbieter A seine Monopolkurve *eindeutig* ableiten. Denn er kennt unter dieser Voraussetzung auch alle Koeffizienten des B. Seine Monopolkurve $N_{A\text{-}p_{Bh}}$ wird daher kompatibel mit der *"objektiven"* Preis-Absatz-Funktion des B sein, die für B tatsächlich gilt und auf die sich B bei seinen Entscheidungen stützt.

In unserem Beispiel legt Anbieter A demgemäß folgende Monopolkurven-Gleichung seinen preispolitischen Überlegungen zugrunde:

$$(28\text{-}A) \qquad p_{A,M} = \frac{60 \cdot 9 + 7 \cdot 50}{10 \cdot 9 - 7 \cdot 6} - \frac{9}{10 \cdot 9 - 7 \cdot 6}\, x_A = \frac{445}{24} - \frac{3}{16}\, x_A$$

Analog lautet die Gleichung der Monopolkurve für Unternehmen B:

$$(28\text{-}B) \qquad p_{B,M} = \frac{50 \cdot 10 + 6 \cdot 60}{10 \cdot 9 - 7 \cdot 6} - \frac{10}{10 \cdot 9 - 7 \cdot 6}\, x_B = \frac{215}{12} - \frac{5}{24}\, x_B$$

Sie ist bei vollkommener Information kompatibel mit der effektiven Preis-Absatz-Funktion des A.

Die Funktionen (7-A), (28-A) und (7-B) sowie (28-B) sind in den folgenden Abbildungen graphisch dargestellt. Die Kompatibilität der in Abb. 4a und 4b dargestellten Funktionen kommt u.a. in folgendem zum Ausdruck:

1. Nach Abb. 4a gehört zum Preis p_A = 6,66 ein prohibitiver Preis des B von p_{Bh} = 10, zu p_A = 12,66 gilt p_{Bh} = 14 usw.; die Nachfragekurven $N_{A\text{-}10}$ und $N_{A\text{-}14}$ münden hier in die Monopolkurve des Unternehmens A. Diese Feststellungen des Anbieters A decken sich voll mit denjenigen, die Konkurrent B aus Abb. 4b gewinnt. Denn den Preiskombinationen p_A = 6,66; p_B = 10 und p_A = 12,66; p_B = 14 entsprechen Punkte auf der Ordinate in Abb. 4b, d.h. es ist jeweils x_B = 0. Diese Preise des B stellen bei den genannten Preisen des A also tatsächlich Prohibitivpreise dar. Die Mündungspunkte der Nachfragekurven in die Monopolkurve des A (B) finden somit ihre kongruente Entsprechung in den Ordinaten-Schnittpunkten der Nachfragekurven des Konkurrenten B (A). Die dargestellten Kurven sind also hinsichtlich der Preise kompatibel.

[133]) Vgl. die Ausführungen zu den ökonomischen Bestimmungsgrößen der Monopolkurve.

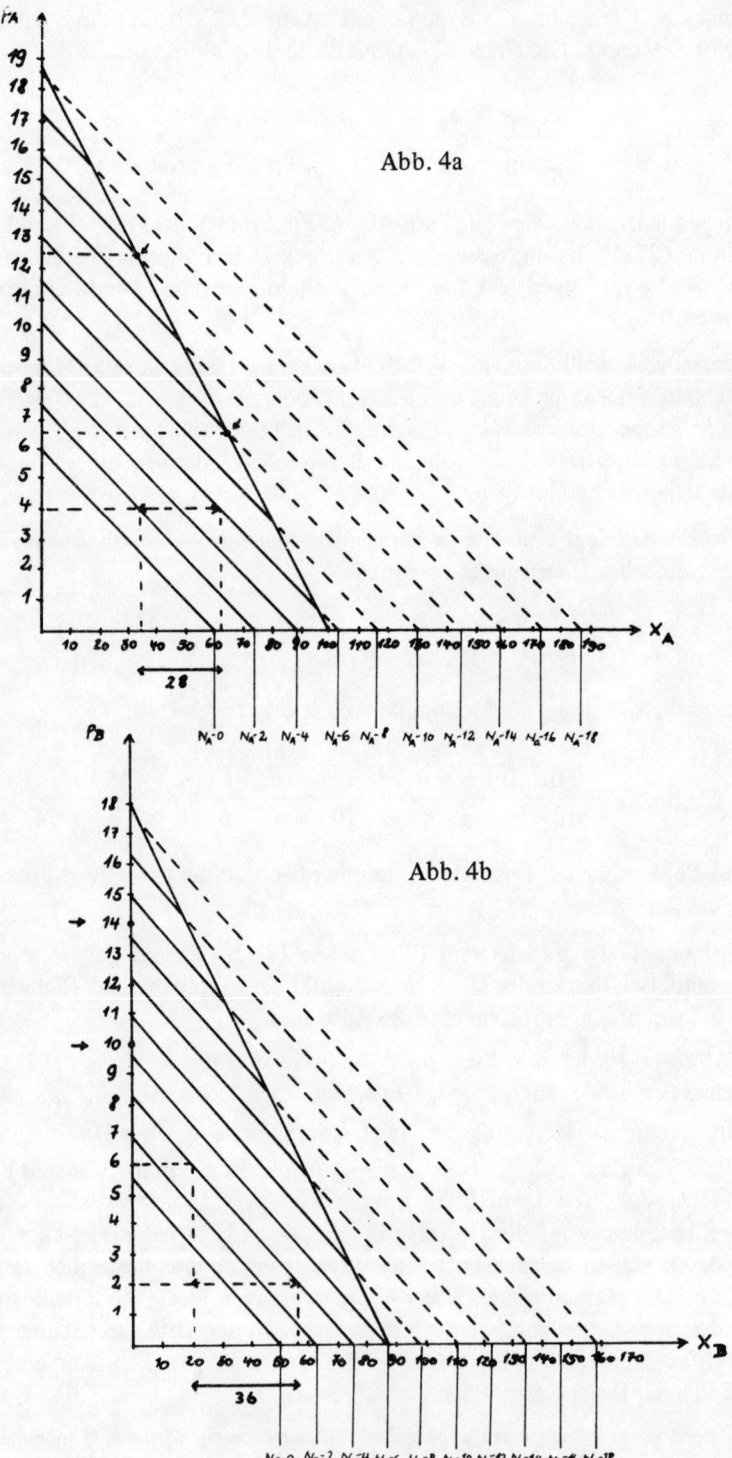

Abb. 4a

Abb. 4b

2. Nun zur mengenmäßigen Kompatibilität. Erhöht Konkurrent B seinen Preis beispielsweise von $p_{B1} = 2$ auf $p_{B2} = 6$, so gewinnt, wie Abb. 4a zeigt, Anbieter A bei konstantem Preis $p_A = 4$ die Menge $\triangle x_A = 28$. Sie muß kleiner sein als die Menge $\triangle x_B$ in Abb. 4b, die Konkurrent B durch seine Preiserhöhung insgesamt verliert. Denn einige der bisherigen Nachfrager des B werden nicht zu A überwechseln, sondern werden latent. Deshalb hatten wir die Bedingung (15b): $c_A < b_B$ aufgestellt. Dies äußert sich jetzt darin, daß für $\triangle x_A$ in Abb. 4a im Vergleich zu $\triangle x_B$ in Abb. 4b gilt:

$$\triangle x_A = c_A \, (p_{B2} - p_{B1}) = 28 \; < \; 36 = \triangle x_B = b_B \, (p_{B2} - p_{B1}) \, .$$

Auch hinsichtlich der Absatzmengen (x_A und x_B) sind die dargestellten Funktionen also miteinander vereinbar, kompatibel.

b) . . . bei unvollkommener Information

Im Rahmen dieser Arbeit sollen ausführlich auch Entscheidungssituationen betrachtet werden, in denen die Oligopolisten nur unvollkommene Information besitzen. Deshalb ist zunächst zu untersuchen, wie sich die beschriebenen Interdependenzen in diesen wirklichkeitsnäheren Situationen auswirken.

In der Oligopolliteratur wird der Fall unvollkommener Information folgendermaßen behandelt: Es wird angenommen, daß jeder Dyopolist zwar seine eigene Nachfragesituation, nicht aber diejenige seines Konkurrenten kennt[134]), über die eigene Absatzlage bestehe also vollkommene Information, über die "fremde" des Konkurrenten unvollkommene Information[135]).

Bei der Beurteilung dieser Prämisse wird die Bedeutung der oben aufgezeigten Interdependenzen besonders sichtbar: Vollkommene Information über die eigene Nachfragesituation besagt, daß beispielsweise Anbieter A nicht nur seine Preis-Absatz-Funktion (6-A), sondern auch seine "Monopolkurve" (27-A) kennt. Erst *beide* Funktionen z u s a m m e n - d.h. Preis-Absatz-Funktion u n d "Monopolkurve" - charakterisieren seine Absatzlage vollständig. Von vollkommener Information über die eigene Nachfragesituation kann daher u.E. nur dann gesprochen werden, wenn Anbieter A neben seiner Preis-Absatz-Funktion auch die "Monopolkurve" kennt, die die Schar der Nachfragekurven "begrenzt".

[134]) In diesem Sinne äußern sich u.a.: E. Heuß: "Die oligopolistische Verhaltensweise als evolutorischer Prozeß", (im folgenden zitiert als: "Oligopolistische Verhaltensweise..."), in: Jahrbücher für Nationalökonomie und Statistik, Bd. 179 (1966), S. 457; W. Krelle: "Preistheorie", a.a.O., S. 339 (Abb. 66); E. Schneider: "Eine dynamische Theorie des Angebotsdyopols" (im folgenden zitiert als: "Dynamische Theorie..."), in: Archiv für mathematische Wirtschafts- und Sozialforschung, Bd. VIII, 1942, S. 72-92, wiederabgedruckt in: "Volks- und Betriebswirtschaft - Ausgewählte Aufsätze", Tübingen 1964, S. 63.

[135]) Wir beschränken uns hier absichtlich zunächst auf die unvollkommene Information über die Absatzlage. Der Fall unvollkommener Information hinsichtlich der Kostenlage des Konkurrenten wird später ebenfalls analysiert.

Wird nun die Gleichung (27-A) für diese "Monopolkurve" des A

$$(27\text{-}A) \qquad p_{A,M} = \frac{a_A b_B + c_A a_B}{b_A b_B - c_A c_B} - \frac{b_B}{b_A b_B - c_A c_B} x_A$$

betrachtet, so wird offensichtlich: Vollkommene Information über die eigene Absatz-lage und somit über die eigene "Monopolkurve" schließt vollkommene Kenntnis der Preis-Absatz-Funktion des Konkurrenten mit ein; denn wegen der oben beschriebenen Interdependenzen sind alle Koeffizienten des Konkurrenten in der Bestimmungs-gleichung für die "Monopolkurve" enthalten. Sie sind also bekannt, wenn über die eigene Monopolkurve vollkommene Information besteht.

Diese Überlegungen führen zu dem Ergebnis: Die Annahme der Oligopolliteratur, daß jeder Anbieter vollkommen zwar seine eigene, nicht aber die Nachfragesituation des Konkurrenten kennt, beinhaltet einen *Widerspruch*. Der Grund für diesen Widerspruch liegt in der Nichtbeachtung der zwingenden Interdependenzen, die zwischen den Koef-fizienten der eigenen Preis-Absatz-Funktion und der eigenen "Monopolkurve" einer-seits und der Preis-Absatz-Funktion des Konkurrenten andererseits bestehen. Sie be-wirken: Besitzt A vollkommene Information über die eigene Absatzlage, d.h. seine Preis-Absatz-Funktion und seine "Monopolkurve", so ist ihm damit zwangsläufig die Absatzsituation des B ebenfalls voll bekannt; die "Monopolkurve" des A enthält nämlich auch alle Koeffizienten der Preis-Absatz-Funktion des B.

Aus den aufgedeckten Interdependenzen sind daher für die Oligopolanalyse ent-scheidende Konsequenzen zu ziehen. Soll die Preispolitik im Dyopol bei unvoll-kommener Information untersucht werden, so müssen die Informationen über die fremde *und* die eigene Nachfragesituation als unvollständig angenommen werden. In diesem Zusammenhang sind für die Oligopolanalyse drei Sachverhalte bedeutungsvoll:

1. Jeder Dyopolist *schätzt* wegen der unvollkommenen Information seine betriebs-individuelle Preis-Absatz-Funktion und diejenige seines Konkurrenten. Von beiden Anbietern zusammen werden also insgesamt *vier* betriebsindividuelle Preis-Absatz-Funktionen den Entscheidungen zugrunde gelegt. Bei vollkommener Information sind es nur zwei, die obendrein noch den tatsächlichen Marktverhältnissen ent-sprechen.

2. Trotz unvollkommener Information müssen die Schätzungen des A (B) über seine eigene Preis-Absatz-Funktion und seine Monopolkurve *vollkommen kompatibel* sein mit *seinen* Annahmen über die Preis-Absatz-Funktion des Konkurrenten B (A). Denn bei diesen Schätzungen muß er wiederum die nicht zu durchbrechenden Interdependenzen beachten.

In einem ersten Schritt wird A seine Preis-Absatz-Funktion schätzen. Nimmt er dabei bestimmte Werte für m_A^A sowie die Größen b_A^A und c_A^A an[136]), so folgen daraus bereits wegen der engen Verflechtungen: ein eindeutiger Wert für c_B^A, da analog (2-A)

$$b_A^A = m_A^A + c_B^A$$

ist, und ein Wert für b_B^A, für den analog (4-B) und (15b) gelten muß:

(29-a) $$c_B^A < b_B^A > c_A^A$$

Zur vollständigen Schätzung der eigenen Absatzsituation hat A im zweiten Schritt seine Erwartungen über die "Monopolkurve" zu quantifizieren. Mit diesen Annahmen des Produzenten A über seine Monopolkurve liegt gleichzeitig die von ihm geschätzte Preis-Absatz-Funktion des Konkurrenten B nach Form und Lage eindeutig fest. Denn die Schätzung der Monopolkurve schließt - wie für ihre Bestimmungsgleichung (27-A) dargestellt[137]) - geschätzte Werte für die Größen b_B^A und a_B^A ein. Der "Schätzwert" für b_B^A muß dabei der Bedingung (29a) genügen. Da die Größe c_B^A bereits für die eigene Preis-Absatz-Funktion geschätzt wurde, hat A auf diesem Wege allen Koeffizienten der Preis-Absatz-Funktion des B einen erwarteten Wert beigelegt. Die von A geschätzte Preis-Absatz-Funktion des B ergibt sich daher zwingend und eindeutig aus den Schätzungen seiner eigenen Preis-Absatz-Funktion und Monopolkurve. Oder A schätzt beide Preis-Absatz-Funktionen; daraus resultiert dann eine bestimmte, *kompatible* Monopolkurve.

3. Aufgrund von allmählich zu sammelnden Erfahrungen werden beide Anbieter im Zeitablauf ihre Schätzungen korrigieren. Dabei ist zweierlei bedeutsam: (a) diese Lernprozesse bei A und B schaffen eine Verknüpfung zwischen ihren Schätzungen; (b) die Lernprozesse vollziehen sich in der Zeit.

zu a) Bei unvollkommener Information kann jeder Anbieter seinen Entscheidungen - wie oben beschrieben - nur geschätzte Größen zugrunde legen. Dabei fallen die Schätzungen des Anbieters A über seine eigenen und die fremden Marktdaten seines Konkurrenten B höchstwahrscheinlich anders aus als die Erwartungen, die Unternehmer B hinsichtlich seiner eigenen und der fremden Marktsituation des A hegt. Jeder Anbieter trifft seine Entscheidungen aber auf der Grundlage *seiner* Schätzungen. Wegen der Unterschiede in den Schätzwerten der Produzenten werden für beide die geplanten Ergebnisse ihrer Entscheidungen von den tatsächlich eintre-

[136]) Bei unvollkommener Information wird der zusätzliche obere Index erforderlich, um erkennen zu lassen, w e l c h e r der beiden Anbieter diese Größen schätzt: Die Schreibweise b_A^A bedeutet also, daß A den Wert seiner Größe b_A schätzt; demgegenüber gibt b_A^B denjenigen Wert an, den Konkurrent B seinen Entscheidungen für dieselbe Größe des A zugrunde legt.

[137]) Vgl. S. 61 ff und S. 70.

tenden Resultaten abweichen. Die Abweichungen des "Plans" vom "Ist" veranlassen die Anbieter dazu, nach den Ursachen hierfür zu forschen und daraus zu "lernen".

Dabei werden die Unternehmer insbesondere ihre Annahmen über die Marktdaten überprüfen und ihre Schätzungen gegebenenfalls korrigieren. Art und Umfang der Korrekturen richten sich nach Art und Umfang der Abweichungen. Da die tatsächlich erzielten Ergebnisse aus den Schätzungen *beider* Anbieter resultieren, hängen die Abweichungen also auch von den Schätzungen des Konkurrenten ab. Orientiert sich nun ein Anbieter bei seinen Korrekturen an den Abweichungen, so bezieht er auf diesem Wege indirekt[138]) die Annahmen des Konkurrenten in seine Neuplanung mit ein. Hierdurch werden die Schätzungen des einen Anbieters wechselseitig mit den Schätzungen des anderen *verknüpft*. Die Erwartungen beider Produzenten beeinflussen sich über den Lernprozeß also gegenseitig. Auf den Ablauf des Lernprozesses und seine Bedeutung für die Oligopolpreisbildung bei unvollkommener Information wird an anderer Stelle noch ausführlich eingegangen.

zu b) Hier interessiert zunächst noch, daß sich die Lernprozesse in der Zeit vollziehen, d.h. über mehrere Perioden erstrecken. Bei unvollkommener Information sind also die Entscheidungen aufeinander folgender Perioden in besonderer Weise miteinander verknüpft. Hieraus folgt zwingend: Soll die Preispolitik im Oligopol bei unvollkommener Information sinnvoll und wirklichkeitsadäquater dargestellt werden, so muß die übliche Ein-Perioden-Betrachtung fallengelassen werden. An ihre Stelle hat eine Mehr-Perioden-Analyse zu treten.

Damit gelangen wir zu der Frage, in welchen Situationen eine statische Betrachtungsweise der Oligopolpreisbildung durch eine dynamische Analyse ersetzt werden muß. Diese Frage soll im folgenden Kapitel beantwortet werden.

---

[138]) "Indirekt" insofern, als A die Schätzungen des B nicht kennt, wohl aber die aus ihnen resultierende Handlung (Preisfestsetzung).

Kapitel 3

Die unterschiedlichen Ansatzpunkte für eine statische und eine dynamische Analyse des Oligopols

A. Zu den Begriffen „Statik" und „Dynamik" in der Preistheorie

Mit den Begriffen "Statik" und "Dynamik" werden heute in den Wirtschaftswissenschaften ganz allgemein zwei verschiedene Arten der theoretischen Analyse wirtschaftlicher Erscheinungen bzw. Prozesse umschrieben[1]).

Eine Analyse bestimmter wirtschaftlicher Phänomene ist *"statisch, wenn in diese Analyse nur solche Relationen zwischen den relevanten Variablen eingehen, in denen sich die Werte der Variablen auf den gleichen Zeitpunkt oder auf die gleiche Zeitperiode beziehen"*[2]). In einer statischen Theorie sind mithin alle Variablen auf den gleichen Zeitpunkt bzw. auf die gleiche Periode bezogen[3]).

Hingegen ist das Wesen einer *dynamischen* Analyse - nach Frisch - wie folgt zu beschreiben: "In this type of analysis we consider not only a set of magnitudes in a given point of time and study the interrelations between them, but we consider the magnitudes of certain variables in different points of time, and we introduce certain equations which embrace at the same time several of these magnitudes belonging to different instants. This is the essential characteristic of a dynamic theory"[4]). In einer dynamischen Theorie werden mithin Relationen zwischen Variablen verwendet, in denen sich die Werte einiger oder aller Variablen auf verschiedene Zeitpunkte bzw. Perioden beziehen[5]).

Aus diesen allgemeinen Definitionen kann ein wichtiges Entscheidungskriterium dafür abgeleitet werden, wann in der Preistheorie eine statische und wann eine dynamische Analyse vorzunehmen ist. Hierzu ein einfaches Beispiel:

[1]) Die beiden Begriffe wurden zunächst in der Nationalökonomie mit den verschiedensten Inhalten verwendet, bis R. Frisch in einem grundlegenden Aufsatz endgültig terminologische Klarheit schuf; vgl. R. Frisch: "Propagation Problems and Impulse Problems in Dynamic Economics", (im folgenden zitiert als: "Propagation Problems...") in: Economic Essays in Honor of Gustav Cassel, London 1933, S. 171-205, wiederabgedruckt in: Readings in Business Cycles, A.E.A.-Series, London 1966, S. 155-185.

[2]) E. Schneider: "Statik und Dynamik" (im folgenden ebenso zitiert), in: Handwörterbuch der Sozialwissenschaften, 10. Bd., Stuttgart-Tübingen-Göttingen 1959, S. 23, und ders.: "Einführung..., II. Teil", a.a.O., S. 264.

[3]) Vgl. hierzu u.a. auch: A. Forstmann: "Über Statik, Dynamik und Liquidität", in: Jahrbücher für Nationalökonomie und Statistik, Bd. 163 (1951), S. 148; W. Krelle: "Preistheorie", a.a.O., S. 536 f; P.A. Samuelson: "Dynamic Process Analysis", in: "A Survey of Contemporary Economics", ed. by H.S. Ellis, Philadelphia-Toronto 1949, S. 354.

[4]) R. Frisch: "Propagation Problems...", a.a.O., S. 155 f.

[5]) In diesem Sinne auch: R. Henn: "Über dynamische Wirtschaftsmodelle", Stuttgart 1957, S. 30; W. Krelle: "Preistheorie", a.a.O., S. 537; E. Schneider: "Statik und Dynamik", a.a.O., S. 23, und ders.: "Einführung..., II. Teil", a.a.O., S. 264.

Ist die Nachfrage nach einem bestimmten Gut in der betrachteten Periode t allein abhängig von dem in dieser Periode verlangten Preis, ist also

$$x_t = f (p_t) \ ,$$

so liegt eine statische Relation zwischen den Variablen vor. Dementsprechend kann die optimale Preisforderung - z.B. die übliche Cournot-Lösung im Monopolfall - im Wege einer statischen Analyse ermittelt werden.

Wenn hingegen die Nachfrage nach einem bestimmten Produkt in der Periode t nicht nur von dem in dieser Periode t, sondern auch von dem in der vergangenen Periode t-1 geforderten Preis abhängig ist, wenn also gilt

$$x_t = f (p_t ; p_{t-1}) \ ,$$

so besteht eine dynamische Beziehung zwischen den Variablen. Demzufolge kann in einer derartigen Entscheidungssituation die optimale Preisstrategie nur mit Hilfe einer dynamischen Analyse bestimmt werden.

Nach diesen Begriffsklärungen und allgemeinen Ausführungen muß in den folgenden Abschnitten untersucht werden, unter welchen Voraussetzungen und auf welche Weise einerseits eine statische und andererseits eine dynamische Analyse der Preispolitik von Oligopolisten durchgeführt wurde bzw. werden müßte.

B. Kritische Diskussion der Prämissen statischer Oligopoltheorien

I.   Die Notwendigkeit der Prämissen-Analyse

Von einigen wenigen Ausnahmen abgesehen[6]), sind alle bekannten Oligopol- bzw. Dyopolanalysen *statische* Theorien. Die ihnen zugrunde liegenden Prämissen müssen hier aus drei Gründen herausgearbeitet werden:

(a)   In kaum einer der bekannten Oligopoltheorien sind alle wichtigen Prämissen expressis verbis genannt und/oder in ihrer vollen Tragweite beschrieben worden. Dies führte bisweilen zu Widersprüchen zwischen den einzelnen, gleichzeitig gesetzten Prämissen. Als Beispiel hierfür werden wir kurz die Dyopoltheorie Krelles zu diskutieren haben[7]).

(b)   Daneben läßt nur eine Diskussion der bisher für die Oligopoltheorien gewählten Annahmen erkennen, in welcher Hinsicht die bisherigen *statischen* Theorien noch erweitert oder sogar korrigiert werden müssen. Durch eine strenge Analyse der

---

[6]) Vgl. H. Jacob: "Dynamische Oligopolpreisbildung...", a.a.O., S. 73 ff; E. Schneider: "Dynamische Theorie...", a.a.O., S. 62 ff; A. Smithies und L.J. Savage: "A dynamic theory of duopoly", in: Econometrica, Vol 8 (1940), S. 130 ff. Siehe auch unsere Ausführungen in Teil 3 dieser Arbeit.

[7]) Vgl. hierzu Teil 2, Kap. 1, dieser Arbeit.

Prämissen-Inhalte werden in dieser Arbeit zunächst die Grundlagen für zweierlei geschaffen:

eine - entgegen einer weit verbreiteten Ansicht - für *alle* Ausgangspreiskombinationen *eindeutige* Dyopol-Lösung im Falle zeitlicher Preisgebundenheit der Konkurrenten und

eine exaktere Lösung für die optimale Strategie der Dyopolisten, wenn sie ihre Preise ohne zeitliche Bindung sehr schnell variieren können[8]).

Ferner ermöglicht die Aufhebung oder Änderung der üblichen Prämissen, mit Hilfe von Ergebnisvergleichen Aussagen darüber zu treffen, wie einzelne Prämissen die statischen Dyopol-Lösungen beeinflussen. Wir werden hier insbesondere untersuchen, welchen Einfluß die Beweglichkeit der Nachfrage und unterschiedliche Planungsperioden der Anbieter auf die Lösung einer statischen Dyopoltheorie ausüben[9]).

(c)   Nicht zuletzt wird erst durch eine Analyse der Prämissen *statischer* Oligopoltheorien offenbar, welche Prämissen geändert werden müssen, um zu einer wirklichkeitsnäheren *dynamischen* Oligopoltheorie zu gelangen. In der Literatur finden sich bisher nur relativ wenige Ausführungen über die Struktur einer dynamischen Oligopoltheorie[10]). Deshalb sind Ansatzpunkte herauszuarbeiten, auf denen aufbauend in dieser Arbeit versucht werden soll, eine dynamische Dyopoltheorie zu entwickeln.

II.   Die wesentlichen Prämissen statischer Oligopoltheorien

Bei einer statischen Oligopoltheorie beziehen sich - ex definitione - alle Variablen auf den gleichen Zeitpunkt bzw. auf die gleiche Periode. Dies impliziert für die Analyse der Preispolitik im Oligopol eine ganze Kette von weiteren Prämissen, die im folgenden kritisch zu analysieren sind.

1. Ein-Perioden-Betrachtung und kurzfristige Gewinnmaximierung

Werden statische Relationen zwischen den Variablen angenommen, so legt dies nahe, für die Analyse der Oligopolpreisbildung nur eine einzige Periode zu betrachten; denn die Werte der Variablen sind bei statischen Relationen auf ein und dieselbe, also auf *eine* bestimmte Periode bezogen. Aus diesem Grunde stellen alle statischen Oligopoltheorien "Ein-Perioden-Betrachtungen" dar.

Ökonomisch gerechtfertigt ist diese Beschränkung auf *eine* Periode nur, wenn gleichzeitig eine weitere Prämisse gesetzt wird: Auch die Zielfunktion der oligopolistischen Anbieter enthält ausschließlich Werte von Variablen, die sich auf eine einzige Periode beziehen. Hier sei - wie in den bekannten Oligopoltheorien - als Zielsetzung das "Streben nach maximalem Gewinn" gewählt; die Zielfunktion ist somit eine Gewinnfunktion. Aus der Beschränkung der Analyse auf *eine* Periode folgt dann, daß im

---

[8]) Hierzu sei auf die Ausführungen in Teil 2, Modell I und II, verwiesen.
[9]) Vgl. die Ausführungen in Teil 2, Modell III und IV.
[10]) Siehe hierzu Teil 3 und die dort diskutierte Literatur.

Rahmen jeder statischen Theorie die Oligopolisten ihren Gewinn nur für die eine betrachtete Periode zu maximieren versuchen. Mit Hilfe einer statischen Oligopoltheorie kann also nur der Fall *"kurzfristiger"* bzw. *"ein-periodiger* Gewinnmaximierung" analysiert werden. Eine optimale Preispolitik im Oligopol mit der Zielsetzung "langfristiger" bzw. "mehr-periodiger Gewinnmaximierung" kann demnach
im Rahmen einer statischen Theorie *nicht* abgeleitet werden[11]).

Für die statische Oligopoltheorie als Ein-Perioden-Analyse bei ein-periodiger Gewinnmaximierung erhebt sich schließlich die Frage, wie die Abgrenzung der zu betrachtenden Periode vorgenommen werden soll. Dieses Problem führt zu weiteren Prämissen,
die vor allem die Reaktionsgeschwindigkeit der Nachfrager und Konkurrenten betreffen.

2. Unendlich hohe Reaktionsgeschwindigkeiten ohne bzw. mit zeitlicher Preis-gebundenheit

Es gibt zwei Möglichkeiten, den Zeitraum der einen Periode, die in der statischen
Oligopoltheorie analysiert wird, abzugrenzen. Je nach der Art der gesetzten Prämissen
sind zwei Periodenbegriffe verschiedenen Inhaltes auseinander zu halten.

a) Kalenderzeit-Periode bei unendlich hoher Reaktionsgeschwindigkeit und keiner zeitlichen Preisgebundenheit

Fast alle bekannten Theorien über die Preisbildung im Oligopol setzen voraus: Die
Reaktionsgeschwindigkeit der Nachfrager *und* der Konkurrenten ist *unendlich groß.*
Es wird - mit anderen Worten - angenommen, daß sowohl die Nachfrager als auch die
Anbieter beispielsweise auf die Preisvariation eines Konkurrenten *sofort,* d.h. ohne
zeitliche Verzögerung reagieren können. Zwischen Preisänderung und Reaktion liegt
mithin nur eine logische Sekunde; auch die Reaktion selbst benötigt keine Zeit.

Für die Art der Periodenabgrenzung wird aber erst eine andere Prämisse entscheidend,
die mit der Annahme einer unendlich hohen Reaktionsgeschwindigkeit zwar eng verknüpft, die jedoch keineswegs - wie bisweilen gedacht - mit ihr identisch ist: Gemeint
ist hier die Reaktions*häufigkeit* der Konkurrenten. Es geht also darum, ob die oligopolistischen Anbieter innerhalb kürzester *Zeit beliebig oft* agieren bzw. reagieren
können oder ob sie für eine gewisse Zeit an einen einmal gesetzten Preis gebunden sind.
Im ersten Falle besteht für die Oligopolisten keine zeitliche Preisgebundenheit; sie
können unendlich häufig Preisvariationen vornehmen. Im zweiten Falle werden
sie - wie später gezeigt werden soll - durch die wirksame zeitliche Preisgebundenheit
in ihrem preispolitischen Entscheidungsspielraum beschränkt. Daher wird auch die
optimale Preisstrategie eine andere sein.

Hier sei zunächst die Situation betrachtet, in der gleichzeitig unendlich hohe Reaktionsgeschwindigkeit *und* unendlich große Reaktionshäufigkeit, also *keine* zeitliche Preis-

---

[11]) Hierauf wird später noch ausführlich einzugehen sein; vgl. unsere Ausführungen über "Gründe
und Ansatzpunkte für eine dynamische Oligopoltheorie" und die dynamischen Modelle V und
VI in Teil 3 dieses Buches.

gebundenheit vorausgesetzt werden. Diese Prämissen-Kombination findet sich in der Oligopolliteratur häufig. Sie impliziert, daß die betrachtete Periode nach irgendeiner Kalenderzeit, z.B. nach Monaten oder Wochen, abgegrenzt wird. Dabei besitzt die Länge des erfaßten Zeitraumes für die Analyse nahezu keine Bedeutung: Denn alle Reaktionen und damit der gesamte oligopolistische Preisbildungsprozeß vollziehen sich unendlich schnell, praktisch *zeitlos.*

Allerdings ist diese in der statischen Theorie analysierte Kalenderzeit-Periode in ihrer Dauer nach oben begrenzt. Sie kann maximal einen solchen Zeitraum umfassen, in dem alle für die preispolitischen Entscheidungen relevanten Markt- und Unternehmens-daten *konstant* sind. Eine Veränderung dieser Daten würde das Ergebnis des Preis-bildungsprozesses beeinflussen. Wenn aber die Daten in der betrachteten Periode unver-ändert bleiben sollen, so kann in der Regel nur eine relativ *kurze* Zeitspanne der Oligopolanalyse sinnvoll zugrunde gelegt werden. Auch hierin zeigt sich: Selbst dann, wenn keine zeitliche Preisgebundenheit besteht, kann aufgrund der übrigen Prämissen in einer statischen Oligopoltheorie ausschließlich die optimale Preispolitik *kurz-fristiger* Gewinnmaximierung abgeleitet werden.

Die hierzu in der Oligopolliteratur angebotene Lösung kann leider - aus noch zu nennenden Gründen - nicht völlig befriedigen. Deshalb soll in dieser Arbeit eine ver-besserte Problemlösung für die statische Preispolitik im Dyopol bei unendlich hoher Reaktionsgeschwindigkeit und keiner zeitlichen Preisgebundenheit zur Diskussion gestellt werden[12]).

b) "Preisbindungs-Periode" bei unendlich hoher Reaktionsgeschwindigkeit und zeit-licher Preisgebundenheit

Die bisherige Annahme, daß die Oligopolisten ohne zeitliche Preisgebundenheit handeln können, entspricht sicherlich nicht den Gegebenheiten in der Praxis. Viel-mehr ist dort zu beobachten: Zum einen sind mit jeder Preisänderung bestimmte Arbeiten verbunden; beispielsweise müssen neue Preislisten geschrieben und die neue Preisforderung der Verkaufsabteilung, den Vertretern sowie vor allem den Kunden angezeigt werden. Viele Nachfrager fühlen sich zum anderen evtl. durch kurzfristig und häufig vorgenommene Preisänderungen in ihren Planungen gestört und ʟaufen deshalb nicht mehr bei diesem Anbieter. Zu viele Preisänderungen innerhalb ꓣurzer Zeit können mithin die Absatzsituation beeinträchtigen. Aus diesen Gründen erscheint es sinnvoll, bei der Preispolitik im Oligopol eine zeitliche Preisgebundenheit der konkurrierenden Unternehmen zu berücksichtigen.

Die Prämisse zeitlicher Preisgebundenheit der Oligopolisten findet sich daher auch in der Oligopoltheorie, allerdings wird sie selten genannt. Sie kann wie folgt umschrieben werden: Ändert ein Anbieter "seinen Preis zu Beginn der Periode..., (so ist er) an diesen neuen Preis während einer bestimmten Zeitspanne, die der zugrunde gelegten Periode entsprechen möge, gebunden"[13]).

---

[12]) Vgl. hierzu Teil 2, Kap. 2 (Modell II).

[13]) H. Jacob: "Preispolitik", a.a.O., S. 161.

Beachtenswert ist, daß diese Annahme der zeitlichen Preisgebundenheit in der Oligopolliteratur stets mit der Prämisse unendlich hoher Reaktionsgeschwindigkeit kombiniert
wird. Es wird also gleichzeitig unterstellt, daß die Nachfrager und die Konkurrenten
auf eine Preisänderung eines Anbieters sofort reagieren können. Preisaktion und
-reaktion folgen unmittelbar aufeinander. Nach der Reaktion sind die Konkurrenten
aber selbst ebenfalls an ihren gesetzten Preis gebunden.

Diese Prämissen-Kombination beruht auf folgender Beobachtung: In der Praxis
fallen Preisänderungen der Anbieter auf oligopolistisch strukturierten Märkten sehr
oft zeitlich zusammen[14]); variiert einer der Produzenten seine Preisforderung, so
passen sich die Konkurrenten schnell an. Jedoch verstreicht - aus den weiter oben
genannten Gründen - eine gewisse Zeit, bis der zuerst aktiv gewordene Oligopolist
und die anderen Anbieter die Preise erneut ändern können[15]).

Unendlich hohe Reaktionsgeschwindigkeit der Konkurrenten *trotz* zeitlicher Preisgebundenheit impliziert: Die Planungsperioden der oligopolistischen Anbieter müssen
hinsichtlich Beginn und Länge vollkommen übereinstimmen. Nur dann können die
Unternehmen ohne zeitliche Verzögerung, also sofort auf Preisvariationen der
Konkurrenz antworten. Es liegt daher nahe, bei zeitlicher Preisgebundenheit als zu
betrachtende Periode denjenigen Zeitraum zu wählen, für den die Oligopolisten an
einen einmal gesetzten Preis gebunden sind[16]). Mit dem nächsten Zeitpunkt, an dem
der Preis erneut variiert werden kann, beginnt die nächste Periode; sie kann aber von
der statischen Analyse, die ex definitione eine Ein-Perioden-Betrachtung ist, nicht
gleichzeitig auch noch erfaßt werden.

Bei zeitlicher Preisgebundenheit wird die eine Periode, die der statischen Oligopolanalyse zugrunde gelegt wird, also - im Gegensatz zur Entscheidungssituation ohne
Preisgebundenheit - nicht durch irgendeine Kalenderzeit abgegrenzt, sondern genau
durch die Zeitdauer der für die Konkurrenten gleich langen Preisbindung. Die
statischen Relationen zwischen den Variablen beziehen sich dementsprechend auf
eine "Preisbindungs-Periode".

Für diese "Preisbindungs-Periode" ist die optimale Preispolitik von Dyopolisten bei
zeitlicher Preisgebundenheit herauszufinden. Ein Vergleich mit der Entscheidungssituation, in der die Anbieter während der Kalenderzeit-Periode keine Preisgebundenheit zu beachten haben, wird zeigen, ob und wie sich diese beiden dyopolistischen
Preisbildungsprozesse in ihren Ergebnissen unterscheiden.

Ferner soll in dieser Arbeit einmal bei Preisgebundenheit die immer gleichzeitig gesetzte Prämisse unendlich hoher Reaktionsgeschwindigkeit der Konkurrenten aufge-

---

[14]) Einen möglichen - bisher kaum vermuteten - Grund hierfür werden wir in Teil 2, Kap. 4,
herausarbeiten.

[15]) Vgl. hierzu insbesondere G.J. Stigler: "The Kinky Oligopoly Demand Curve and Rigid Prices",
in: The Journal of Political Economy, Vol. 55 (1947), S. 432 ff, deutsche Übersetzung: "Die
geknickte Oligopol-Nachfragekurve und starre Preise", in: "Preistheorie", hrsg. von A.E. Ott,
Köln-Berlin 1965, S. 326 ff.

[16]) In diesem Sinne beispielsweise H. Jacob: "Preispolitik", a.a.O., S. 161.

hoben werden: Die Planungsperioden der Anbieter sollen nicht mehr zusammenfallen; vielmehr kann die Konkurrenz nur mit einer zeitlichen Verzögerung reagieren. Welche Konsequenzen sich hieraus für die Dyopol-Lösung ergeben, wird eine Analyse zeigen, die simultan die Grenzen der statischen Oligopoltheorie aufdeckt.

3. Vollkommene Information der Nachfrager und Anbieter

Als letzte und vielleicht wesentlichste Prämisse vieler statischer Oligopoltheorien ist zu nennen: Nachfrager und Anbieter besitzen vollkommene Information, insbesondere für die eine betrachtete Periode[17]). Auf die Tragweite dieser Prämisse wird im Verlauf der Analysen noch häufig einzugehen sein.

Hier soll nur noch auf folgenden Sachverhalt hingewiesen werden: Bestünde unvollkommene Information auf Seiten der Konkurrenten und würden sie deshalb irgendwelche, noch so einfache Annahmen machen, die die Datenkonstellation der zu betrachtenden Periode aus derjenigen der Vorperiode "erklären" soll, so wäre bereits das Prämissen-Feld der statischen Theorie verlassen worden. Zwischen den Werten der Variablen würden dynamische Beziehungen bestehen. Diese aber haben in einer statischen Theorie keinen Platz.

C. Gründe und Ansatzpunkte für eine dynamische Oligopoltheorie

Die bisherigen Ausführungen haben zum einen gezeigt, durch die *Kombination* welcher Prämissen eine *statische* Oligopoltheorie charakterisiert ist. Zum anderen war diese Prämissen-Diskussion unbedingt erforderlich, um die Gründe und Ansatzpunkte für eine *dynamische* Oligopoltheorie erkennen zu können. Denn nur die exakte Analyse aller Prämissen statischer Oligopoltheorien läßt offenbar werden, wie durch Aufhebung *welcher* Prämissen der Übergang von der statischen zur dynamischen Oligopoltheorie vollzogen werden kann.

I. Die Prämisse "autonomen Verhaltens" in den ersten Beiträgen zu einer dynamischen Oligopoltheorie

Wenn in der Oligopolliteratur der Versuch unternommen wurde, einen Schritt in Richtung auf eine dynamische Dyopoltheorie zu tun, so findet sich bei diesen Versuchen meist folgende Prämisse: Die Dyopolisten sollen sich "autonom" bzw. "reaktions-indifferent" verhalten[18]).

---

[17]) Wird vollkommene Information nicht vorausgesetzt, so treten an ihre Stelle bestimmte Annahmen über die Existenz von "Reaktionsfunktionen".

[18]) Vgl. H. Jacob: "Dynamische Oligopolpreisbildung...", a.a.O., S. 73-145, und E. Schneider: "Dynamische Theorie...", a.a.O., S. 65 ff. Siehe hierzu die Ausführungen in Teil 3, Kap. 3.

Es wird also angenommen, daß jeder Anbieter auf die eigene Preisvariation keine Reaktion des Konkurrenten in der betrachteten Periode erwartet. Dann ist beispielsweise der erwartete Absatz $x_{A,t}$ des Anbieters A in der Periode t abhängig von dem eigenen Preis in der Periode t und dem unveränderten Preis des Konkurrenten B aus der Vorperiode t-1, also

$$x_{A,t} = f\,(p_{A,t}\;;\;p_{B,t-1})$$

Durch die Einführung der Erwartung "reaktions-indifferenten Verhaltens" haben wir es trotz kurzfristiger (einperiodiger) Gewinnmaximierung "mit einer dynamischen Beziehung zwischen zwei variablen Größen zu tun"[19]): Der Absatz x_A und die Preise p_A bzw. p_B beziehen sich (teilweise) auf verschiedene Perioden.

Es ist zweifellos ein besonderes Verdienst dieser Autoren, die ersten Beiträge zu einer dynamischen Oligopoltheorie geleistet zu haben. Gegen eine derartige Dynamisierung der Oligopoltheorie sprechen jedoch vor allem zwei Argumente:

a) Die Prämisse "autonomen Verhaltens" steht in Widerspruch zu der oligopolistischen "Denkart"[20]), die gerade das spezifische Merkmal eines Oligopolisten darstellt: Er *muß* auf seine Aktionen mit Reaktionen der Konkurrenten rechnen. Durch die Annahme, die Anbieter würden sich reaktionsindifferent verhalten, wird das typische Oligopolproblem eliminiert.

b) Die Anbieter sehen sich laufend in ihren Erwartungen getäuscht; denn - entgegen aller Erwartung - reagiert die Konkurrenz in der betrachteten Periode. Trotz der offensichtlichen Abweichungen zwischen erwartetem und tatsächlichem Verhalten sollen die Unternehmer jedoch an ihren Erwartungen festhalten. Diese Annahme ist wirklichkeitsfremd[21]).

Aus den genannten Gründen muß die Prämisse "reaktions-indifferenten Verhaltens" abgelehnt und in dieser Arbeit nach anderen Ansatzpunkten für eine dynamische Dyopoltheorie gesucht werden.

II.   Langfristige Gewinnmaximierung und Mehr-Perioden-Betrachtung bei vollkommener Information

Die in den vorhergehenden Abschnitten durchgeführte Analyse der Prämissen statischer Oligopoltheorien ermöglicht es uns, mehrere Ansatzpunkte für eine dynamische Theorie des Oligopols zu erkennen. Dafür ist zunächst in Erinnerung zu rufen:

---

[19]) E. Schneider: "Einführung..., II. Teil", a.a.O., S. 265.

[20]) Zur oligopolistischen "Denkart" und zur Kritik an der Prämisse "autonomen Verhaltens" von Oligopolisten siehe auch die Ausführungen in Teil 1, Kap. 2.

[21]) Hierauf weisen auch H. Jacob und E. Schneider ausdrücklich hin; vgl. H. Jacob: "Dynamische Oligopolpreisbildung...", a.a.O., S. 21 f und S. 40 f; E. Schneider: "Einführung..., Teil II". a.a.O., S. 347 f.

Eine dynamische Oligopoltheorie unterscheidet sich bereits grundsätzlich von einer statischen Theorie dadurch, daß bei ihr an die Stelle einer Ein-Perioden-Betrachtung eine Mehr-Perioden-Analyse tritt. Denn nur dann können sich die Werte der Variablen auf verschiedene Perioden beziehen und mithin definitionsgemäß dynamische Relationen bilden.

Die Mehr-Perioden-Betrachtung wirtschaftlicher Phänomene wird nun ihrerseits vor allem aus zwei Gründen erforderlich: Der eine Grund ist im Streben der Unternehmer nach langfristiger (mehr-periodiger) Gewinnmaximierung und der andere in der Veränderung der Daten im Zeitablauf zu sehen. Diese beiden Gründe ergeben gleichzeitig zwei Ansatzpunkte für eine Dynamisierung der Oligopoltheorie.

1. Langfristige Gewinnmaximierung bei Konstanz der Daten im Zeitablauf und zeitlicher Preisgebundenheit

Wie schon herausgearbeitet, kann trotz vollkommener Information im Rahmen einer statischen Analyse ex definitione eine Entscheidungssituation, in der die Oligopolisten nach langfristiger (mehrperiodiger) Gewinnmaximierung streben, *nicht* behandelt werden. Langfristige Gewinnmaximierung bedeutet hierbei, daß der Oligopolist bei seiner Reaktion auf eine vorhergehende Preisänderung eines Konkurrenten nicht nur den Gewinn der unmittelbar anschließenden Periode t, sondern auch die Gewinne in den darauffolgenden Perioden t+1, t+2 usw. berücksichtigt. Wie dies zu geschehen hat, kann nur mit Hilfe einer dynamischen, mehrere Perioden umfassenden Oligopoltheorie analysiert werden.

Sicherlich entspricht die Zielsetzung langfristiger Gewinnmaximierung den Gegebenheiten in der Praxis weit mehr als die Annahme, die Unternehmer würden nach kurzfristiger, ein-periodiger Gewinnmaximierung streben. Es erscheint daher lohnenswert, in dieser Arbeit das Streben nach langfristiger Gewinnmaximierung als den ersten Ansatzpunkt für eine dynamische Oligopoltheorie zu wählen[22]). Dabei soll gleichzeitig berücksichtigt werden, daß die Oligopolisten in der wirtschaftlichen Wirklichkeit meist mit zeitlicher Preisgebundenheit rechnen müssen.

Ein Vergleich der Ergebnisse für kurzfristige Gewinnmaximierung mit denjenigen beim Streben nach langfristiger Gewinnmaximierung wird zeigen, ob und, wenn ja, worin sich statische und dynamische Dyopol-Lösungen unterscheiden.

2. Langfristige Gewinnmaximierung bei Veränderung der Daten im Zeitablauf

Als zweiten Grund für die Notwendigkeit, eine dynamische Oligopoltheorie zu entwickeln, hatten wir die Veränderung der Markt- und Unternehmensdaten im Zeitablauf genannt. Dies gilt insbesondere dann, wenn die den Entscheidungen zugrunde zu legenden Preis-Absatz-Funktionen und/oder Kostenfunktionen dynamische Relationen enthalten: Beispielsweise kann die Absatzmenge x_t in der Periode t gleichzeitig von den Preisen der Oligopolisten in derselben Periode t *und* den Preisen in der vorhergehenden Periode t-1 abhängen.

---

[22]) Vgl. hierzu Teil 3, Kap. 1 dieser Arbeit (Modell V).

Jeder Anbieter hat in dieser Situation das Problem zu lösen, welche Preisforderungen er in den einzelnen Perioden seines Gesamtplanungszeitraumes stellen muß, um seinen Gewinn langfristig zu maximieren: Soll er z.B. in der nächsten Periode einen etwas niedrigeren (höheren) Preis als den bisher gültigen fordern und erst in der darauf-folgenden Periode seinen Preis kräftig erhöhen (senken)? Oder soll er lieber einen mittleren, gleich hohen Preis in beiden Perioden verlangen?

Auch diese Fragen nach der optimalen Preispolitik bei Veränderung der Daten im Zeitablauf sollen im Rahmen einer dynamischen Dyopoltheorie, die in dieser Arbeit zu entwickeln ist, beantwortet werden[23]).

III.   Lernprozesse bei unvollkommener Information

Die beiden bisher genannten Gründe und Ansatzpunkte für eine dynamische Oligopol-theorie gingen - wie alle statischen Oligopolanalysen auch - noch von der Voraussetzung aus, daß die Anbieter über vollkommene Information verfügen. Diese zweifellos häufig wirklichkeitsfremde Prämisse muß fallengelassen werden, wenn einmal aus einer Oligopoltheorie Ergebnisse von praktischem Wert abgeleitet werden sollen.

Damit gelangen wir zum dritten Ansatzpunkt für eine Dynamisierung der Oligopol-theorie: Die dynamische Theorie des Oligopols soll in der Lage sein, den oligo-polistischen Preisbildungsprozeß unter unvollkommener Information zu analysieren. Zu diesem Zweck ist sie so auszugestalten, daß sie beschreiben kann, wie die Oligo-polisten im Zeitablauf, d.h. von Periode zu Periode aus ihren guten - oder infolge un-vollkommener Information auch häufig - schlechten Erfahrungen "lernen". Dabei bedeutet "lernen": Durch richtige Verarbeitung der im Zeitablauf zu gewinnenden Informationen gelingt es den Oligopolisten in zunehmendem Maße, das "Heute" aus dem "Gestern" und das "Morgen" aus dem "Heute" zu erklären. Dieser "Lernprozeß" kann, da er sich in der Zeit vollzieht, nur im Rahmen einer *dynamischen* Oligopol-theorie berücksichtigt werden. "Only by a theory of this type can we explain how one situation grows out of the foregoing"[24]).

Wie bereits an früherer Stelle dargestellt[25]), muß deshalb die dynamische Oligopol-theorie zu einer "dynamischen Theorie eines oligopolistischen Lernprozesses" ent-wickelt werden. Erste Versuche in dieser Richtung sollen in dieser Arbeit unter-nommen werden[26]).

---

[23]) Vgl. hierzu die Ausführungen in Teil 3, Kap 2 (Modelle VI und VII).

[24]) R. Frisch: "Propagation Problems...", a.a.O., S. 156.

[25]) Vgl. die Ausführungen über "Subjektive Rationalität und Lernprozeß bei unvollkommener Information" in Teil 1, Kap. 2.

[26]) Vgl. hierzu Teil 3, Kap. 3 (Modelle VIII und IX).

Mit diesen Überlegungen können wir den Teil 1 abschließen. Nach einer Beschreibung der typischen Entscheidungssituation im Oligopol wurde ausführlich der ökonomische Inhalt der Koeffizienten der Preis-Absatz-Funktionen von Dyopolisten untersucht. Auf diese Weise wurden Interdependenzen zwischen den Preis-Absatz-Funktionen herausgearbeitet und quantifiziert. Hierdurch konnten bereits einige Mängel und Widersprüche statischer Oligopoltheorien aufgedeckt und beseitigt werden. Die besondere Bedeutung dieser Interdependenzen für die Oligopoltheorie werden auch die folgenden Analysen erkennen lassen.

Nach der Ableitung ökonomisch sinnvoller, d.h. insbesondere kompatibler Preis-Absatz-Funktionen mußten noch die Prämissen statischer Oligopoltheorien diskutiert werden. Nur auf diesem Wege konnten Verbesserungsmöglichkeiten der statischen und vor allem Ansatzpunkte für eine dynamische Oligopoltheorie gewonnen werden. Damit sind die Grundlagen für eine konsistente und umfassende Entscheidungstheorie des Oligopols geschaffen.

Auf ihnen aufbauend soll in den folgenden Teilen 2 und 3 versucht werden, zunächst eine entscheidungstheoretisch konsistente statische Theorie und dann eine dynamische Theorie des Oligopols zu entwickeln.

Teil 2

Optimale Preispolitik im Entscheidungsfeld einer statischen Oligopoltheorie

Kapitel 1

Kurzfristig gewinnmaximale Preisstrategien der Oligopolisten bei zeitlicher Preisgebundenheit (Modell I)

A. Kompatible Preis-Absatz-Funktionen — Isogewinnkurven — Kammlinien

Wir haben in früheren Abschnitten ausführlich beschrieben, wie für das Dyopol auf unvollkommenem Markte ökonomisch sinnvolle Preis-Absatz-Funktionen zu bilden sind. Auf den gewonnenen, kompatiblen Preis-Absatz-Funktionen

(3-A) $$x_A = a_A - b_A\, p_A + c_A\, p_B \qquad (\geqslant 0)$$

(3-B) $$x_B = a_B - b_B\, p_B + c_B\, p_A \qquad (\geqslant 0)$$

mit den Nebenbedingungen

(4-A) $$b_A > c_A\ ,$$

(4-B) $$b_B > c_B\ ,$$

und

(15a) $$b_A = m_A + c_B > c_B$$

(15b) $$b_B = m_B + c_A > c_A$$

bauen alle folgenden Analysen auf. Als "Begrenzende" sind die zugehörigen "Monopol-Kurven"

(23-A) $$x_{A,M} = a_A + a_B\, \frac{c_A}{b_B} - p_A\, (b_A - c_B\, \frac{c_A}{b_B})$$

und

(23-B) $$x_{B,M} = a_B + a_A\, \frac{c_B}{b_A} - p_B\, (b_B - c_A\, \frac{c_B}{b_A})$$

zu beachten.

Da die betrachteten Unternehmen nach Gewinnmaximierung streben, sind hieraus zunächst die Gewinnfunktionen zu entwickeln. Sie lautet in der allgemeinsten Form für den Anbieter A:

$$(30\text{-}A) \qquad G_A = x_A(p_A, p_B(p_A)) \cdot p_A - K_A \left\{ x_A(p_A, p_B(p_A)) \right\}$$

Mit der Preis-Absatz-Funktion (3-A) und der Kostenfunktion (31-A):

$$(31\text{-}A) \qquad K_A(x_A) = k_A \cdot x_A + f_A$$

sind die funktionalen Beziehungen der Gewinngleichung (30-A) gegeben. Sie kann dementsprechend geschrieben werden als:

$$(32\text{-}A) \qquad G_A = (a_A - b_A p_A + c_A p_B) \, p_A - k_A \, (a_A - b_A p_A + c_A p_B) - f_A$$

Greifen wir zurück auf die numerischen Werte, die wir in den Gleichungen (7-A) und (7-B) für die Koeffizienten der kompatiblen Preis-Absatz-Funktionen gewählt haben, und auf die Kostenfunktionen:

$$(31\text{-}A) \qquad K_A(x_A) = k_A \cdot x_A + f_A = 3x_A + 55$$

$$(31\text{-}B) \qquad K_B(x_B) = k_B \cdot x_B + f_B = 3{,}5x_B + 40$$

so gelten im folgenden die Gewinnfunktionen:

$$(33\text{-}A) \qquad G_A = (60 - 10p_A + 7p_B)(p_A - 3) - 55$$

$$(33\text{-}B) \qquad G_B = (50 - 9p_B + 6p_A)(p_B - 3{,}5) - 40$$

Sie zeigen: Der Gewinn, den Produzent A[1]) in der betrachteten Periode erwirtschaften kann, hängt bei gegebener Preis-Absatz-Funktion und gegebener Kostenfunktion von seiner eigenen Preisstellung p_A und dem Konkurrenzpreis p_B ab. Aus Gleichung (33-A) kann sich mithin Unternehmer A für jede Preiskombination p_A ; p_B den erzielbaren Gewinn errechnen.

[1]) Entsprechendes gilt analog für das Unternehmen B.

I.   Die Iso-Gewinnkurven [2])

In einem p_A ; p_B-Koordinatensystem läßt sich jeder Preiskombination ein bestimmter
- mit Hilfe der Gleichung (33) errechneter - Gewinn zuordnen, den Anbieter A (bzw. B)
in der betrachteten Periode bei Gültigkeit dieser Preiskombination erzielen könnte.
Werden diejenigen Preiskombinations-Punkte, die beispielsweise dem Anbieter A einen
und denselben Gewinn (G_{A1}) versprechen, miteinander verbunden, so entsteht eine
Kurve *gleichen* Gewinns, eine "Iso-Gewinnkurve" des Anbieters A.

Eine derartige Iso-Gewinnkurve kann für jeden vorgegebenen Gewinn des A (bzw. B)
analytisch abgeleitet werden. Zu diesem Zwecke ist von der Gewinnfunktion (33-A)
bzw. (33-B) auszugehen. Bei gegebenem Gewinn G_A (= const.) wird beispielsweise
der Unternehmer A seine Gewinnfunktion

$$G_A = (a_A - b_A\,p_A + c_A\,p_B) \cdot (p_A - k_A) - f_A$$

umformen in:

(34-A) $$p_B = \frac{1}{c_A} = (\,\frac{G_A + f_A}{p_A - k_A} - a_A + b_A\,p_A\,)$$

Bei den angegebenen Preis-Absatz- und Kostenfunktionen gilt:

(35-A) $$p_B = \frac{1}{7}\,(\,\frac{G_A + 55}{p_A - 3} - 60 + 10p_A\,)$$

Für jeden frei gewählten Preis p_A kann aus Gleichung (35-A) unmittelbar derjenige
Preis p_B errechnet werden, der dem Anbieter A jeweils den vorgegebenen Gewinn
G_A verspricht. Beispielsweise lassen sich für die Iso-Gewinnkurve zum Gewinn G_A =
98,87 die Preiskombinationen p_{A1} = 5; p_{B1} = 9,56 oder p_{A2} = 7; p_{B2} = 6,92 oder
p_{A3} = 9; p_{B3} = 7,95 ermitteln.

Die aufgrund analoger Überlegungen für den B abgeleitete Iso-Gewinnkurven-Gleichung
lautet im Beispielsfall:

(35-B) $$p_A = \frac{1}{6}\,(\,\frac{G_B + 40}{p_B - 3,5} - 50 + 9p_B\,)$$

Da bekanntlich für jeden vorgegebenen Gewinn G_A (bzw. G_B) jeweils eine Iso-Gewinnkurve gilt, sieht sich jeder Dyopolist einer ganzen Schar von Iso-Gewinnkurven gegenüber, die er seinen preispolitischen Überlegungen zugrunde zu legen hat.

---

[2]) Vgl. hierzu u.a.: H. v. Stackelberg: "Probleme...", a.a.O., S. 107 ff und H. Jacob: "Preispolitik",
a.a.O., S. 155 ff.

II.   Die zwei-fach geknickten Kammlinien

In einem weiteren Schritt wird sich jeder Unternehmer fragen, welchen Preis er setzen muß, um bei gegebenem konstantem Konkurrenzpreis seine Gewinnfunktion zu maximieren.

Produzent A kann von seiner Gewinngleichung (33-A)

$$G_A = (a_A - b_A \, p_A + c_A \, p_B) \cdot (p_A - k_A) - f_A$$

ausgehen. Durch Differentiation nach p_A erhält er:

$$(36\text{-}A) \qquad \frac{dG_A}{dp_A} = a_A - 2b_A \, p_A + c_A \, p_B + b_A \, k_A + (c_A \, p_A - c_A \, k_A) \cdot \frac{dp_B}{dp_A}$$

Für p_B = const. gilt:

$$(37\text{-}A) \qquad \frac{dp_B}{dp_A} = 0 \, ,$$

so daß wir durch Nullsetzen der ersten Ableitung gewinnen:

$$(38\text{-}A\text{-}1) \qquad p_{A,\, LA,\, 1} = \frac{a_A}{2b_A} + \frac{k_A}{2} + \frac{c_A}{2b_A} \, p_B$$

Gleichung (38-A-1) charakterisiert den wesentlichsten Teil der sog. "Kammlinie" L_A des Anbieters A.

Die "Kammlinie" des Anbieters A ordnet jedem vorgegebenen Preis p_B des Konkurrenten B die gewinnmaximale Preisforderung $p_{A,LA}$ des Unternehmers A zu. Oder anders formuliert: Die Kammlinie L_A stellt die Verbindungslinie aller Cournotschen Preise des Anbieters A dar, die zu seinen Nachfragegeraden $N_{A\text{-}p_B}$ für alternative Konkurrenzpreise p_B gehören. Es könnte daher auch von einer "Kurve der Cournotschen Preise" oder kurz von einer "Cournot-Kammlinie" gesprochen werden[3]).

Hinsichtlich der Gestalt der gesamten Kammlinie L_A ist auf einen wesentlichen Sachverhalt hinzuweisen: Gleichung (38-A-1) ist nur für solche Werte von p_B ökonomisch

---

[3]) In diesem Sinne auch: H. v. Stackelberg: "Probleme...", a.a.O., S. 107 f. und H. Jacob: "Preispolitik", a.a.O., S. 159, Fußnoten 9 und 10.

richtig, die die Bedingung

$$(3\text{-}B\text{-}1) \qquad x_B = a_B - b_B\, p_B + c_B\, p_{A,LA} > 0$$

erfüllen. Gilt hingegen

$$(3\text{-}B\text{-}2) \qquad x_B = a_B - b_B\, p_B + c_B\, p_{A,LA} = 0 \quad ,$$

so fordert Konkurrent B "prohibitive Preise" $p_{Bh}(p_{A,LA})$. Durch Einsetzen der Prohibitiv-Preis-Gleichung (19-B)

$$p_{Bh}(p_A) = \frac{a_B}{b_B} + \frac{c_B}{b_B}\, p_A$$

in die "Kammlinien-Gleichung" (38-A-1) erhalten wir denjenigen Preis $p_{A,m}$, bei dem die "Kammlinie" L_A einen *ersten Knick* aufweist (vgl. $p_{A,m}$ = 8,40 in Abb. 5). Hier mündet die Kammlinie in die "Kurve der prohibitiven Preise" $p_{Bh}(p_A)$ des B. Von dem zugehörigen Prohibitiv-Preis $p_{Bh}(p_{A,m})$ an reagiert Unternehmer A auf höhere Preise $p_B > p_{Bh}(p_{A,m})$ zunächst *entlang der "Prohibitiv-Preis-Kurve"* des Konkurrenten B. Dementsprechend erhalten wir durch Umwandlung der Prohibitiv-Preis-Gleichung (19-B) für derartige Preise $p_B > p_{Bh}(p_{A,m})$:

$$(38\text{-}A\text{-}2) \qquad p_{A,LA,2} = -\frac{a_B}{c_B} + \frac{b_B}{c_B}\, p_B$$

Gleichung (38-A-2) determiniert den zweiten Abschnitt der Kammlinie L_A, in dem sie mit der Prohibitiv-Preis-Kurve des B übereinstimmt.

Unternehmer A paßt sich entlang dieser Kurve prohibitiver Preise des B aber nur so lange an, bis er den Preis $p_{A,c}$ fordern kann. Der Preis $p_{A,c}$ ist derjenige Cournotsche Preis, der sich für die "Monopol-Kurve" errechnet. Sieht sich Anbieter A dieser "Monopol-Kurve" gegenüber und setzt er dann zieladäquat den Preis $p_{A,c}$, so erzielt er den absolut höchsten Gewinn $G_{A,max}$. In unserem Beispiel beläuft sich dieser Gewinn auf $G_{A,max}$ = 267[4]). Er ist bei der Preiskombination $p_{A,c}$ = 10,77; $p_{Bh}(p_{A,c})$ = 12,735 zu erreichen (vgl. Punkt M_A in Abb. 5). Für alle Konkurrenz-Preise $p_B > p_{Bh}(p_{A,c})$ stellt immer der Preis $p_{A,c}$ den gewinnmaximalen Preis dar; für diese Preise p_B gilt also stets:

$$(38\text{-}A\text{-}3) \qquad p_{A,LA,3} = p_{A,c} = \frac{a_A + c_A\,\dfrac{a_B}{b_B} + k_A\left(b_A - c_A\,\dfrac{c_B}{b_B}\right)}{2\left(b_A - c_A\,\dfrac{c_B}{b_B}\right)}$$

[4]) Die Berechnung erfolgt mit Hilfe von Gleichung (23-A) für die "Monopol-Kurve" $x_{A,M}$ und Gewinngleichung (33-A-1) $G_{A,max} = x_{A,M}(p_A - k_A) - f_A$.

Mithin weist die Kammlinie L_A bei der Preiskombination $p_{A, c}$; p_{Bh} $(p_{A, c})$ den *zweiten Knick* auf. Sie verläuft danach - in Höhe von $p_{A, c}$ - parallel zur p_B-Achse.

Damit haben wir die "Kammlinie" L_A als zweifach-geknickte Kurve exakt abgeleitet: Ihr erster Teil wird für alle Preise $0 \leqslant p_B \leqslant p_{Bh}$ $(p_{A, m})$ durch die Gleichung (38-A-1) bestimmt, ihr zweiter Abschnitt für p_{Bh} $(p_{A, m}) \leqslant p_B \leqslant p_{Bh}$ $(p_{A, c})$ durch die Gleichung (38-A-2) und ihr dritter Teil für alle $p_B \geqslant p_{Bh}$ $(p_{A, c})$ durch den Preis $p_{A, c}$ gemäß Gleichung (38-A-3).

Unsere Ausführungen gelten analog für die Bestimmungsgleichungen und den Verlauf der Cournot-Kammlinie L_B des B:

$$(38\text{-}B\text{-}1) \qquad p_{B, LB, 1} = \frac{a_B}{2b_B} + \frac{k_B}{2} + \frac{c_B}{2b_B} \, p_A \, ,$$

$$(38\text{-}B\text{-}2) \qquad p_{B, LB, 2} = - \frac{a_A}{c_A} + \frac{b_A}{c_A} \, p_A \quad \text{und}$$

$$(38\text{-}B\text{-}3) \qquad p_{B, LB, 3} = p_{B, c} \, {}^{5}).$$

Außer der analytischen Ableitung ist auch eine graphische Bestimmung der Kammlinien möglich. Graphisch ist der gewinnmaximale Preis des Anbieters A zu einem vorgegebenen Konkurrenzpreis p_B zu ermitteln, indem in einem p_A; p_B-Koordinatensystem bei dem gegebenen Preis p_B eine Senkrechte errichtet wird. Ihr Berührungspunkt mit einer der Iso-Gewinnkurven des A bestimmt den gesuchten gewinnmaximalen Preis $p_{A, LA}$. Die Verbindungslinie aller Tangierungspunkte derartiger Senkrechten zu alternativen Preisen p_B mit den einzelnen Iso-Gewinnkurven des Dyopolisten A determiniert seine Cournot-Kammlinie L_A. Entsprechendes gilt für die Kammlinie L_B des Konkurrenten B.

B. Kritik an der Dyopoltheorie von Krelle

1956!

Im Jahre 1961 wurde von Krelle ein statisches Dyopolmodell entwickelt[6]), das in der Folgezeit viel beachtet und viel diskutiert wurde[7]). Ob sein Ergebnis als Lösung des Dyopolproblems angesehen werden kann, soll eine kritische Analyse seiner Prämissen zeigen.

---

[5]) Für $p_{B, c}$ erhalten wir einen zu Gleichung (38-A-3) analogen Ausdruck.

[6]) Vgl. W. Krelle: "Preistheorie", a.a.O., S. 247 ff.

[7]) Vgl. u.a.: T. Seitz: "Bemerkungen...", a.a.O., S. 430 ff; W. Krelle: "Unbestimmtheitsbereiche beim Dyopol" (im folgenden zitiert als: "Unbestimmtheitsbereiche..."), in: Jahrbücher für Nationalökonomie und Statistik, Bd. 175 (1963), S. 232 ff; G. Fleischmann: "Symmetrisches Dyopol", in: Jahrbücher für Nationalökonomie und Statistik, Bd. 175 (1963). S. 347 ff: A.E. Ott: "Gewinnmaximierung, Reaktionshypothese und Gleichgewichtsgebiete beim unvollkommenen Dyopol" (im folgenden zitiert als: "Gewinnmaximierung..."), in: Jahrbücher für Nationalökonomie und Statistik, Bd. 175 (1963), S. 428 ff.

Krelles Prämissen stimmen in vielen Punkten mit denjenigen sonstiger Dyopolmodelle, insbesondere mit der Dyopoltheorie v. Stackelbergs überein[8]). Krelle setzt insbesondere folgende Prämissen[9]):

a) Betrachtet wird ein Dyopol auf unvollkommenem Markte, da die von den beiden Firmen angebotenen Güter heterogen sind.

b) Beide Anbieter besitzen vollkommene Information, weil "jeder Firma über die Konkurrenz all das bekannt ist, was einer neutralen Instanz, die mit der Untersuchung des Falles betraut ist, bekannt wäre. Risiko oder Unsicherheit fehlen also völlig, sowohl was die Reaktion der Marktgegenseite als auch was die Reaktion des Konkurrenten angeht"[10]).

c) Absprachen (Koalitionen) zwischen den Dyopolisten bestehen nicht.

d) Jeder Dyopolist betreibt Preisstrategie und strebt dabei "die Erreichung des höchstmöglichen Gewinnes ... unter Berücksichtigung der Reaktion des Konkurrenten auf eigene Preisänderungen"[11]) an.

Hinsichtlich der Konkurrenten-Reaktion unterstellt Krelle dann noch als zusätzliche und neue Prämisse:

e) eine *"normale"* Reaktion der beiden Anbieter. Sie ist nach Krelle folgendermaßen zu charakterisieren:
"Falls eine Preisveränderung einer Firma der anderen zum Vorteil gereicht oder ihr zumindest nicht schadet, so reagiert sie überhaupt nicht.
Falls sie dadurch geschädigt wird, so sucht sie ihre alte Gewinnposition wiederherzustellen; falls das nicht möglich ist, so sucht sie ihr doch so nahe wie möglich zu kommen"[12]).

Ohne auf das Ergebnis der Dyopolanalyse Krelles eingehen zu müssen, kann bereits eine kritische Untersuchung seiner Prämissen zeigen, ob diese Dyopoltheorie logisch haltbar ist.

Die von Krelle gewählte Kombination der Prämissen d und e besagt, daß *jeder* Dyopolist seinen Gewinn unter Berücksichtigung einer "normalen" Reaktion des Konkurrenten zu maximieren versucht. Dies bedeutet: Einerseits soll Anbieter A nach Gewinnmaximierung streben und Produzent B auf die preispolitischen Maßnahmen "normal" reagieren. Andererseits soll aber auch Anbieter B nach maximalem Gewinn streben; auf seine Aktionen soll A nur "normal" reagieren. Jeder Dyopolist soll sich also nach Krelle stets als Gewinnmaximierer verhalten und *gleichzeitig* auf Preisvariationen des Konkurrenten immer "normal" reagieren.

---

[8]) Vgl. H. v. Stackelberg: "Probleme...", a.a.O., S. 95 ff.
[9]) Vgl. W. Krelle: "Preistheorie", a.a.O., S. 247 f.
[10]) W. Krelle: "Preistheorie", a.a.O., S. 247 f.
[11]) W. Krelle: "Preistheorie", a.a.O., S. 247.
[12]) W. Krelle: "Preistheorie", a.a.O., S. 277; ähnlich auch S. 247.

Diese Prämissen-Kombination ist u.E. logisch nicht haltbar. Denn ein Unternehmer, der seinen Gewinn zu maximieren sucht, kann *nicht gleichzeitig* "normal" reagieren. Streben nach Gewinnmaximierung und "normale" Reaktion schließen sich gegenseitig aus, und zwar aus folgendem Grunde: Durch eine "normale" Reaktion würde der Dyopolist fast immer auf die Gewinnmaximierung verzichten. So soll nach Krelle beispielsweise Anbieter A auf alle Aktionen des B, die dem A nicht schaden, überhaupt nicht reagieren und bei schädigenden Aktionen nur bestrebt sein, seine alte Gewinnposition wiederherzustellen[13]). Anbieter A soll sich also mit dem bisherigen oder einem Gewinn zufrieden geben, der *kleiner* ist als derjenige Gewinn, den er durch eine Reaktion gemäß seiner Zielsetzung "Gewinnmaximierung" erzielen könnte. A würde infolge "normaler" Reaktion auf realisierbare höhere Gewinne verzichten. Dieser Verzicht auf die volle Ausschöpfung der vorhandenen Gewinnchancen steht aber u.E. in krassem Widerspruch zu der gleichzeitigen Annahme Krelles, der Dyopolist strebe nach maximalem Gewinn.

An anderer Stelle versucht Krelle, die Prämisse "normaler" Reaktion damit zu rechtfertigen, daß sich beide Dyopolisten "nicht der Ungewißheit der Reaktion bei zu großen eigenen Preisveränderungen aussetzen"[14]) wollen. Diese Ungewißheit kann aber doch nur bei *un*-vollkommener Information bestehen. Sie *widerspricht* mithin der von Krelle "angenommenen vollen Kenntnis der Gesamtlage"[15]), die nach seinen eigenen Worten besagt: "Risiko oder Unsicherheit fehlen ... völlig, sowohl was die Reaktion der Marktgegenseite als auch was die Reaktion des Konkurrenten angeht"[16]). Die Rechtfertigung der Annahme "normaler" Reaktion führt also zu einer weiteren Inkonsistenz der Prämissen Krelles.

Zusammenfassend ist festzustellen: Die von Krelle gewählten Prämissen widersprechen einander. Die angenommene "normale" Reaktion schließt das gleichzeitige Streben nach Gewinnmaximierung aus und erzeugt außerdem einen Widerspruch zu der Annahme vollkommener Information der Dyopolisten. Die auf inkonsistenten Prämissen aufgebaute Dyopoltheorie Krelles erscheint daher logisch nicht haltbar; hierauf hat Ott bereits früher hingewiesen[17]).

C. Die Bestimmung der optimalen Preisforderung bei zeitlicher Preisgebundenheit und vollkommener Information (Modell I)

Die Prämissen von Modell I sind: Betrachtet wird ein unvollkommener Dyopolmarkt. Die Dyopolisten streben nach kurzfristiger, ein-periodiger Gewinnmaximierung; für

[13]) Vgl. W. Krelle: "Unbestimmtheitsbereiche...", a.a.O., S. 235.

[14]) W. Krelle: "Preistheorie", a.a.O., S. 257.

[15]) W. Krelle: "Preistheorie", a.a.O., S. 259.

[16]) W. Krelle: "Preistheorie", a.a.O., S. 247 f.

[17]) Vgl. A.E. Ott: "Gewinnmaximierung...", a.a.O., insbesondere S. 429-431. Wegen eines Widerspruchs in den Prämissen ist letztlich auch die Dyopoltheorie Cournots abzulehnen. Denn die Annahme eines "autonomen" Verhaltens schafft einen Widerspruch zur typischen oligopolistischen "Denkart", wonach gerade jeder Dyopolist mit Reaktionen des Konkurrenten rechnet. In diesem Sinne auch W. Krelle: "Preistheorie", a.a.O., S. 253 f.

die betrachtete *eine* Periode, deren Länge durch die zeitliche Preisgebundenheit bestimmt wird, versuchen sie, ihren Gewinn zu maximieren. In diesem Zusammenhang bedeutet zeitliche Preisgebundenheit, daß die Anbieter an ihre zu Beginn der Periode gesetzte Preisforderung für die gesamte Dauer der betrachteten Periode gebunden sind. Absprachen (Koalitionen) zwischen den Dyopolisten bestehen nicht. Bei ihren preispolitischen Maßnahmen können sich die Anbieter auf vollkommene Information stützen: Jeder Anbieter ist über die Nachfragebedingungen und über seinen Konkurrenten völlig informiert.

Die Dyopolisten suchen diejenige Preisforderung, die bei der genannten Datenkonstellation unter Berücksichtigung der Konkurrenten-Reaktion ihren Gewinn maximiert.

I.   Zwei "gekorene" Preiskombinationen als einzige Lösungspunkte

Zur Bestimmung der optimalen Preisforderung können wir uns der - durch v. Stackelberg eingeführten[18]) - Iso-Gewinnkurven-Analyse bedienen. Zu diesem Zweck wurden die Iso-Gewinnkurven-Gleichungen der beiden Anbieter A und B abgeleitet. Einige mit ihrer Hilfe ermittelte Iso-Gewinnkurven für A und B sind in Abb. 5 dargestellt. Ferner enthält Abb. 5 die Kammlinien L_A und L_B.

Um den preispolitisch relevanten Bereich abzugrenzen, sind in Abb. 5 außerdem die "Kurven der prohibitiven Preise" $p_{Bh} = p_{Bh} (p_A)$ und $p_{Ah} = p_{Ah} (p_B)$ eingezeichnet [19]). Durch die p_A; p_B-Koordinatenachsen und die beiden linearen "Kurven der prohibitiven Preise" wird der für Anbieter A und B relevante Preisbereich bestimmt: Preiskombinationen oberhalb der $p_{Ah} (p_B)$ und rechts der $p_{Bh} (p_A)$ werden kaum zustandekommen. Verlangt A einen Preis, der auf oder oberhalb der Geraden $p_{Ah} (p_B)$ liegt, würde er aus dem Markt ausscheiden ($x_A = 0$). Entsprechendes gilt für Produzent B bei Preisen $p_B \geqslant p_{Bh} (p_A)$.

Aus der Annahme, die beiden Dyopolisten besitzen vollkommene Information, folgt: Jeder kennt den in Abb. 5 dargestellten Preisbereich, die eigene und fremde Kammlinie sowie die eigenen und fremden Iso-Gewinnkurven. Ferner wissen sie, daß auch der Konkurrent nach kurzfristiger, ein-periodiger Gewinnmaximierung strebt.

Nach diesen vorbereitenden Überlegungen sind wir imstande, die optimale Preisstrategie der Dyopolisten bei zeitlicher Preisgebundenheit und vollkommener Information abzuleiten. Als Ausgangspunkt sei die Preiskombination $p_{A,0} = 12$ und $p_{B,0} = 10$ betrachtet (vgl. Punkt P_0 in Abb. 5). Es erhebt sich dann die Frage, ob Unternehmer A und/oder Produzent B an diesen Preisen $p_{A,0}$ bzw. $p_{B,0}$ aus der Vorperiode festhalten oder in der betrachteten Periode einen anderen Preis fordern sollen.

---

[18]) Vgl. H. v. Stackelberg: "Probleme...", a.a.O., S. 124 f. und ders.: "Marktform...", a.a.O., S. 47 ff.

[19]) Zu ihrer Ableitung und ökonomischen Bedeutung siehe die Ausführungen in Teil 1, Kap. 2 über die "Kritische Analyse der Kurven prohibitiver Preise".

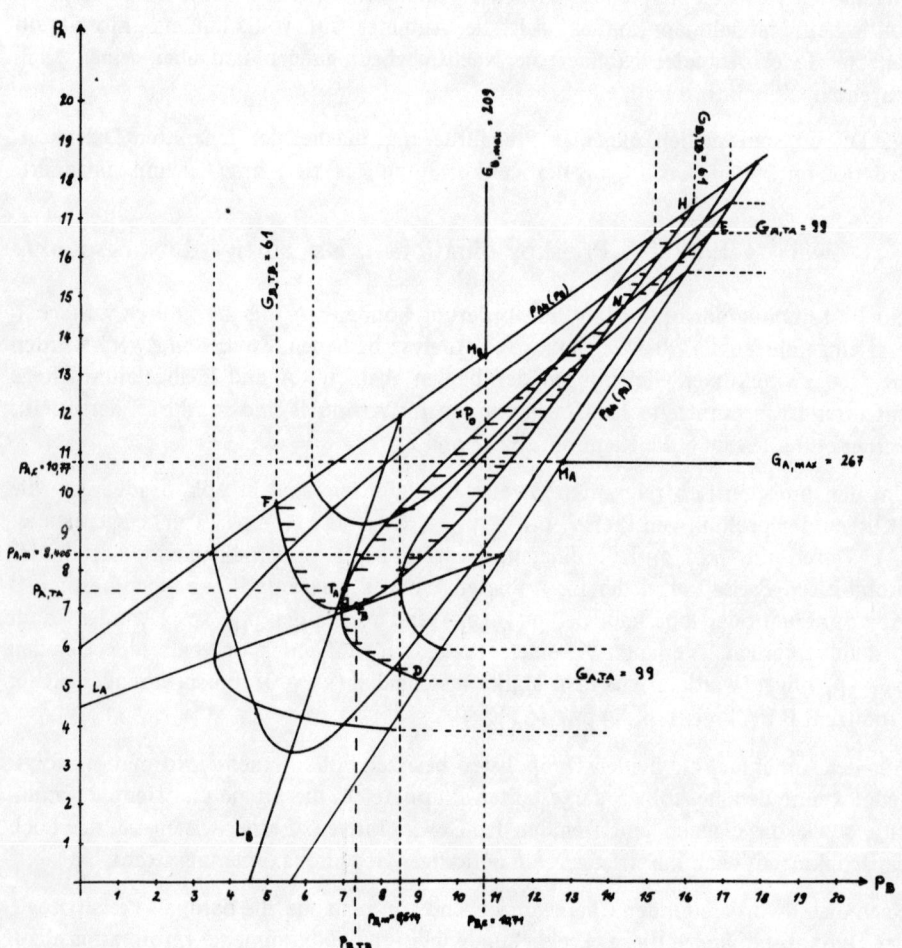

Abb. 5

Analysieren wir zunächst das preispolitische Verhalten des Anbieters A. Der Dyopolist A muß bei einer eigenen Preisvariation mit der gewinnoptimalen Reaktion seines Konkurrenten B rechnen. Produzent A ist - voraussetzungsgemäß - an den neuen Preis $p_{A,1}$ für die Dauer der betrachteten Periode gebunden. Deshalb wird A als zielsetzungsadäquate Reaktion des Konkurrenten B erwarten, daß B denjenigen Preis $p_{B,1}$ wählt, der zum Preis $p_{A,1}$ auf seiner Kammlinie L_B liegt. Denn die Kammlinie stellt - wie oben abgeleitet wurde - den geometrischen Ort aller Preisforderungen dar, die zu jedem gegebenen Konkurrenzpreis jeweils den eigenen Gewinn in der betrachteten Periode maximieren. Demzufolge muß Unternehmer A auf seine Preisvariation mit einer *Kammlinien*-Reaktion des B rechnen; die Kammlinie L_B charakterisiert die Reaktionskurve des Konkurrenten B.

Aus diesem Grunde wird Produzent A seinen Gewinn in Gleichung (33-A)

$$G_A = (a_A - b_A\, p_A + c_A\, p_B)\cdot(p_A - k_A) - f_A$$

unter Berücksichtigung der Kammlinien-Reaktion seines Konkurrenten B zu maximieren versuchen. Er muß zu diesem Zweck den Konkurrenzpreis p_B durch die Kammlinien-Gleichung (38-B-1)

$$p_{B,\,LB,\,1} = \frac{a_B}{2b_B} + \frac{k_B}{2} + \frac{c_B}{2b_B}\, p_A$$

ersetzen und erhält somit für seine Gewinngleichung:

$$G_A = \left[a_A - b_A\, p_A + c_A\, \left(\frac{a_B}{2b_B} + \frac{k_B}{2} + \frac{c_B}{2b_B}\, p_A\right)\right] \cdot (p_A - k_A) - f_A\ .$$

Durch Differentiation nach p_A und Nullsetzen der ersten Ableitung erhalten wir für den gewinnmaximalen Preis $p_{A,\,TA}$:

$$\text{(39-A)}\qquad p_{A,\,TA} = \frac{a_A + b_A\, k_A + \dfrac{c_A}{2b_B}\, (a_B + k_B\, b_B - k_A\, c_B)}{2b_A - \dfrac{c_A}{b_B}\, c_B}$$

Mit Hilfe dieser Gleichung (39-A) gelingt es dem Anbieter A, seinen Preis so zu setzen, daß nach der Reaktion des B diejenige Preiskombination verwirklicht ist, die durch den Tangierungspunkt der Kammlinie L_B mit einer der Iso-Gewinnkurven des A determiniert wird. In Abb. 5 handelt es sich um den Punkt T_A [20]). Bei vollkommener

---

[20]) Punkt T_A entspricht dem Stackelbergschen Asymmetrielösungspunkt mit dem Dyopolisten A in der Unabhängigkeits- und B in der Abhängigkeitsposition. Vgl. H. v. Stackelberg: "Probleme...", a.a.O., S. 124 ff.

Information und zeitlicher Preisgebundenheit kann Anbieter A, wenn er in der betrachteten Periode als erster reagiert, seinen Gewinn am besten durch eine Preisänderung von p_{A0} auf $p_{A, TA}$ (= 7,48) steigern[21]).

Sein Gewinn erhöht sich im Beispielsfall von $G_{A,0}$ = 35 auf $G_{A, TA}$ = 98,87. Der Gewinn des Konkurrenten B vermindert sich durch die Preisstrategie des A von $G_{B, 0}$ = 168 auf $G_{B, TA}$ = 71,58. B kann diesen Gewinnrückgang nicht verhindern: Jede andere Reaktion auf die Preisaktion des A, die *nicht* gemäß seiner Kammlinie L_B erfolgt, würde ihm einen noch kleineren Gewinn erbringen. Jede andere Preisforderung als $p_{B,TA}$ widerspricht somit seiner Zielsetzung kurzfristiger Gewinnmaximierung.

Wenn Anbieter A in der betrachteten Periode mit einer Preisvariation beginnt, so kann er also maximal den Gewinn $G_{A, TA}$ = 98,87 zur Preiskombination T_A erzwingen. Für seine preispolitischen Entscheidungen gewinnt damit die Iso-Gewinnkurve mit dem Gewinnniveau $G_{A, TA}$ besondere Bedeutung. Alle Preiskombinationen, die innerhalb des von der Iso-Gewinnkurve $G_{A, TA}$ = 98,87 umgrenzten Gebietes (DT_AE) liegen, versprechen einen höheren Gewinn als $G_{A, TA}$. Durch eine Preisvariation (Δp_A) und die darauf folgende Kammlinien-Reaktion des B würde Anbieter A mithin seine Gewinnsituation *verschlechtern*. Unternehmer A hat daher bei allen Ausgangskombinationen *innerhalb* seiner Iso-Gewinnkurve $G_{A, TA}$ *keine* Veranlassung, in der betrachteten Periode als *erster* seine Preisforderung zu verändern: "Für den Anbieter A stellt dieses Gebiet einen Gleichgewichtsbereich dar"[22]). Hingegen kann Anbieter A bei allen Ausgangspreiskombinationen außerhalb seines individuellen Gleichgewichtsgebietes durch eine Preisvariation auf $p_{A, TA}$ seinen Gewinn vergrößern, wobei er die kurzfristig gewinnmaximale Reaktion seines Konkurrenten B berücksichtigt hat. A erzwingt damit die Preiskombination T_A und dementsprechend den Gewinn $G_{A, TA}$.

Betrachten wir nunmehr die Firma B. Sie weiß, daß Anbieter A auf ihre Preisänderung mit einer Reaktion gemäß der Kammlinie L_A antworten wird. Nur eine derartige Reaktion entspricht bei zeitlicher Preisgebundenheit - wie oben abgeleitet - der Zielsetzung ein-periodiger Gewinnmaximierung. Deshalb wird Dyopolist B seine preispolitischen Entscheidungen auf der Grundlage folgender Überlegungen treffen: Wenn er in der betrachteten Periode als erster seine Preisforderung ändert, so kann er unter Berücksichtigung der Reaktion seines Konkurrenten A günstigstenfalls die Preiskombination T_B (in Abb. 5) erzwingen. Sie wird determiniert durch den Tangierungspunkt der Kammlinie L_A mit einer seiner Iso-Gewinnkurven.

Anbieter B realisiert im Punkt T_B den Gewinn $G_{B, TB}$ = 61,21. Die Iso-Gewinnkurve mit dem Gewinnniveau $G_{B, TB}$ umschließt mithin alle Ausgangspreiskombinationen, die dem B einen *höheren* Gewinn als $G_{B, TB}$ versprechen. Bei Preiskonstellationen *innerhalb* des von der Iso-Gewinnkurve $G_{B, TB}$ umgrenzten Gebietes (FT_BH) hat Dyopolist B demnach *kein* Interesse daran, in der betrachteten Periode als *erster* seine Preisforderung zu ändern: Dieses Gebiet FT_BH ist sein individueller Gleichgewichts-

---

[21]) Vgl. H. Jacob: "Preispolitik", a.a.O., S. 162.

[22]) H. Jacob: "Preispolitik", a.a.O., S. 163; zu diesem Ergebnis vgl. u.a. auch: W. Krelle: "Preistheorie" a.a.O., S. 278 f. und A.E. Ott: "Gewinnmaximierung...". a.a.O., S. 438 f.

bereich. Liegen jedoch die Ausgangspreiskombinationen außerhalb dieses Gebietes, so wird Anbieter B den Preis $p_{B, TB}$ = 7,33 fordern, um seinen Gewinn auf $G_{B, TB}$ zu erhöhen.

Als bisheriges Ergebnis können wir festhalten: Beginnt Anbieter A in der betrachteten Periode mit einer Preisvariation, so stellt der Punkt T_A den angestrebten Lösungspunkt dar. Ist es hingegen Konkurrent B, der als erster eine Preiskorrektur vornimmt, so erhalten wir die Preiskombination T_B als Lösung[23]. Für beide Punkte T_A und T_B gilt, daß sie nur realisiert werden, wenn einer der Anbieter in der Periode mit einer Preisvariation beginnt und der andere hierauf zielsetzungsadäquat reagiert. Welcher der Dyopolisten zu einer Preisvariation Veranlassung hat, wird durch die Ausgangspreiskombination bestimmt: Liegt sie beispielsweise außerhalb des individuellen Gleichgewichtsgebietes des A, aber innerhalb desjenigen von B, so muß Dyopolist A mit der Preisänderung beginnen; T_A ist der "gekorene" Lösungspunkt. Umgekehrt muß Konkurrent B zielsetzungsgemäß als erster seinen Preis ändern, wenn eine Preiskombination außerhalb seines, aber innerhalb des Gleichgewichtsbereiches von A gilt. Der dann realisierte Punkt T_B und der sonst gültige Punkt T_A determinieren die *beiden einzigen* Preiskombinationen, die durch *preis*strategische Maßnahmen erzwingbar und damit überhaupt *preispolitisch relevant* sind.

Diese These sollen auch die folgenden Ausführungen untermauern.

II. Das "generelle Gleichgewichtsgebiet" als Feld "geborener" Lösungspunkte

Die beiden individuellen Gleichgewichtsbereiche DT_AE und FT_BH überlappen einander. Dementsprechend gibt es Ausgangspreiskombinationen, die weder den Anbieter A noch den Konkurrenten B zu einer Preisänderung veranlassen: Im Überlappungsgebiet JT_ANT_B ist jede Preiskombination für den Dyopolisten A günstiger als die von ihm erzwingbare Preiskombination T_A *und* für den Dyopolisten B günstiger als seine gekorene Preiskombination T_B. Folgerichtig kann das Überlappungsgebiet JT_ANT_B als gemeinsames oder "generelles Gleichgewichtsgebiet" bezeichnet werden[24].

Die Konstatierung eines ausgedehnten "generellen Gleichgewichtsbereiches", die sich bereits bei Krelle findet[25] und die Ott als den "Kern der Krelleschen Dyopoltheorie" bezeichnet[26], wird u.E. in ihrer Bedeutung für die Oligopoltheorie häufig überbewertet. Zwar garantieren alle Preiskombinationen innerhalb des generellen Gleichgewichtsgebietes JT_ANT_B dem A einen höheren Gewinn als im Punkt T_A und dem B

[23]) Vgl. hierzu auch: H. v. Stackelberg: "Probleme...", a.a.O., S. 124 ff; H. Jacob: "Preispolitik", a.a.O., S. 162 ff; A.E. Ott: "Gewinnmaximierung...", a.a.O., S. 436 ff.

[24]) Siehe H. Jacob: "Preispolitik", a.a.O., S. 165, und A.E. Ott: "Gewinnmaximierung...", a.a.O., S. 439.

[25]) Vgl. W. Krelle: "Preistheorie", a.a.O., S. 263 f und 277 ff.

[26]) A.E. Ott: "Gewinnmaximierung...", a.a.O., S. 431.

einen größeren als in T_B. Es darf aber eines nicht übersehen werden: Die Dyopolisten können - ohne Absprachen - aus eigenen Kräften, d.h. insbesondere durch *preispolitische Aktivitäten* überhaupt *nicht in den Innenhof* des generellen Gleichgewichtsgebietes gelangen. Alle Preiskombinationen *innerhalb* des generellen Gleichgewichtsgebietes sind für die Dyopolisten von Ausgangspreiskombinationen, die außerhalb dieses Gebietes liegen, durch gezielte Preisstrategien gar nicht erreichbar. Wie abgeleitet wurde, stellen für derartige Ausgangspreiskonstellationen allein die beiden Punkte T_A und T_B zieladäquate und realisierbare Lösungspunkte dar. T_A und T_B liegen aber nur *am Rande* des generellen Gleichgewichtsgebietes.

Für die hier betrachtete Situation (Modell I), in der die Dyopolisten bei vollkommener Information nach kurzfristiger, ein-periodiger Gewinnmaximierung streben und zeitliche Preisgebundenheit zu beachten haben, ist mithin festzustellen: *Kein* Punkt *innerhalb* des generellen Gleichgewichtsgebietes kann als Endergebnis eines vom Modell erklärten Verlaufs *preisstrategischer* Aktionen und Reaktionen angesehen werden. Hieraus darf jedoch nicht geschlossen werden, daß die Dyopolisten nur "gleichsam auf dem ökonomisch unerklärlichen Luftwege"[27]) in den Innenhof des generellen Gleichgewichtsgebietes gelangen können.

Vielmehr läßt sich die Frage, wie die Dyopolisten jemals eine Preiskombination innerhalb des generellen Gleichgewichtsgebietes realisieren können, eindeutig beantworten. Allerdings ist eine derartige Preiskombination - wie beschrieben - durch preispolitische Aktionen und Reaktionen der konkurrierenden Anbieter nicht erreichbar und somit nicht erklärbar. Wir haben deshalb nach anderen Ursachen zu forschen. Zu diesem Zwecke müssen wir analysieren: Auf welche Weise können überhaupt Ausgangspreiskombinationen zustande kommen, die bereits innerhalb des generellen Gleichgewichtsgebietes liegen? Denn nur, wenn sich Gründe für das Zustandekommen derartiger Ausgangspreiskombinationen finden lassen, kann herausgearbeitet werden, warum die Dyopolisten eventuell in den Innenhof des generellen Gleichgewichtsgebietes gelangen können.

Eine diesbezügliche Analyse ist in den bisherigen Oligopoltheorien nicht durchgeführt worden. Dies ist um so erstaunlicher, als sie gerade solche Ausgangspreiskombinationen zugrunde legen müssen, um die Existenz eines ausgedehnten generellen Gleichgewichtsbereiches als Lösungsfeld proklamieren zu können.

Das Zustandekommen von Ausgangspreiskombinationen, die im generellen Gleichgewichtsgebiet liegen, läßt sich u.E. folgendermaßen begründen: Gleich zu Beginn der Vorperiode (t-1) hatten die Dyopolisten eine der beiden optimalen Preiskombinationen $T_{A,\,t-1}$ oder $T_{B,\,t-1}$ realisiert. Gegen Ende dieser Vorperiode t-1 erfolgte dann eine *Daten*änderung. Sei es, daß sich die variablen Kosten veränderten, weil beispielsweise die Einkaufspreise für das Material stiegen. Oder sei es, daß sich das Nachfrageverhalten in irgendeiner Weise änderte und damit die Koeffizienten der Preis-Absatz-Funktionen andere Werte annahmen. Im ersten Falle würden die Kammlinien, im zweiten Falle

---

[27]) E. Helmstädter: "Gleichgewichtsbereiche in statischen Dyopolmodellen", in: Jahrbücher für Nationalökonomie und Statistik, Bd. 175 (1963), S. 441.

auch die Iso-Gewinnkurven eine andere Lage erhalten. Aufgrund der Datenänderung wird sich entsprechend das generelle Gleichgewichtsgebiet für die Periode t im p_A; p_B-Koordinatensystem verschieben. Dabei *kann* es dann geschehen: Die bisher gültige, optimale Preiskombination $T_{A,\,t-1}$ bzw. $T_{B,\,t-1}$ kommt als Ausgangspreiskombination für die Periode t in dem neuen generellen Gleichgewichtsgebiet zu liegen, das für die Periode t gilt. Infolge von Datenänderungen kann also eine Ausgangspreiskombination "geboren" werden, die im Innenhof des generellen Gleichgewichtsgebietes gelegen ist.

An einer solchen Preiskombination werden die Anbieter in der Periode t festhalten. Keiner von ihnen hat Veranlassung, in dieser Situation seinen Preis zu ändern. Diese auf Datenänderungen beruhenden Ausgangspreiskombinationen stellen also *"geborene"* Gleichgewichtspunkte dar. Hierbei soll die Bezeichnung "geborene" Lösungspunkte darauf hinweisen: Als Lösungspunkte im Innenhof des generellen Gleichgewichtsgebietes $JT_A NT_B$ sind sie - im Gegensatz zu den "gekorenen" Lösungspunkten T_A und T_B - einzig und allein durch *Datenänderungen* mehr oder weniger zufällig[28] erreichbar.

Streng genommen stellt mithin das "generelle" Gleichgewichtsgebiet bei kurzfristiger Gewinnmaximierung ein Feld *preispolitisch irrelevanter* "geborener" Preiskombinationen dar: Denn sie können von Ausgangspreiskombinationen außerhalb dieses Gebietes durch *preispolitische* Aktionen und Reaktionen überhaupt *nicht* erreicht werden.

III. Zur Bestimmung einer Lösung für Ausgangspreiskombinationen außerhalb der beiden individuellen Gleichgewichtsbereiche

Bisher haben wir im Rahmen des Modells I - d.h. unter der Voraussetzung zeitlicher Preisgebundenheit, vollkommener Information und kurzfristiger Gewinnmaximierung - folgende Ausgangspreiskombinationen analysiert:

a) Ausgangspreiskombinationen, die innerhalb des "generellen Gleichgewichtsgebietes" ($JT_A NT_B$ in Abb. 5) liegen. In diesen Situationen stellt die Ausgangspreiskombination gleichzeitig die - "geborene" - Lösung dar. Denn keiner der Dyopolisten hat ein Interesse daran, irgendwelche Preisänderungen vorzunehmen.

b) Ausgangspreiskombinationen, die nur innerhalb *eines* der beiden individuellen Gleichgewichtsbereiche ($DT_A E$ bzw. $FT_B H$ in Abb. 5) liegen. Dementsprechend wird nur einer, und zwar stets derjenige Anbieter an einer Preisvariation interessiert sein, für den die Ausgangspreiskombination nicht in seinem Gleichgewichtsbereich gelegen ist. Dieser Anbieter wird als erster seinen Preis in der Periode t ändern. Er kann so einen größeren Gewinn als in der Ausgangssituation erzielen.

---

[28]) Wie sehr es vom Zufall abhängt, daß eine Ausgangspreiskombination im Innenraum des generellen Gleichgewichtsgebietes liegt, verdeutlicht folgende Überlegung: Nach einer Untersuchung von Heuß machen die Preiskombinationen innerhalb des generellen Gleichgewichtsgebietes nur ca. 5% aller möglichen Preiskombinationen aus; vgl. E. Heuß: "Oligopolistische Verhaltensweise...", a.a.O., S. 454 f, Fußnote 7.

Für jede Ausgangspreiskombination, die innerhalb bzw. außerhalb eines der beiden individuellen Gleichgewichtsbereiche liegt, kann mithin *eindeutig* bestimmt werden, welcher der beiden Anbieter - A oder B - mit einer Preisvariation beginnen wird. Demzufolge läßt sich auch eindeutig beantworten, welcher der beiden "gekorenen" Lösungspunkte - T_A oder T_B - realisiert wird.

Im folgenden sind nun die noch verbleibenden Fälle zu untersuchen, in denen die Ausgangspreiskombinationen *außerhalb beider* individueller Gleichgewichtsbereiche liegen.

1. Die indeterminierte Lösung in der Oligopol-Literatur

Nach einstimmiger Auffassung in der Oligopol-Literatur[29]) entsteht in diesen Fällen - bei der nach wie vor unterstellten Preisgebundenheit und kurzfristigen Gewinnmaximierung - folgende andersartige Situation:

Beide Anbieter sind daran interessiert, für die betrachtete Periode einen veränderten Preis zu fordern. Durch entsprechende Preisänderungen können beide ihren Gewinn erhöhen. Die Höhe der erzielbaren Gewinne hängt jedoch in besonderer Weise davon ab, wer als erster die Preisvariation vornimmt.

Beginnt Anbieter A mit der Preisänderung, so kann er - wie oben dargestellt - den Gewinn $G_{A,TA}$ im Punkt T_A erzwingen; der Konkurrent B erreicht dann den Gewinn $G_{B,TA}$. Ist aber Anbieter B derjenige, der als erster seine Preisforderung, und zwar auf $p_{B,TB}$ variiert, so erzielt A den Gewinn $G_{A,TB}$ und B den Gewinn $G_{B,TB}$ im Punkt T_B. Bemerkenswert ist nun, daß stets gilt:

$$G_{A,TA} < G_{A,TB}$$

und

$$G_{B,TB} < G_{B,TA}.$$

Im Beispiel der Abb. 5 und 6 ist $G_{A,TA} = 98,87 < G_{A,TB} = 110,28$ und $G_{B,TB} = 61,21 < G_{B,TA} = 71,58$. D.h. Anbieter A (B) realisiert einen größeren Gewinn, wenn nicht er, sondern sein Konkurrent B (A) mit der Preisvariation beginnt und somit der Punkt T_B (T_A) erreicht wird. "Allgemein gilt, daß derjenige im Vorteil ist, der dem anderen im Hinblick auf die Preisänderung den Vortritt läßt"[30]).

Somit entsteht bei Ausgangspreiskombinationen außerhalb beider Gleichgewichtsgebiete eine Konfliktsituation. Einerseits kann jeder der Anbieter durch eine eigene Preisvariation, die er als erster zu Beginn der Periode t vornimmt, einen größeren Gewinn ($G_{A,TA}$ bzw. $G_{B,TB}$) erzielen als beim Festhalten am bisher verlangten Preis. Insofern drängt es jeden Anbieter, so schnell wie möglich den eigenen Preis zu

---

[29]) Vgl. insbesondere: H. v. Stackelberg: "Probleme...", a.a.O., S. 119 f; H. Jacob: "Preispolitik", a.a.O., S. 165; A.E. Ott: "Gewinnmaximierung...", a.a.O., S. 440.
[30]) H. Jacob: "Preispolitik", a.a.O., S. 165; in diesem Sinne auch: A.E. Ott: "Gewinnmaximierung", a.a.O., S. 439, und H. v. Stackelberg: "Probleme...", a.a.O., S. 117 ff.

ändern. Andererseits würde aber jeder einen noch größeren Gewinn ($G_{A, TB}$ bzw. $G_{B, TA}$) erzielen, wenn nicht er, sondern der Konkurrent als erster die Preisforderung ändern würde. Demzufolge möchte Anbieter A dem Konkurrenten B im Hinblick auf die Preisänderung den Vortritt lassen; entsprechend würde Konkurrent B gern dem Anbieter A den Vortritt einräumen. Hieraus könnte aber ein gegenseitiges Warten auf die Preisaktion des Konkurrenten resultieren, das zu einem Festhalten an den bisher verlangten Preisen führen würde. Beide Anbieter wissen jedoch, daß ein solches beiderseitiges Festhalten an den bisherigen Preisen für beide von Nachteil ist.

Aus dieser Konfliktsituation wurde in der Literatur grundsätzlich folgender Schluß gezogen[31]): Bei Ausgangspreiskombinationen außerhalb beider Gleichgewichtsgebiete läßt sich die Frage *nicht* eindeutig beantworten, welcher der beiden Anbieter schließlich als erster seine Preisforderung ändern wird. Wenn aber nicht bestimmt werden kann, wer zuerst agieren wird, kann auch keine Aussage darüber getroffen werden, welcher der beiden gekorenen Gleichgewichtspunkte (T_A bzw. T_B) in einem konkreten Fall letztlich den Lösungspunkt darstellen wird.

2. Ein neuer Lösungsversuch: Die Bestimmung "kritischer Wartezeiten"

Die in der Literatur vollzogene Schlußfolgerung, daß nicht zu bestimmen sei, welcher Anbieter mit der Preisänderung beginnen wird, wenn die Ausgangspreiskombination außerhalb beider Gleichgewichtsgebiete liegt, ist im folgenden zu überprüfen. Zu diesem Zweck sei beispielsweise die Ausgangspreiskombination p_{A0}; p_{B0} betrachtet, die den Punkt P_0 in Abb. 6 charakterisiert. Punkt P_0 liegt sowohl außerhalb des Gleichgewichtsbereiches des Anbieters A, das durch die Isogewinnkurve $G_{A, TA}$ umschlossen wird, als auch außerhalb des Gleichgewichtsgebietes des Konkurrenten B, das durch die Isogewinnkurve $G_{B, TB}$ umgrenzt wird.

Besitzen nun beide Anbieter nicht nur Kenntnis von den eigenen, sondern auch von den fremden Iso-Gewinnkurven des Konkurrenten - und von dieser Voraussetzung wurde in der Literatur ausgegangen[32]) - , so folgt daraus: Jeder Produzent wird den Gewinnvergleich

$$G_{A, TA} = 98,87 < G_{A, TB} = 110,28$$

und

$$G_{B, TB} = 61,21 < G_{B, TA} = 71,58$$

durchführen. Jeder erkennt hieraus - wie in der Literatur beschrieben - , daß es für ihn von Vorteil wäre, wenn *der Konkurrent* zu Beginn der betrachteten Periode als erster seine Preisforderung ändern würde.

---

[31]) Siehe vor allem: H. v. Stackelberg: "Probleme...", a.a.O., S. 119 f; H. Jacob: "Preispolitik", a.a.O., S. 165; A.E. Ott: "Gewinnmaximierung...", a.a.O., S. 439 f.
[32]) Vgl. u.a.: H. Jacob: "Preispolitik", a.a.O., S. 162.

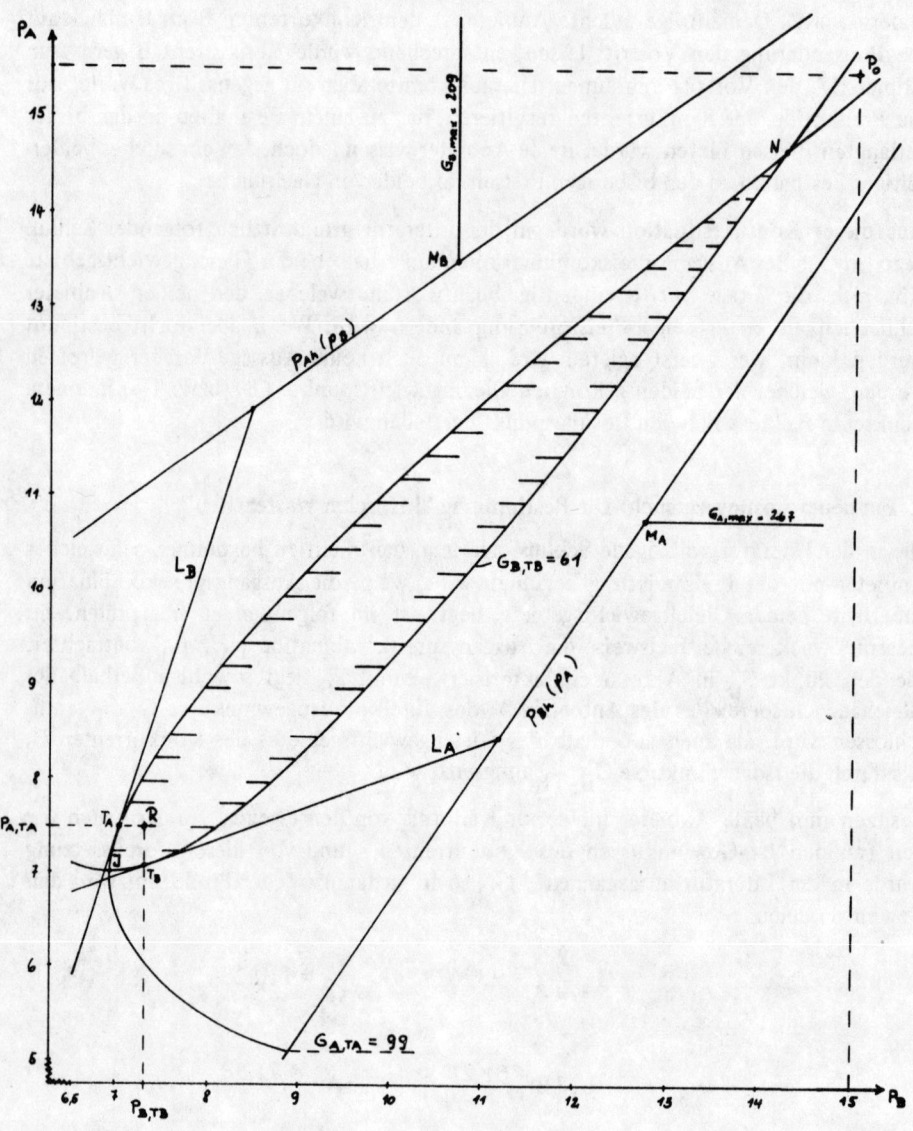

Abb. 6

Andererseits muß verhindert werden, daß jeder Anbieter auf die Aktion des Konkurrenten wartet. Es wäre für beide von Nachteil, wenn aufgrund des gegenseitigen Ab-
wartens die Ausgangspreiskombination in der Periode t unverändert bestehen bliebe.

Deshalb muß sich jede der beiden Firmen um folgendes bemühen: Sie muß Anhaltspunkte dafür gewinnen, ob sie überhaupt sinnvoll erwarten kann, daß ihre Konkur-
rentin als erste agieren wird. Um derartige Anhaltspunkte zu erhalten, muß zunächst
beachtet werden, daß die betrachtete Periode t aus z-Zeiteinheiten besteht[33]) und ein
Gewinn in der Periode t allmählich entsteht. Bei einer gegebenen Preiskombination
wächst der Gewinn G, so sei einmal angenommen, im Zeitablauf gleichmäßig; d.h.
in jeder der z-Zeiteinheiten, für die die Preiskombination gilt, wird der gleiche Gewinnteil $\frac{G}{z}$ realisiert. Nun sind wegen der unterstellten vollkommenen Information dem
Anbieter A die Gewinne $G_{A, 0}$, $G_{A, TA}$ und $G_{A, TB}$ bekannt. Er kann sich dementsprechend errechnen: In jeder Zeiteinheit, in der an der Ausgangspreiskombination
festgehalten wird, erzielt er nur einen Gewinnteil von $\frac{G_{A, 0}}{z}$, bei der Preiskombination
T_A einen Gewinnteil pro Zeiteinheit von $\frac{G_{A, TA}}{z}$ und beim Punkt T_B von $\frac{G_{A, TB}}{z}$.

Hält Anbieter A am Ausgangspreis fest in der Erwartung, daß sein Konkurrent B nach
y_A-Zeiteinheiten ($y_A < z$) als erster agiert, und beginnt dann B tatsächlich mit der
Preisvariation, so erzielt A in der Periode t einen Gewinn von

$$y_A \cdot \frac{G_{A, 0}}{z} + (z - y_A) \frac{G_{A, TB}}{z} \quad {}^{34}).$$

Dieses Warten auf die Preisaktion des Konkurrenten B ist aber für A nur unter einer
Bedingung vorteilhaft: Der dadurch erzielte Gewinn muß insgesamt größer sein als der
Gewinn, den A durch eine sofort zu Beginn der Periode t vorgenommene eigene
Preisänderung in dem Punkt T_A erzwingen kann. Es muß also gelten:

(40-A) $$y_A \cdot \frac{G_{A, 0}}{z} + (z - y_A) \cdot \frac{G_{A, TB}}{z} \geq z \cdot \frac{G_{A, TA}}{z}$$

Wird die Ungleichung (40-A) nach y_A aufgelöst, so erhalten wir zunächst

$$y_A \cdot \left(\frac{G_{A, 0} - G_{A, TB}}{z} \right) \geq z \cdot \left(\frac{G_{A, TA} - G_{A, TB}}{z} \right)$$

und da die Klammerausdrücke wegen $G_{A, 0} < G_{A, TB}$ und $G_{A, TA} < G_{A, TB}$ negativ
sind:

(41-A) $$y_A \leq z \cdot \left(\frac{G_{A, TA} - G_{A, TB}}{G_{A, 0} - G_{A, TB}} \right)$$

---

[33]) Beispielsweise besteht ein Kalenderjahr aus z = 12 Monaten oder z = 52 Wochen oder z =
360 Tagen.

[34]) Hierbei wurde angenommen, daß die Nachfrager sofort auf die Preisänderung reagieren.

Die Ungleichung (41-A) gibt an: Wie lange könnte Anbieter A (höchstens) auf eine Aktion des B warten bzw. - umgekehrt formuliert - nach wievielen Zeiteinheiten ($y_A < z$) müßte Konkurrent B (spätestens) agiert haben, damit Anbieter A trotz Wartens auf die Preisaktion des B insgesamt noch einen größeren Gewinn (bzw. keinen kleineren) als $G_{A, TA}$ erzielt.

Mit dem aus Ungleichung (41-A) abzuleitenden Ausdruck

$$(42\text{-}A) \qquad\qquad y_{A, K} = z \cdot \left(\frac{G_{A, TA} - G_{A, TB}}{G_{A, 0} - G_{A, TB}} \right)$$

wird die "kritische Wartezeit" des Anbieters A bestimmt. Sie zeigt: Agiert Konkurrent B genau nach $y_{A, K}$-Zeiteinheiten als erster, so erzielt Anbieter A gerade einen Gewinn in Höhe von $G_{A, TA}$; den gleichen Gewinn könnte Unternehmer A auch durch eine eigene Preisvariation, die er als erster sofort zu Beginn der Periode t vornimmt, erzwingen. Agiert B jedoch früher (später) als nach $y_{A, K}$-Zeiteinheiten, so steht sich A besser (schlechter).

3. Die Ermittlung einer eindeutigen Lösung durch Vergleich der "kritischen Wartezeiten"

Um entscheiden zu können, ob Anbieter A tatsächlich vor Ablauf seiner "kritischen Wartezeit" $y_{A, K}$ mit einer Aktion des Konkurrenten B rechnen kann, muß A noch eine weitere Rechnung durchführen. Er muß noch errechnen, wieviele Zeiteinheiten (y_B) der Konkurrent B auf eine Aktion des A warten könnte, ohne einen kleineren Gewinn als $G_{B, TB}$ zu erzielen. Analog der Ungleichung (41-A) gilt für y_B:

$$(41\text{-}B) \qquad\qquad y_B \leqslant z \cdot \left(\frac{G_{B, TB} - G_{B, TA}}{G_{B, 0} - G_{B, TA}} \right)$$

Wegen der unterstellten vollkommenen Information können und werden beide Anbieter anschließend einen Vergleich der "kritischen Wartezeiten"

$$y_{A, K} \gtreqless y_{B, K}$$

durchführen. Dieser Vergleich ermöglicht es ihnen, eine optimale Entscheidung darüber zu treffen, wer mit der Preisvariation beginnen soll, wenn die Ausgangspreiskombination außerhalb beider Gleichgewichtsgebiete liegt.

Denn ist beispielsweise $y_{A, K} < y_{B, K}$, wie im Punkt P_0 der Abb. 6, für den $y_{A, K} = 3,4 < y_{B, K} = 6,4$ gilt, so erkennen beide Anbieter hieraus: A könnte, ohne einen kleineren Gewinn als $G_{A, TA}$ zu erzielen, maximal $y_{A, K} = 3,4$ Zeiteinheiten auf die Preisaktion des B warten; B hingegen könnte sogar $y_{B, K} = 6,4$ ($> y_{A, K}$) Zeiteinheiten auf die Preisaktion des A warten, ohne daß sein Gewinn kleiner wäre als $G_{B, TB}$. Bei $y_{A, K} < y_{B, K}$ befindet sich also stets Anbieter B im Vorteil, weil er länger auf die Konkurrenten-Preisänderung warten kann als A.

Obwohl die Ausgangspreiskombination P_0 außerhalb beider Gleichgewichtsbereiche liegt, weiß Anbieter A daher bei $y_{A, K} < y_{B, K}$, daß B *keine* Veranlassung hat, seine Preisforderung als erster zu ändern. Deshalb wird A mit der Preisvariation beginnen (müssen), und zwar sofort zu Beginn der Periode t den Preis $p_{A, TA}$ zum Punkt T_A fordern. Anbieter A erzielt auf diese Weise den - bei Preisgebundenheit - größten erzwingbaren, kurzfristigen Gewinn $G_{A, TA}$ und B den Gewinn $G_{B, TA}$; der Punkt T_A stellt den Lösungspunkt für alle Fälle $y_{A, K} < y_{B, K}$ dar.

Analog wird bei $y_{A, K} > y_{B, K}$, d.h. wenn Anbieter A im Vorteil ist, weil seine "kritische Wartezeit" länger ist als diejenige des B, stets Anbieter B als erster agieren und dementsprechend der Punkt T_B den Lösungspunkt determinieren.

Zusammenfassend führen diese Überlegungen zu folgendem bemerkenswerten Ergebnis:

Im Gegensatz zu der in der Literatur bisher grundsätzlich vertretenen Auffassung kann auch für Ausgangspreiskombinationen *außerhalb beider* Gleichgewichtsbereiche in der Regel *eindeutig* bestimmt werden, welcher der beiden Anbieter mit einer Preisvariation beginnen wird. Dementsprechend läßt sich auch eindeutig feststellen, welche Preiskombination - T_A oder T_B - den "gekorenen" Gleichgewichtspunkt determiniert. Zur Lösung des Problems ist es erforderlich, die "kritischen Wartezeiten" $y_{A, K}$ und $y_{B, K}$ zu bestimmen und zu vergleichen. Ist $y_{A, K} > y_{B, K}$, so wird es Anbieter B, ist $y_{A, K} < y_{B, K}$, wird es Anbieter A sein, der zu Beginn der betrachteten Periode t mit einer Preisvariation beginnt.

Nur in dem seltenen Ausnahmefall, daß $y_{A, K} = y_{B, K}$ ist, läßt sich keine eindeutige Entscheidung ableiten. In dieser Situation könnte es daher sogar geschehen, daß zufällig beide Anbieter gleichzeitig agieren. Dabei könnte Anbieter A den Preis $p_{A, TA}$ und gleichzeitig Produzent B den Preis $p_{B, TB}$ fordern. Als Lösungspunkt würde dann der Punkt R *im* generellen Gleichgewichtsgebiet *zufällig*[35]) zustandekommen (vgl. Abb. 6). Anbieter A steht sich in dieser Situation (R) besser als bei Verwirklichung der Preiskombination T_A und auch Konkurrent B erzielt einen größeren Gewinn als im Punkt T_B.

---

[35]) Es sei ausdrücklich betont, daß hier der Zufall "nachhelfen" muß, um eine Preiskombination i n n e r h a l b des generellen Gleichgewichtsgebietes zu erhalten. Obendrein muß es ein doppelter Zufall sein: Für die Ausgangspreiskombination muß zufällig $y_{A, K} = y_{B, K}$ gelten und dann müssen die Anbieter zufällig noch gleichzeitig agieren. Das generelle Gleichgewichtsgebiet ist also nach wie vor ein Feld zufälliger, "geborener" Lösungspunkte; vgl. den vorhergehenden Abschnitt.

Kapitel 2

Kurzfristig gewinnmaximale Preispolitik ohne zeitliche Preisgebundenheit der Oligopolisten (Modell II)

A. Die Ableitung der optimalen Preisstrategie in Modell II

I.   Die Problemstellung

Im vorhergehenden Modell I war angenommen worden, daß die Dyopolisten zeitliche Preisgebundenheit zu beachten haben: Sie waren für die Dauer der betrachteten Periode an den einmal - zu Beginn der Periode - gesetzten Preis gebunden. Sie konnten also in dem zugrunde gelegten Planungszeitraum nur ein einziges Mal agieren oder reagieren.

Im folgenden Modell II soll die Prämisse zeitlicher Preisgebundenheit fallengelassen werden: Beide Dyopolisten können in der betrachteten Periode beliebig rasch hintereinander mehrere Preisänderungen vornehmen. Sie sind an einen einmal gesetzten Preis nicht für eine gewisse Zeit gebunden, sondern können - falls erforderlich - sofort auf eine Preisvariation ihres Konkurrenten wiederholt reagieren. Jedem Anbieter ist es also möglich, in der Periode t mehrmals zu agieren bzw. zu reagieren.

Die kurzfristig gewinnmaximale Preispolitik *ohne* zeitliche Preisgebundenheit der Oligopolisten wollen wir aus folgendem Grunde analysieren: Nur ein Vergleich der Ergebnisse von Modell I (= *mit* zeitlicher Preisgebundenheit) und Modell II (= *ohne* zeitliche Preisgebundenheit) kann zeigen, in welcher Weise die zeitliche Preisgebundenheit die Dyopol-Lösung beeinflußt. Diesen Einfluß gilt es herauszuarbeiten.

II.   Der Lösungsweg zu "gekorenen" Gleichgewichtsfeldern

Wir wollen hier die Frage beantworten: Welche preispolitische Strategie ist der Zielsetzung "kurzfristiger Gewinnmaximierung" adäquat, wenn beide Anbieter in der einen betrachteten Periode mehrmals Preisänderungen vornehmen können? Dabei sei wiederum angenommen, daß beide Anbieter vollkommene Information besitzen.

Wird die Prämisse zeitlicher Preisgebundenheit aufgehoben, so berührt dies die Lage der Iso-Gewinnkurven und Kammlinien nicht. Demzufolge bleibt auch das - in Modell I abgeleitete - generelle Gleichgewichtsgebiet $JT_A NT_B$ unverändert. Ferner ist es dem Anbieter A nach wie vor *möglich,* die Preiskombination T_A zu erzwingen, indem er den Preis $p_{A, TA}$ fordert; auch Konkurrent B *könnte* nach wie vor den Punkt T_B durch eine Preisforderung $p_{B, TB}$ erzwingen[1]). Die entscheidende Frage lautet jedoch, ob die Dyopolisten überhaupt zieladäquat handeln würden, wenn sie die Preise $p_{A, TA}$ bzw. $p_{B, TB}$ fordern, obwohl eine zeitliche Preisgebundenheit *nicht* besteht.

---

[1]) Vgl. H. Jacob: "Preispolitik", a.a.O., S. 165 f.

Zur Lösung des Problems ist auf folgenden Überlegungen aufzubauen: Ändert beispielsweise Anbieter A seine Preisforderung von $p_{A,0}$ auf $p_{A,1}$ (vgl. Punkte P_0 und P_1 in
der folgenden Abb. 7), so muß er - wie bisher - mit einer Reaktion seines Konkurrenten
B rechnen. Anbieter A hat daher zunächst zu ermitteln, wie Konkurrent B voraussichtlich zieladäquat reagiert. Dabei weiß Unternehmer A bereits: Auch sein Konkurrent B muß - im Gegensatz zu Modell I - jetzt eine *erneut mögliche (Re-) Aktion des*
A berücksichtigen. Diese erneut mögliche Preisänderung des A als Antwort auf die
Reaktion des B ist im Modell II zu beachten, weil die Dyopolisten an ihre Preisforderungen nicht für die Dauer der Periode t gebunden sind. Dementsprechend ist hier
jede Reaktion des Konkurrenten B gemäß seiner Kammlinie L_B, die dem zuerst
agierenden Unternehmer A einen geringeren Gewinn als $G_{A,TA}$ erbringt, in Modell II
nicht zieladäquat. Der Anbieter A könnte hierauf sofort mit einem Preis $p_{A,TA}$ antworten, der ihm den Gewinn $G_{A,TA}$ im Punkt T_A sichert. Sein Konkurrent B würde
also durch die Kammlinien-Reaktionen in der Periode t letztlich doch nur den Gewinn
$G_{B,TA}$ erwirtschaften.

Konkurrent B kann daher zu $p_{A,1}$ allein durch folgende Reaktionsweise einen
größeren Gewinn als $G_{B,TA}$ erzielen: Er muß auf die Aktion des A so *"gemäßigt"*
reagieren, daß dadurch eine Preiskombination *innerhalb* des individuellen Gleichgewichtsgebietes des A zustande kommt. Nur dann hat Anbieter A keine Veranlassung,
seinen Preis anschließend auf $p_{A,TA}$ zu setzen. Die Iso-Gewinnkurve des A mit dem
Niveau $G_{A,TA}$ wird somit gewissermaßen zur äußersten "Reaktionsgrenze" des
Konkurrenten B in Richtung auf L_B. Sie gilt allerdings nur für den Fall, daß auch B
rechts von ihr einen größeren Gewinn als $G_{B,TA}$ erzielen kann. Dann ist allein diese
"gemäßigte" Reaktion, die *nicht* entsprechend der Kammlinie L_B erfolgt, sondern
rechts von der Iso-Gewinnkurve $G_{A,TA}$ bleibt, (z.B. eine Reduzierung des Preises auf
$p_{B,1}$ in Abb. 7) für den Konkurrenten B zielsetzungsgerecht[2]).

Hieraus muß Anbieter A für seine Preisstrategie schließen: Auf eigene Aktionen wird
sein Konkurrent B "gemäßigt" reagieren, *sobald und solange* Konkurrent B durch
diese "gemäßigte" Reaktion einen größeren Gewinn als $G_{B,TA}$ zum Punkt T_A
realisieren kann. D.h. sein Konkurrent B muß - gemäßigt reagierend - eine Preiskombination wie z.B. den Punkt P_2 in Abb. 7 erreichen können; sie liegt innerhalb des
Gebietes, das von der Iso-Gewinnkurve des B mit dem Niveau $G_{B,TA}$ umschlossen
wird. Diese Iso-Gewinnkurve $G_{B,TA}$ findet sich bisher in keiner Oligopol-Theorie.
Gerade sie erhält aber für die weitere Analyse besondere Bedeutung.

In Abb. 7 sind u.a. diese Iso-Gewinnkurve $G_{B,TA}$ und die Iso-Gewinnkurve $G_{A,TA}$
eingezeichnet worden. Sie umschließen das Zweieck $T_A S$. Alle Preiskombinationen
innerhalb dieses Feldes $T_A S$ versprechen dem Anbieter A einen größeren Gewinn als
den erzwingbaren Gewinn $G_{A,TA}$ im Punkt T_A. Gleichzeitig realisiert Konkurrent B
bei jeder derartigen Preiskombination einen höheren Gewinn als $G_{B,TA}$ im Punkt T_A.
Alle Preiskombinationen im Zweieck $T_A S$ dominieren somit für *beide* Anbieter die

---

[2]) Diese "gemäßigte" Reaktion darf nicht mit Krelles "normaler" Reaktion verwechselt werden.
Sie entspricht - im Gegensatz zur "normalen" Reaktion Krelles - stets der Zielsetzung "Gewinnmaximierung".

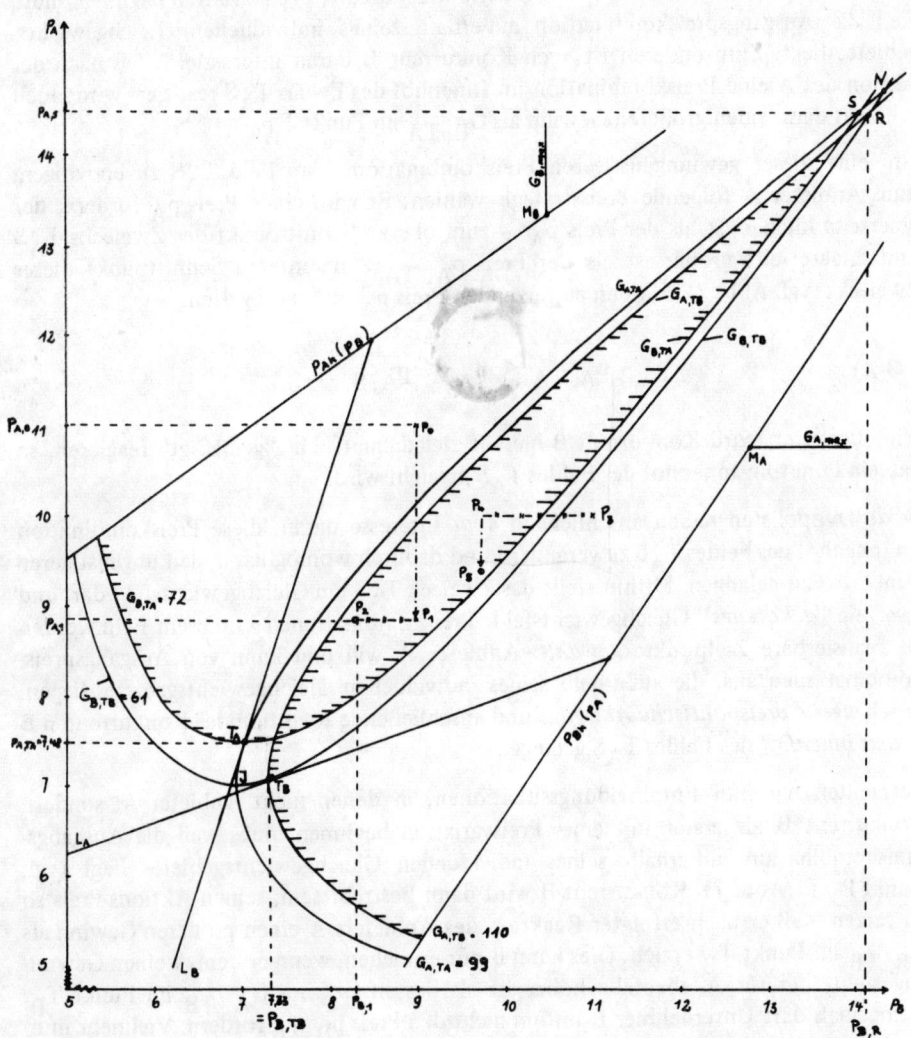

Abb. 7

Preiskombination T_A. Mithin hat zum einen der Anbieter A ein Interesse daran, *in dieses Feld zu gelangen*, wenn er in der Periode t mit einer Preisvariation beginnen muß, weil die Ausgangspreiskombination außerhalb seines individuellen Gleichgewichtsgebietes liegt. Zum anderen ist auch Konkurrent B daran interessiert, daß nach der Aktion des A eine Preiskombination im Innenhof des Feldes $T_A S$ realisiert wird; auch B erzielt dann einen größeren Gewinn als $G_{B,\,TA}$ im Punkt T_A.

Um eine dieser gewinngünstigeren Preiskombinationen im Feld $T_A S$ zu erzwingen, muß Anbieter A folgende Preisstrategie wählen: Er wird einen Preis p_A fordern, der einerseits kleiner ist als der Preis $p_{A,\,S}$ zum oberen Schnittpunkt des Zweiecks $T_A S$ und andererseits größer ist als der Preis $p_{A,\,TA}$ zum unteren Schnittpunkt dieses Zweiecks (vgl. Abb. 7). Für den zu setzenden Preis p_A muß also gelten:

$$(43\text{-A}) \qquad\qquad p_{A,\,TA} < p_A < p_{A,\,S} \; .$$

Wie abgeleitet, wird Konkurrent B hierauf zieladäquat, d.h. "gemäßigt" reagieren, so daß ein Punkt im Innenhof des Feldes $T_A S$ erreicht wird.

Beide Dyopolisten haben anschließend *kein* Interesse daran, diese Preiskombination im Innenhof des Feldes $T_A S$ zu verändern und dadurch womöglich in den ungünstigeren Punkt T_A zu gelangen. Mithin stellt das Zweieck $T_A S$ ein Gleichgewichtsfeld dar, und zwar ein *"gekorenes"* Gleichgewichtsfeld: Preiskombinationen in diesem Feld werden als realisierbare Zielpunkte *gewählt*. Anbieter A will und kann von Ausgangspreiskombinationen aus, die außerhalb seines individuellen Gleichgewichtsgebietes liegen, durch *eigene preispolitische Aktivität* und anschließende Reaktion des Konkurrenten B *in den Innenhof* des Feldes $T_A S$ gelangen.

Betrachten wir nun Entscheidungssituationen, in denen nicht Anbieter A, sondern Konkurrent B als erster mit einer Preisvariation beginnen muß, weil die Ausgangspreiskombination außerhalb seines individuellen Gleichgewichtsgebietes liegt (vgl. Punkt P_3 in Abb. 7). Konkurrent B wird dann bestrebt sein, seinen Aktions-Preis so zu setzen, daß er nach erfolgter Reaktion des Anbieters A einen größeren Gewinn als $G_{B,\,TB}$ im Punkt T_B erzielt. Dies kann B nur erreichen, wenn er dem A einen Gewinn zugesteht, der für A ebenfalls höher ist als dessen Gewinn $G_{A,\,TB}$ im Punkt T_B. Demgemäß darf Unternehmer B mithin nicht den Preis $p_{B,\,TB}$ fordern. Vielmehr muß er einen höheren Preis (p_B) setzen, für den gilt:

$$(43\text{-B}) \qquad\qquad p_{B,\,TB} < p_B < p_{B,\,R} \; .$$

Wie aus Abb. 7 ersichtlich, kann B dadurch eine Preiskombination realisieren, die im Innenhof des Feldes $T_B R$ liegt. Es wird umgrenzt durch die Iso-Gewinnkurve des A mit dem Niveau $G_{A,\,TB}$ und seine eigene Iso-Gewinnkurve $G_{B,\,TB}$. Dieses Gebiet $T_B R$ stellt das "gekorene" Gleichgewichtsfeld für den Konkurrenten B dar: Bei jeder Preiskombination in diesem Feld erzielt B einen höheren Gewinn als $G_{B,\,TB}$ und A einen größeren Gewinn als $G_{A,\,TB}$.

Zusammenfassend läßt sich feststellen:

Besteht keine zeitliche Preisgebundenheit der Oligopolisten, so erhalten die beiden Iso-Gewinnkurven $G_{B,\,TA}$ und $G_{A,\,TB}$ besondere Bedeutung für die optimale Preisstrategie. Mit Hilfe dieser beiden Iso-Gewinnkurven können zwei "gekorene"Gleichgewichtsfelder $T_A S$ und $T_B R$ ermittelt werden. Sie beinhalten die preispolitisch relevanten Lösungspunkte.

Ein abschließender Vergleich dieser "gekorenen" Gleichgewichtsfelder von Modell II mit der Dyopol-Lösung von Modell I wird zeigen, in welcher Weise die zeitliche Preisgebundenheit das optimale preispolitische Verhalten von Oligopolisten beeinflußt.

B. Der Einfluß zeitlicher Preisgebundenheit auf die Dyopol-Lösung — ein Vergleich der Ergebnisse von Modell I und II

Bei zeitlicher Preisgebundenheit (Modell I) stellen die Punkte T_A und T_B die beiden optimalen Preiskombinationen dar, die von den Dyopolisten durch preispolitische Aktivitäten erzwungen werden können. Höhere Gewinne als $G_{A,\,TA}$ bzw. $G_{B,\,TA}$ im Punkt T_A - wenn Anbieter A als erster agiert - oder höhere als die Gewinne $G_{B,\,TB}$ bzw. $G_{A,\,TB}$ im Punkt T_B - wenn B zuerst agiert - sind *nicht* erreichbar. Deshalb haben wir alle Preiskombinationen *im* "generellen" Gleichgewichtsgebiet, die höhere Gewinne als $G_{A,\,TA}$ und $G_{B,\,TB}$ versprechen, als "geborene" Lösungspunkte bezeichnet: Von Ausgangspreiskombinationen, die außerhalb dieses Gebietes liegen, können die Dyopolisten bei zeitlicher Preisgebundenheit *nicht in den Innenhof* des "generellen" Gleichgewichtsgebietes gelangen; die Preiskombinationen innerhalb dieses Gebietes sind daher bei zeitlicher Preisgebundenheit preispolitisch irrelevant, da sie nicht realisierbar sind.

Ganz anders sieht hingegen die Entscheidungssituation aus, wenn die Dyopolisten keine zeitliche Preisgebundenheit zu beachten haben (Modell II). Dann vermag Anbieter A, wenn er zuerst agieren muß, durch gezielte Preisstrategie in sein "gekorenes" Gleichgewichtsfeld $T_A S$ zu gelangen. Es bildet einen Teil des "generellen" Gleichgewichtsgebietes. Von Ausgangspreiskombinationen außerhalb kann Anbieter A jetzt *in den Innenhof* - eines Teils - des "generellen" Gleichgewichtsgebietes eindringen. Er realisiert dort auf jeden Fall einen *höheren* Gewinn als $G_{A,\,TA}$ im Punkt T_A. Gleichzeitig erstrebt und erreicht Konkurrent B einen höheren Gewinn als $G_{B,\,TA}$. Dementsprechend stellt *nicht* das gesamte "generelle" Gleichgewichtsgebiet das Lösungsfeld dar: Alle Preiskombinationen zwischen der Iso-Gewinnkurve $G_{B,\,TB}$ des "generellen" Gleichgewichtsgebietes und der Iso-Gewinnkurve $G_{B,\,TA}$ des "gekorenen" Gleichgewichtsfeldes von Anbieter A scheiden grundsätzlich als Lösungspunkte aus, wenn Anbieter A seine Preisforderung als erster ändert[3]).

---

[3]) Wenn aber Konkurrent B zuerst agieren muß, wird voraussichtlich gerade eine Preiskombination in diesem "Streifen" verwirklicht werden; denn Anbieter A wird dann versuchen, seinen Gewinn dadurch zu maximieren, daß er der Iso-Gewinnkurve $G_{B,\,TB}$ möglichst nahe kommt.

Analog wird, wenn Anbieter B zuerst agieren muß, irgendeine Preiskombination zustande kommen, die innerhalb des "gekorenen" Gleichgewichtsfeldes T_BR von B liegt. Auch sie stellt einen Punkt im Innenhof des "generellen" Gleichgewichtsgebietes dar. Dort erzielt Anbieter B einen höheren Gewinn als $G_{B, TB}$ im Punkt T_B und gleichzeitig Produzent A einen höheren Gewinn als $G_{A, TB}$. Der Teil des "generellen" Gleichgewichtsgebietes, der zwischen den Iso-Gewinnkurven $G_{A, TA}$ und $G_{A, TB}$ liegt, scheidet in dieser Situation - B muß agieren - als preispolitisch irrelevantes Lösungsfeld aus[4]).

Der Einfluß zeitlicher Preisgebundenheit auf die Dyopol-Lösung besteht also kurzgefaßt in zweierlei: Die - ohne Preisgebundenheit gültigen - "gekorenen" Gleichgewichts*felder* T_AS und T_BR, die eine Vielzahl von optimalen Preiskombinationen beinhalten, schrumpfen bei zeitlicher Preisgebundenheit auf die beiden *Punkte* T_A und T_B zusammen. Dies bedeutet gleichzeitig, daß an Stelle von gewinngünstigeren Preiskombinationen *im Innenhof* des "generellen" Gleichgewichtsgebietes nur noch zwei ungünstigere Preiskombinationen *an seinem Rande* preispolitisch realisierbar sind. Zeitliche Preisgebundenheit *"minimiert"* mithin das preispolitische Entscheidungsfeld der Dyopolisten und *verschlechtert* obendrein ihre Gewinnsituation.

---

[4]) In diesem Teil wird jedoch die Lösungs-Preiskombination wahrscheinlich liegen, wenn Anbieter A als erster seine Preisforderung ändert. Konkurrent B wird dann zwar "gemäßigt" reagieren, aber dennoch der Iso-Gewinnkurve $G_{A, TA}$ möglichst nahe zu kommen versuchen.

Kapitel 3:

Zum Einfluß der Beweglichkeit der Nachfrage auf die statische Dyopol-Lösung (Modell III)

Im folgenden Modell III ist zu analysieren, ob und, wenn ja, wie die Beweglichkeit der Nachfrage die optimale Preisstellung im Dyopol beeinflußt.

A. „Beweglichkeit der Nachfrage" und „Reaktionsverzögerung der Nachfrage"

Zunächst sind noch einige Überlegungen zum ökonomischen Inhalt der "Beweglichkeit der Nachfrage" anzustellen. Mit der "Beweglichkeit der Nachfrage" soll angegeben werden, wieviel Nachfrage in 1 Zeiteinheit reagiert, wenn einer der Anbieter seinen Preis um 1 Geldeinheit variiert[1]. Diese bewegliche Nachfragemenge pro Zeiteinheit sei mit dem Symbol $\bar{b}$ [$ME^2/GE \cdot ZE$] belegt. Sie setzt sich zusammen aus:

1) derjenigen Nachfragemenge pro Zeiteinheit ($\bar{m}$), die ein Anbieter als bisher latente Nachfrage pro Zeiteinheit gewinnt (bzw. die als Nachfrage latent wird),

   und

2) derjenigen Nachfragemenge pro Zeiteinheit ($\bar{c}$), die ein Anbieter pro Zeiteinheit von seinem Konkurrenten abzieht (bzw. an ihn verliert),

wenn er seinen Preis um 1 Geldeinheit senkt (bzw. erhöht) und sein Konkurrent den Preis unverändert läßt.

Für die "direkte Preiswirkung" b [ME^2/GE] wurde die Gleichung (2) abgeleitet, z.B. für b_A:

$$b_A = m_A + c_B$$

Der Koeffizient $b_A = m_A + c_B = 4 + 6$ zeigte an, daß Anbieter A in der ganzen Periode t insgesamt 10 Mengeneinheiten mehr absetzen konnte, wenn er seinen Preis um 1 Geldeinheit senkte und B seinen Preis konstant ließ. Wie dieser Wert zustande kam, interessierte bisher nicht, wird aber jetzt bedeutsam. Deshalb wollen wir die bisherigen

---

[1] Bei Krelle ist die "Beweglichkeit der Nachfrage" anders definiert, nämlich als der "Prozentsatz der Gesamtnachfrage bei Firma 1 ..., der von ihr zur Firma 2 übergeht oder umgekehrt, im Verhältnis zur prozentualen Änderung der marktstrategischen Variablen der Firma 1 ..., die diesen Übergang veranlaßt"; W. Krelle: "Preistheorie", a.a.O., S. 8 f.

Koeffizienten a, b und c umformulieren in:

(44) $a = \bar{a} \cdot z$; $\bar{a}$ [ME/ZE]

(45) $b = \bar{b} \cdot z$; $\bar{b}$ [ME²/GE · ZE]

(46) $c = \bar{c} \cdot z$; $\bar{c}$ [ME²/GE · ZE]

Dabei gibt z die Anzahl der Zeiteinheiten an, die die Periode t umfaßt. In jeder dieser z Zeiteinheiten der Periode t möge - wie aus (45) zu entnehmen ist - die "Beweglichkeit der Nachfrage" $\bar{b}$ gleich groß sein; d.h. in jeder Zeiteinheit der Periode t strömt dem Dyopolisten bei einer Preissenkung um 1 GE die gleiche Nachfragemenge $\bar{b}$ zu, so daß er in der Periode t insgesamt die Menge $b = \bar{b} \cdot z$ gewinnt[2]).

Aufgrund obiger Überlegungen können wir dann in Verbindung mit (2) und (45) für die Beweglichkeit der Nachfrage [ME²/GE · ZE] in bezug auf Anbieter A schreiben:

(47-A) $\bar{b}_A = \bar{m}_A + \bar{c}_B$.

Dementsprechend gilt für die Beweglichkeit der Nachfrage in bezug auf Dyopolist B:

(47-B) $\bar{b}_B = \bar{m}_B + \bar{c}_A$.

Diese Ausführungen lassen bereits einen wesentlichen Tatbestand erkennen: Im Dyopol auf unvollkommenem Markte kann streng genommen *nicht* von *einer* Beweglichkeit der Nachfrager gesprochen werden. Vielmehr reagieren die Nachfrager auf eine Preisvariation des Anbieters A in einem anderen Ausmaß als auf eine entsprechende Preisvariation des Dyopolisten B. Der Grund hierfür ist in der Heterogenität der gehandelten Güter und in den damit verbundenen Präferenzen auf Seiten der Nachfrager für das eine oder das andere Gut zu suchen. So gesehen müssen also auf einem unvollkommenen Dyopolmarkt *zwei* (unterschiedliche) Beweglichkeiten der Nachfrager existieren, d.h. es muß $\bar{b}_A \neq \bar{b}_B$ sein.

Wenn im folgenden trotzdem von einer - hohen oder niedrigen - Beweglichkeit der Nachfrager gesprochen wird, so soll sich die Angabe "hoch" bzw. "niedrig" immer jeweils auf *beide* Größen $\bar{b}_A$ und $\bar{b}_B$ beziehen.

Im Zusammenhang mit der *Höhe* der Beweglichkeit der Nachfrage ist ferner zu beachten: Die Größen $\bar{b}_A$ und $\bar{b}_B$ können *stets* nur einen *endlichen* Wert und einen Wert größer als Null annehmen. Nur eine begrenzte Anzahl von Nachfragern wird aufgrund einer Preissenkung um 1 Geldeinheit zusätzlich bei A kaufen und auch nur ein begrenzter Teil der Nachfrage wird von B zu A wandern.

Vergehen nach der Preisänderung erst einige Zeiteinheiten, bevor die Nachfrager reagieren, so liegt eine zeitliche "Reaktionsverzögerung der Nachfrage" vor. Ist die Reaktionsverzögerung im Extremfall gleich Null, so besagt dies nur: Die Reaktion der Nachfrager erfolgt unendlich *schnell,* d.h. sie beansprucht praktisch *keine Zeit;*

---

[2]) Den Fall, daß der Nachfragezustrom pro ZE unterschiedlich hoch ist, hat Jacob mit einer "Strömungsfunktion" untersucht; vgl. H. Jacob: "Dynamische Oligopolpreisbildung...", a.a.O., S. 68 ff.

zwischen Preisänderung und Nachfragereaktion liegt also lediglich eine logische Sekunde. Hingegen ist die Reaktion bzw. die "Beweglichkeit der Nachfrage" auch in diesem Falle mengenmäßig eindeutig begrenzt, und zwar auf einen endlichen Wert. Dieser Wert ist obendrein in der Regel *kleiner* als die gesamte Nachfragemenge, die vor der Preissenkung des A noch von Konkurrent B befriedigt wurde.

Die Ursachen für den endlichen Wert von $\bar{b}_A$ und $\bar{b}_B$ sind in der endlichen Zahl von Nachfragern auf dem (Gesamt-) Markt und in der Heterogenität der Güter zu suchen. Denn für heterogene Güter bestehen Präferenzen auf Seiten der Nachfrager. Diese Präferenzen verhindern in der Regel selbst bei einer Reaktion der Nachfrage ohne zeitliche Verzögerung, daß A (B) sofort alle bisherigen Nachfrager des B (A) gewinnt. Es sei denn, A (B) senkt seinen Preis so stark, daß der Preis des B (A) gerade zum Prohibitiv-Preis wird. Aber sogar dann vermag A (B) nur eine *endliche* Nachfragemenge von B (A) zu gewinnen.

Da ferner durch eine Preissenkung *mindestens* latente Nachfrage ($\bar{m}$) gewonnen wird, muß mindestens gelten:

$$\bar{b}_A > 0 \quad \text{und} \quad \bar{b}_B > 0$$

Damit ist die "Beweglichkeit der Nachfrage" ihrem ökonomischen Inhalt nach beschrieben. Deshalb kann jetzt untersucht werden, wie die Beweglichkeit der Nachfrage in Bezug auf Anbieter A und Anbieter B die Dyopol-Lösung beeinflussen.

B. Unterschiedliche Wirkung der beiden Komponenten der Nachfrage-Beweglichkeit

Als Ausgangspunkt für diese Untersuchung (Modell III) sei die Bestimmungsgleichung (39-A) gewählt, die für den optimalen Preis des Anbieters A im Punkt T_A abgeleitet wurde[3]. Hierbei ist noch zu berücksichtigen, daß für die Beweglichkeit der Nachfrage gemäß Gleichung (47-A)

$$\bar{b}_A = \bar{m}_A + \bar{c}_B$$

und gemäß Gleichung (47-B)

$$\bar{b}_B = \bar{m}_B + \bar{c}_A$$

gilt. Zwei wesentliche Sachverhalte kommen hierin zum Ausdruck.

1) Diese beiden Gleichungen verdeutlichen wiederum die Interdependenzen[4]), die bereits zwischen den Bestimmungsgrößen des Absatzes von Produzent A und B bestehen: Die Beweglichkeit der Nachfrage in Bezug auf Anbieter A ($\bar{b}_A$) ist von $\bar{c}_B$ und diejenige in Bezug auf B ($\bar{b}_B$) von $\bar{c}_A$ abhängig.

[3]) Vgl. S. 98.

[4]) Siehe hierzu auch die Ausführungen über die "Interdependenzen zwischen den Preis-Absatz-Funktionen der Dyopolisten".

Dabei ist $\bar{c}_B$ ($\bar{c}_A$) einerseits ein Koeffizient der Preis-Absatz-Funktion des Konkurrenten B (A). Er gibt an, welche Nachfragemenge der Anbieter A pro Zeiteinheit von seinem Konkurrenten B abzieht bzw. an ihn verliert, wenn er seinen Preis um 1 Geldeinheit variiert.

Zum anderen stellt $\bar{c}_B$[5]) eine Komponente der Beweglichkeit der Nachfrage in Bezug auf Anbieter A dar - vgl. Gleichung (47-A) - und ist als solche über den Koeffizienten $\bar{b}_A$ in der Preis-Absatz-Funktion des A enthalten. Auf die besondere Bedeutung dieser Interdependenzen wird noch einzugehen sein.

2) Als zweiten bedeutsamen Sachverhalt lassen die Gleichungen (47-A) und (47-B) erkennen: Die Beweglichkeit der Nachfrage $\bar{b}$ ergibt sich als Summe aus zwei Größen, nämlich aus $\bar{m}$ und $\bar{c}$. Daher kann ein bestimmter Wert für die Nachfrage-Beweglichkeit (z.B. $\bar{b}_A$ = 1,0) auf unzählige Weise durch entsprechende Werte der beiden Komponenten $\bar{m}_A$ und $\bar{c}_B$ zustandekommen. Demzufolge wird bei der Frage, welchen Einfluß die Beweglichkeit der Nachfrage auf die Dyopol-Lösung besitzt, vor allem ein Umstand relevant: Die Vergrößerung (Verringerung) der Nachfrage-Beweglichkeit $\bar{b}_A$ kann beispielsweise darauf beruhen, daß
pro ZE mehr (weniger) bisher latente Nachfrage reagiert bzw. mehr (weniger) Nachfrage latent wird, also $\bar{m}_A$ größer (kleiner) wird,
oder
pro ZE mehr (weniger) Nachfrage von einem Anbieter zum anderen wechselt, also $\bar{c}_B$ größer (kleiner) wird.

Diese unterschiedlichen Ursachen für eine Variation der Beweglichkeit der Nachfrage müssen bei der folgenden Analyse streng auseinander gehalten werden.

Und nun zur Analyse selbst. Der Einfluß der Beweglichkeit der Nachfrage ($\bar{b}$) auf die Dyopol-Lösung soll an Hand der Bestimmungsgleichung (39-A-1) für den optimalen Preis $p_{A,\,TA}$

$$(39\text{-}A\text{-}1) \qquad p_{A,\,TA} = \frac{\left[\bar{a}_A + k_A\,\bar{b}_A + \dfrac{\bar{c}_A}{2\bar{b}_B}\;(\bar{a}_B + k_B\,\bar{b}_B - k_A\,\bar{c}_B)\right]\cdot z}{\left(2\bar{b}_A - \dfrac{\bar{c}_A\,\bar{c}_B}{\bar{b}_B}\right) z}$$

untersucht werden. Sie nimmt unter Berücksichtigung der Gleichungen (47-A) $\bar{b}_A = \bar{m}_A + \bar{c}_B$ und (47-B) $\bar{b}_B = \bar{m}_B + \bar{c}_A$ die Form

$$p_{A,\,TA} = \frac{z\cdot\left[\bar{a}_A + k_A\,\bar{m}_A + k_A\,\bar{c}_B + \dfrac{\bar{c}_A}{2\,(\bar{m}_B + \bar{c}_A)}\;(\bar{a}_B + k_B\bar{m}_B + k_B\bar{c}_A \cdot k_A\bar{c}_B)\right]}{z\cdot\left(2\bar{m}_A + 2\bar{c}_B - \dfrac{\bar{c}_A\,\bar{c}_B}{\bar{m}_B + \bar{c}_A}\right)}$$

[5]) Entsprechendes gilt analog für $\bar{c}_A$.

Nach einigen Umformungen erhalten wir hieraus:

$$(48\text{-}A) \quad p_{A,\,TA} = \frac{\dfrac{2\,(\overline{m}_B + \overline{c}_A)}{\overline{c}_A}\,(\overline{a}_A + k_A \overline{m}_A + k_A \overline{c}_B + \dfrac{k_B}{2}\,\overline{c}_A) + \overline{a}_B - k_A \overline{c}_B}{\dfrac{2\,(\overline{m}_B + \overline{c}_A)}{\overline{c}_A}\,(2\overline{m}_A + 2\overline{c}_B) - 2\overline{c}_B}$$

Mit Hilfe dieser Gleichung können eindeutige Aussagen darüber getroffen werden, wie eine Veränderung der Beweglichkeit der Nachfrage ($\overline{b}$) die Dyopol-Lösung, also beispielsweise den Preis $p_{A,\,TA}$, beeinflußt. Dabei sind nach den beiden Komponenten der Beweglichkeit der Nachfrage - wie oben bereits angedeutet - zwei "reine" Fälle zu unterscheiden.

Fall 1: Die Variation der Nachfrage-Beweglichkeit beruht allein auf einer Veränderung der Beweglichkeit der latenten bzw. latent werdenden Nachfrage; d.h. die Komponente $\overline{m}$ nimmt einen höheren oder niedrigeren Wert an, während die Größe $\overline{c}$ konstant bleibt. Dann erhält in Gleichung (48-A) der Ausdruck

$$\frac{2\,(\overline{m}_B + \overline{c}_A)}{\overline{c}_A}$$

mit steigendem $\overline{m}_B$ einen immer größeren Wert, und zwar stets einen Wert > 2[6]).

Gleichzeitig wächst der Wert des folgenden Klammerausdruckes im Zähler wegen des Gliedes ($k_A \overline{m}_A$) ebenfalls mit steigender Beweglichkeit der latenten bzw. latent werdenden Nachfrage. Die Werte der übrigen Glieder des Zählers bleiben unverändert. Insgesamt wird also der Zähler in Gleichung (48-A) mit steigendem (sinkendem) $\overline{m}$ größer (kleiner).

Der Wert des Nenners wird ebenfalls größer (kleiner), wenn die Beweglichkeit der latenten bzw. latent werdenden Nachfrage in Bezug auf Anbieter A und B - also $\overline{m}_A$ und $\overline{m}_B$ - steigt (sinkt).

Um nun eine Aussage darüber treffen zu können, wie sich der optimale Preis $p_{A,\,TA}$[7]) mit steigender Beweglichkeit der latenten bzw. latent werdenden Nachfrage ($\overline{m}$) verändert, muß noch analysiert werden, ob in Gleichung (48-A) der Zähler schneller wächst als der Nenner oder umgekehrt. Im Wege einer etwas komplizierten Untersuchung läßt sich eindeutig ermitteln, daß bei steigendem $\overline{m}$ immer der *Nenner schneller* wächst als der Zähler. Modell III führt damit zu dem wichtigen Ergebnis:

---

[6]) Mit sinkendem $\overline{m}_B$ nimmt der Ausdruck einen immer kleineren Wert $\geqslant 2$ an. Dabei gilt das Gleichheitszeichen nur für den ökonomisch sicherlich äußerst seltenen Grenzfall, daß $\overline{m}_B = 0$ wird, bei einer Preiserhöhung also keine latente Nachfrage entsteht.

[7]) Gleiches gilt analog für $p_{B,\,TB}$.

Je *größer* die Beweglichkeit der latenten bzw. latent werdenden Nachfrage in Bezug auf Anbieter A und B ist, um so *kleiner* ist der Preis $p_{A, TA}$ (bzw. $p_{B, TB}$), der bei kurzfristiger Gewinnmaximierung unter Preisgebundenheit und reaktions-bewußtem Verhalten die optimale Lösung darstellt. Müssen also die Dyopolisten damit rechnen, daß die Konsumenten verhältnismäßig schnell Preisveränderungen bemerken und entsprechend stark reagieren, so sind die Anbieter bei reaktions-bewußtem Verhalten gezwungen, ihre optimalen Preise ($p_{A, TA}$ bzw. $p_{B, TB}$) niedriger anzusetzen als bei geringerer Beweglichkeit der latenten bzw. latent werdenden Nachfrage.

Dieses Ergebnis von Modell III soll an Hand eines rechnerischen Beispiels an späterer Stelle noch verdeutlicht und in einen größeren Gesamtzusammenhang gestellt werden. Zuvor ist noch auf die zweite Ursache für eine Änderung der Beweglichkeit der Nachfrage einzugehen.

Fall 2: Die Variation der Nachfrage-Beweglichkeit beruht allein auf einer Veränderung der Beweglichkeit derjenigen Nachfrager, die bei einer Preisvariation von einem Anbieter zum Konkurrenten überwechseln. Die Komponente $\bar{c}$ nimmt also einen höheren oder niedrigeren Wert an, während die Größe $\bar{m}$ unverändert bleibt.

In Gleichung (48-A) wird dann mit steigendem $\bar{c}_A$ der Ausdruck

$$\frac{2\,(\bar{m}_B + \bar{c}_A)}{\bar{c}_A}$$

einen immer *kleineren* Wert annehmen.

Hingegen bleiben die beiden ersten Glieder ($\bar{a}_A + k_A \bar{m}_A$) im Klammerausdruck des Zählers konstant, während die beiden folgenden Glieder mit größerem $\bar{c}$ sogar *wachsen*. Es kann daher keine allgemein gültige Aussage darüber getroffen werden, ob im Zähler das Produkt

$$\frac{2\,(\bar{m}_B + \bar{c}_A)}{\bar{c}_A}\,(\bar{a}_A + k_A\,\bar{m}_A + k_A\,\bar{c}_B + \frac{k_B}{2}\,\bar{c}_A)$$

mit steigendem $\bar{c}$ einen größeren oder kleineren Wert erhält. Obwohl das letzte Glied ($k_A \bar{c}_B$) wegen des negativen Vorzeichens den Wert des Zählers verringert, *kann* trotzdem der Wert des Zählers bei steigendem $\bar{c}$ insgesamt größer werden. Er kann aber auch kleiner werden[8]).

Entsprechendes läßt sich zum Wert des Nenners in Gleichung (48-A) für größer werdende Werte von $\bar{c}$ sagen: Der Ausdruck

$$\frac{2\,(\bar{m}_B + \bar{c}_A)}{\bar{c}_A}$$

---

[8]) Siehe hierzu das folgende numerische Beispiel.

wird mit größerem $\bar{c}_A$ kleiner; gleichzeitig wird aber der Wert des Klammerausdruckes größer. Und das letzte Glied verringert wiederum mit steigendem $\bar{c}_B$ den Wert des Nenners. Hier zeigt sich also, daß auch der Nenner mit zunehmendem $\bar{c}$ entweder einen größeren *oder* einen kleineren Wert annehmen kann. Beides ist möglich.

Aus dem Resultat, daß die Werte von Zähler und Nenner in Gleichung (48-A) bei größer werdendem $\bar{c}$ steigen oder fallen können, ist zu folgern, daß zu einem höheren $\bar{c}$ genau so gut ein höherer wie ein niedrigerer Preis $p_{A, TA}$ gehören kann. Damit haben wir mit Hilfe von Modell III folgendes Ergebnis für die Preispolitik im Oligopol gewonnen:

Wird die Beweglichkeit der Nachfrage dadurch erhöht, daß mehr Nachfrager zwischen den Dyopolisten wechseln, wenn einer von ihnen eine Preisvariation vornimmt, so *kann* der optimale Preis $p_{A, TA}$ niedriger, er kann jedoch auch *höher* liegen. Eine *höhere* Beweglichkeit der Nachfrage führt also - im Gegensatz zu einer in der Oligopolliteratur verbreiteten Annahme[9]) - *nicht zwangsläufig* zu *niedrigeren* Gleichgewichtspreisen $p_{A, TA}$ bzw. $p_{B, TB}$.

Die abgeleiteten unterschiedlichen Einflüsse der Komponenten der Nachfrage-Beweglichkeit auf die Dyopol-Lösung sollen abschließend an Hand einiger rechnerischer Beispiele verdeutlicht werden.

C. Rechnerische Beispiele und Zusammenfassung der Ergebnisse von Modell III

Bei früheren Preis-Absatz-Funktionen und Beispielen ist stets von folgenden Werten ausgegangen worden:

(2-A-1) $\qquad b_{A1} = m_{A1} + c_{B1} = 4 + 6 = 10$

(2-B-1) $\qquad b_{B1} = m_{B1} + c_{A1} = 2 + 7 = 9$.

Wird nun - aus Gründen der Einfachheit - angenommen, daß die betrachtete Periode t genau z = 10 ZE umfaßt, so kann geschrieben werden:

(49-A-1) $\qquad b_{A1} = \bar{b}_{A1}z = 1,0 \cdot 10 = (\bar{m}_{A1} + \bar{c}_{B1})z = (0,4 + 0,6)\,10$

(49-B-1) $\qquad b_{B1} = \bar{b}_{B1}z = 0,9 \cdot 10 = (\bar{m}_{B1} + \bar{c}_{A1})z = (0,2 + 0,7)\,10$

Hieraus sind dann die bisherigen Werte für die Komponenten der Beweglichkeit der Nachfrage in Bezug auf Anbieter A und B zu entnehmen als:

$$\bar{m}_{A1} = 0,4; \quad \bar{c}_{B1} = 0,6; \quad \bar{m}_{B1} = 0,2; \quad \bar{c}_{A1} = 0,7 .$$

---

[9]) Vgl. hierzu u.a. H. Jacob: "Dynamische Oligopolpreisbildung...", a.a.O., S. 85 f. und 92 f.

Mit ihnen errechnete sich für den Lösungspunkt T_A gemäß Gleichung (39-A) ein optimaler Preis des Anbieters A in Höhe von

$$p_{A, TA, 1} = 7,48\ [10]).$$

Wie beeinflußt nun eine höhere Beweglichkeit der Nachfrage von beispielsweise

und

$$\bar{b}_{A2} = 1,1 > 1,0 = \bar{b}_{A1}$$

$$\bar{b}_{B2} = 1,2 > 0,9 = \bar{b}_{B1}$$

den Preis $p_{A, TA}$ und damit die Dyopol-Lösung? In den vorangegangenen Abschnitten wurde herausgearbeitet, daß zur Beantwortung dieser Frage auf die Komponenten der Nachfrage-Beweglichkeit eingegangen werden muß.

Fall 1: Die Erhöhung der Beweglichkeit der Nachfrage ($\bar{b}$) beruht allein auf einer größeren Beweglichkeit der latenten bzw. latent werdenden Nachfrage ($\bar{m}$); im Beispiel gilt dann:

(49-A-2) $\bar{b}_{A2} z = 1,1 \cdot 10 = (\bar{m}_{A2} + \bar{c}_{B1}) z = (0,5 + 0,6)\ 10$

(49-B-2) $\bar{b}_{B2} z = 1,2 \cdot 10 = (\bar{m}_{B2} + \bar{c}_{A1}) z = (0,5 + 0,7)\ 10$

Es ist also:

$$\bar{m}_{A2} = 0,5 > 0,4 = \bar{m}_{A1};$$

$$\bar{m}_{B2} = 0,5 > 0,2 = \bar{m}_{B1};$$

und $\bar{c}_{B1} = \text{const.};\quad \bar{c}_{A1} = \text{const.}$

In diesem Falle errechnet sich gemäß Gleichung (39-A-1) ein optimaler Preis des Anbieters A von

$$p_{A, TA, 2} = 6,19.$$

Fall 2: Die Erhöhung der Nachfrage-Beweglichkeit ist allein zurückzuführen auf einen höheren Wert $\bar{c}$, d.h. mehr Nachfrager als zuvor wechseln zwischen den Konkurrenten, wenn einer von ihnen seinen Preis variiert. Im Beispiel muß dann sein:

(49-A-3) $\bar{b}_{A2} z = 1,1 \cdot 10 = (\bar{m}_{A1} + \bar{c}_{B2}) z = (0,4 + 0,7)\ 10$

(49-B-3) $\bar{b}_{B2} z = 1,2 \cdot 10 = (\bar{m}_{B1} + \bar{c}_{A2}) z = (0,2 + 1,0)\ 10$.

---

[10]) Vgl. hierzu auch die Ausführungen und Rechnungen zur Bestimmung der Gleichgewichtspunkte T_A und T_B in Modell I.

Jetzt gilt also:

$$\bar{m}_{A1} = \text{const.}; \quad \bar{m}_{B1} = \text{const.}$$

$$\bar{c}_{B2} = 0,7 > 0,6 = \bar{c}_{B1}$$

$$\bar{c}_{A2} = 1,0 > 0,7 = \bar{c}_{A1}$$

Unter Zugrundelegung dieser Werte für die Komponenten der Beweglichkeit der Nachfrage ist nach Gleichung (39-A-1) ein Preis von

$$p_{A,\,TA,\,3} = 7,64$$

zu errechnen.

Ein Vergleich der gewonnenen Resultate zeigt:

$$p_{A,\,TA,\,2} = 6,19 < p_{A,\,TA,\,1} = 7,48 < p_{A,\,TA,\,3} = 7,64 \;.$$

Hieraus ist zweierlei abzulesen:

1. Wie die allgemeinen Analysen bereits aufgedeckt haben, so verdeutlichen die Ergebnisse der Beispiele, daß eine *höhere* Beweglichkeit der Nachfrage ($\bar{b}_2 > \bar{b}_1$) *nicht grundsätzlich* zu einem *niedrigeren* Preis $p_{A,\,TA}$ führt. Nur aus der größeren Beweglichkeit der latenten bzw. latent werdenden Nachfrage ($\bar{m}_2 > \bar{m}_1$) resultiert im Beispiel ein niedrigerer Preis $p_{A,\,TA,\,2} < p_{A,\,TA,\,1}$. Dahingegen ergibt sich für eine höhere Beweglichkeit der Nachfrage, die allein darauf beruht, daß mehr Nachfrager als zuvor ($\bar{c}_2 > \bar{c}_1$) zwischen Anbieter A und B bei Preisvariation wechseln, im Beispiel sogar ein *höherer* Gleichgewichtspreis $p_{A,\,TA,\,3} > p_{A,\,TA,\,1}$.

2. Zu ein und derselben Beweglichkeit der Nachfrage in Bezug auf Anbieter A ($\bar{b}_{A2} = 1,1$) und Anbieter B ($\bar{b}_{B2} = 1,2$) gehören ganz unterschiedliche Optimal-Preise ($p_{A,\,TA,\,2} \neq p_{A,\,TA,\,3}$): Je nach den Werten ihrer Komponenten $\bar{m}$ und $\bar{c}$, aus denen sich der Wert für $\bar{b}$ zusammensetzt, liegen die Gleichgewichtspreise höher oder niedriger. Im Beispiel können sie zwischen $p_{A,\,TA,\,2} = 6,19$ und $p_{A,\,TA,\,3} = 7,64$ variieren. Hierin zeigt sich einmal mehr, welche Bedeutung die Komponenten der Nachfrage-Beweglichkeit für die Dyopol-Lösung besitzen.

Damit haben wir den Einfluß der Beweglichkeit der Nachfrage auf die Dyopol-Lösung analysiert. Diese Analyse war nur möglich, weil zuvor die Interdependenzen zwischen den Koeffizienten von oligopolistischen Preis-Absatz-Funktionen beschrieben und anschließend deren Zusammenhang mit der Beweglichkeit der Nachfrage herausgearbeitet wurden. Deshalb konnten auch die beiden Komponenten der Nachfrage-Beweglichkeit "entdeckt" werden. Dies wiederum ermöglichte, ihre unterschiedliche Wirkung auf die optimalen Preise im Dyopol auf unvollkommenem Markt bei Preisgebundenheit nachzuweisen.

Kapitel 4

Optimale Preisstrategie bei Reaktionsverzögerung der Konkurrenten (Modell IV)

A. Ausgangslage und Problemstellung

In den bisherigen Modellen I bis III hatten wir angenommen, daß die Planungsperiode bei beiden Anbietern gleich viele Zeiteinheiten umfaßt ($z_A = z_B$) und daß ferner beide Planungsperioden zeitlich zusammenfallen, d.h. im gleichen Zeitpunkt beginnen.

Im folgenden Modell IV soll deshalb einmal untersucht werden, wie die optimale Preisstrategie im Dyopol zu bestimmen ist, wenn die *Planungsperioden* der beiden Konkurrenten *zeitlich auseinanderfallen.* Beispielsweise möge die betrachtete Periode t mit der Planungsperiode des Unternehmens A übereinstimmen; A kann zu Beginn der Periode t seinen Preis erneut variieren. Dahingegen beginnt die neue Planungsperiode des B erst nach y_B-Zeiteinheiten der Periode t; so lange ist B noch an seinen Preis aus der Vorperiode t-1 gebunden. Dieses zeitliche Auseinanderfallen der Planungsperioden von A und B ist in Abb. 8 skizziert:

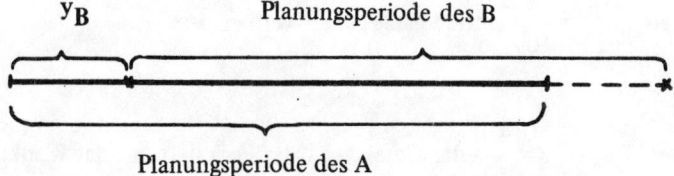

y_B Planungsperiode des B

Planungsperiode des A

Abb. 8

Im Modell IV wird wiederum angenommen, daß die Dyopolisten zeitliche Preisgebundenheit - für die Dauer ihrer Planungsperiode - zu beachten haben. Dann wird das zeitliche Auseinanderfallen ihrer Planungsperioden aus folgendem Grunde bedeutsam: Der zuerst agierende Unternehmer (A) wird bei seiner Preisstrategie berücksichtigen, daß sein Konkurrent (B) erst nach Ablauf einer bestimmten Frist (y_B-Zeiteinheiten) reagieren kann. Die Reaktion des Konkurrenten erfolgt mit einer *zeitlichen Verzögerung.* In dem Zeitraum *bis* zur Reaktion des Konkurrenten hängt der Gewinn des agierenden Unternehmens (A) daher nur von der Ausgangspreiskombination ($p_{A,\,0}$; $p_{B,\,0}$) und seinem eigenen Aktionspreis ($p_{A,\,t}$) ab. Nach der Konkurrenten-Reaktion wird in der restlichen Zeit der betrachteten Periode t - die bis zum Zeitpunkt unmittelbar vor der nächsten Preisvariation des A ($p_{A,\,t+1}$) läuft - der Gewinn auch durch den Konkurrenzpreis ($p_{B,\,t}$) bestimmt.

Wie in unseren bisherigen Modellen sollen die Dyopolisten auch im Modell IV nach kurzfristiger Gewinnmaximierung streben. Anbieter A^1) betrachtet also nur die *eine* Periode t bis zum Zeitpunkt der nächsten möglichen Preisvariation ($p_{A, t+1}$) und versucht, den Gewinn für diese *eine* Periode t zu maximieren. Dabei wird der Einfluß des in der Periode t zu setzenden Preises $p_{A, t}$ auf den Preis ($p_{A, t+1}$) und den Gewinn der Folgeperiode (t+1) - und umgekehrt - *nicht* berücksichtigt. Nur unter dieser Voraussetzung bleiben wir noch im Prämissenfeld einer statischen Dyopoltheorie, die es hier zunächst zu entwickeln gilt^2).

Die Problemstellung von Modell IV lautet demnach: Welchen Preis $p_{A, t}$ muß Anbieter A setzen, um in der Periode t bei zeitlicher *Reaktionsverzögerung des Konkurrenten* seinen Gewinn zu maximieren? Dabei hat er zu beachten, daß sein Gewinn sich zusammensetzt aus:

1. dem Teilgewinn $G_{A,1}$ für den Zeitraum *vor* Reaktion des Konkurrenten und

2. dem Teilgewinn $G_{A, 2}$ für den Zeitraum *nach* (verzögerter) Konkurrenten-Reaktion.

Zur Bestimmung des optimalen Aktions-Preises $p_{A, t}$ muß zunächst noch bekannt sein, wie groß die zeitliche Verzögerung der Konkurrenten-Reaktion ist. Die Zeit, die vergeht, bis Konkurrent B reagiert, wird dabei zweckmäßigerweise in Bruchteilen der gesamten Zeit der Periode t angegeben: Die zugrunde gelegte Periode t umfasse beispielsweise z_A = 10 Zeiteinheiten (z.B. Tage oder Wochen). Reagiert Konkurrent B auf eine Preisvariation des A - zu Beginn der Periode t - mit einer Verzögerung von y_B = 4 Zeiteinheiten, also zu Beginn der 5. Zeiteinheit, so kann die zeitliche Reaktions-verzögerung als $\dfrac{y_B}{z_A} = \dfrac{4}{10}$ Periode angegeben werden.

Dies bedeutet: Für $\dfrac{y_B}{z_A}$ (= $\dfrac{4}{10}$) der Gesamtzeit der Periode t gilt der Konkurrenzpreis $p_{B, 0}$ der Ausgangspreiskombination. Dementsprechend lautet in dieser Zeit die Teil-Gewinnfunktion des Anbieters A analog Gleichung (32-A):

$$G_{A, 1} = \frac{y_B}{z_A} \left[(a_A - b_A \, p_{A, t} + c_A \, p_{B, 0}) \; (p_{A, t} - k_A) - f_A \right] \, .$$

Für die restliche Zeit $(1 - \dfrac{y_B}{z_A})$ der Periode t hängt der Gewinn des A auch von dem

---

^{1}) Entsprechendes gilt analog für Konkurrent B.

^{2}) Die Prämisse kurzfristiger, ein-periodiger Gewinnmaximierung wird später (vgl. Teil 3) aufgehoben. Wir gelangen damit zur d y n a m i s c h e n Oligopoltheorie, in der die Beziehungen zwischen $p_{A, t}$ und $p_{A, t+1}$ berücksichtigt werden.

Reaktionspreis $p_{B,t}$ des Konkurrenten B auf seinen eigenen Preis $p_{A,t}$ ab:

$$G_{A,2} = (1 - \frac{y_B}{z_A}) \cdot \left[\; (a_A - b_A \, p_{A,t} + c_A \, p_{B,t}) \, (p_{A,t} - k_A) - f_A \right] .$$

Der zu maximierende Gesamtgewinn G_A wird also durch die Gewinngleichung (50-A) beschrieben:

$$(50\text{-}A) \qquad G_A = G_{A,1} + G_{A,2}$$

$$= \frac{y_B}{z_A} \cdot \left[(a_A - b_A \, p_{A,t} + c_A \, p_{B,0}) \, (p_{A,t} - k_A) - f_A \right]$$

$$+ (1 - \frac{y_B}{z_A}) \cdot \left[(a_A - b_A \, p_{A,t} + c_A \, p_{B,t}) \, (p_{A,t} - k_A) - f_A \right] .$$

B. Die Entscheidungssituation von Modell IV als Grenzfall zwischen statischem und dynamischem Dyopol-Problem

Der optimale Aktions-Preis $p_{A,t}$, der den Gewinn G_A in Gleichung (50-A) maximiert, kann nur bestimmt werden, wenn Anbieter A weiß, welchen Reaktions-Preis $p_{B,t}$ sein Konkurrent B setzen wird. Mithin ist der optimale Aktions-Preis $p_{A,t}$ abhängig vom Reaktions-Preis $p_{B,t}$. Es gilt also, Anhaltspunkte für die Höhe des Reaktions-Preises $p_{B,t}$ zu gewinnen.

Wegen der unterstellten vollkommenen Information kennt Anbieter A zunächst die Zielsetzung des Konkurrenten B, der ebenfalls nach kurzfristiger, ein-periodiger Gewinnmaximierung strebt. Hierauf aufbauend wird Anbieter A versuchen, sich die Gewinnfunktion seines Konkurrenten B mit Hilfe folgender Überlegungen abzuleiten:

Setzt er (A) zu Beginn der Periode t den Preis $p_{A,t}$, so ist er - voraussetzungsgemäß - für die gesamte Periode t an diesen Preis $p_{A,t}$ gebunden. Dies weiß Konkurrent B. Dementsprechend wird B auf den Aktions-Preis $p_{A,t}$ reagieren; sein Reaktions-Preis $p_{B,t}$ ist also abhängig von $p_{A,t}$. Wegen der zeitlich auseinanderfallenden Planungs-perioden ragt aber die von Konkurrent B betrachtete Periode auch noch um $\frac{y_B}{z_A}$-Periode in die Folgeperiode t+1 des Anbieters A hinein. Da nun Anbieter A zu Beginn von Periode t+1 einen neuen Preis $p_{A,t+1}$ setzen könnte, hängt der Preis $p_{B,t}$ bei reaktions-bewußtem Verhalten des B auch von diesem Preis $p_{A,t+1}$ ab. Die Gewinnfunktion des B lautet demnach allgemein:

$$(51\text{-}B) \qquad G_B = G_{B,1} + G_{B,2}$$

$$= (1 - \frac{y_B}{z_A}) \left[(a_B - b_B \, p_{B,t} + c_B \, p_{A,t}) \, (p_{B,t} - k_B) - f_B \right]$$

$$+ \frac{y_B}{z_A} \left[(a_B - b_B \, p_{B,t} + c_B \, p_{A,t+1}) \, (p_{B,t} - k_B) - f_B \right] .$$

Um nun den optimalen Reaktions-Preis $p_{B,\,t}$ bestimmen zu können, müßte also Konkurrent B neben $p_{A,\,t}$ auch noch den zukünftigen Preis $p_{A,\,t+1}$ kennen.

Damit wird eine typische *dynamische* Relation offenkundig; denn beispielsweise der Aktions-Preis $p_{A,\,t}$ hängt vom Reaktions-Preis $p_{B,\,t}$ und dieser wiederum von $p_{A,\,t+1}$ ab, so daß letztlich auch $p_{A,\,t}$ von $p_{A,\,t+1}$ abhängt (und umgekehrt). Mithin besteht eine Beziehung zwischen den Preisen verschiedener Perioden. Oder anders ausgedrückt: Die Gewinnfunktion des A (B) enthält Variable (Preise), die sich auf verschiedene Perioden beziehen. Sie ist demnach eine dynamische Funktion[3]). Das Maximum dieser Gewinnfunktionen läßt sich deshalb nur im Rahmen einer *dynamischen*, d.h. mehrperiodigen Analyse ableiten. In einer solchen Mehr-Perioden-Analyse müssen die optimalen Preise für mehrere Perioden *simultan* bestimmt werden. Allerdings - und darauf kommt es hier an - ist eine Mehr-Perioden-Analyse nur sinnvoll, wenn die Dyopolisten nach mehr-periodiger, d.h. *langfristiger* Gewinnmaximierung streben; nur dann beziehen sie bei vollkommener Information[4]) die Preise mehrerer Perioden in ihr Entscheidungskalkül ein.

In dem hier zu behandelnden Modell IV sollen die Dyopolisten jedoch nach kurzfristiger, *ein-periodiger* Gewinnmaximierung streben. Damit bewegt sich Modell IV einerseits noch im Prämissenfeld einer *statischen* Dyopoltheorie, die grundsätzlich eine Ein-Perioden-Analyse ist[5]). Andererseits erhalten wir durch die zeitlich auseinanderfallenden Planungsperioden von A und B bzw. die Reaktionsverzögerung des Konkurrenten B im Modell IV - wie oben beschrieben - eine *dynamische* Gewinnfunktion.

Die Entscheidungssituation von Modell IV stellt somit den Grenzfall zwischen einem statischen und einem dynamischen Dyopol-Problem dar.

Um dieses Problem im Rahmen einer dynamischen Analyse lösen zu können, müßte die Prämisse kurzfristiger Gewinnmaximierung aufgehoben werden. An ihre Stelle müßte die Zielsetzung mehr-periodiger, d.h. langfristiger Gewinnmaximierung treten. Die optimale Preispolitik bei langfristiger Gewinnmaximierung soll jedoch erst später - in Teil 3 (Modelle V bis VII) - abgeleitet werden.

Zuvor wollen wir hier das Modell IV noch im Prämissenfeld einer statischen Theorie zu behandeln versuchen. Dazu muß die dynamische Gewinnfunktion (50-A) bzw. (51-B) in eine statische transformiert werden. Dies kann - im Zusammenhang mit der Prämisse kurzfristiger, ein-periodiger Gewinnmaximierung durch eine einzige Arbeits-

---

[3]) Vgl. hierzu unsere Ausführungen in Teil 1, Kap. 3.

[4]) Bei un-vollkommener Information (Unsicherheit) ist die Einbeziehung mehrerer (Vergangenheits-) Preise auch bei kurzfristiger Gewinnmaximierung sinnvoll, wenn damit versucht wird, im Wege eines "Lernprozesses" die Konkurrenten-Reaktion abzuschätzen. Vgl. hierzu Teil 3, Kap. 3.

[5]) Siehe hierzu unsere früheren Erörterungen über die Prämissen statischer Oligopoltheorien in Teil 1, Kap. 3.

hypothese geschehen[6]): Der Konkurrent orientiert sich bei der Festlegung seines Reaktions-Preises $p_{B,\,t}$ nur am Aktions-Preis $p_{A,\,t}$, nicht zusätzlich am zukünftigen Preis $p_{A,\,t+1}$ des A. Konkurrent B erwartet mithin keine (weitere) Reaktion des Anbieters A. Er geht davon aus, daß $p_{A,\,t+1} = p_{A,\,t}$ sein wird und maximiert unter dieser Prämisse seinen (ein-periodigen) Gewinn. Auf die Konsequenz dieser Prämisse und die Kritik an ihr müssen wir noch ausführlich zurückkommen.

Zunächst einmal sei untersucht, wie sich durch diese Prämisse $p_{A,\,t+1} = p_{A,\,t}$ die Gewinnfunktion des B verändert. Sie nimmt - statt einer dynamischen Form (51-B) - die bekannte statische Gestalt (33-B) an:

$$G_B = (a_B - b_B \cdot p_{B,\,t} + c_B \cdot p_{A,\,t})\,(p_{B,\,t} - k_B) - f_B\;.$$

Da im Modell IV auch der Konkurrent B nach kurzfristiger, einperiodiger Gewinnmaximierung strebt und außerdem zeitliche Preisgebundenheit der Dyopolisten zu beachten hat, gilt: Zu dem Aktions-Preis $p_{A,\,t}$ kann Konkurrent B seinen größten Gewinn nur durch eine Reaktion gemäß seiner Cournot-Kammlinie L_B erreichen[7]). Für seinen optimalen Reaktions-Preis $p_{B,\,t}$ im Modell IV ergibt sich mithin:

(52-B-1)
$$p_{B,\,t} = \frac{a_B}{2b_B} + \frac{k_B}{2} + \frac{c_B}{2b_B}\,p_{A,\,t}$$

für alle Preise $p_{A,\,t}$, die die Bedingung

(3-A-1)
$$x_A = a_A - b_A \cdot p_{A,\,t} + c_A \cdot p_{B,\,t} > 0$$

erfüllen; ist jedoch

(3-A-2)
$$x_A = a_A - b_A \cdot p_{A,\,t} + c_A \cdot p_{B,\,t} = 0\;,$$

so bestimmt sich der optimale Reaktionspreis $p_{B,\,t}$ bis zum Preis $p_{B,\,c}$ nach

(52-B-2)
$$p_{B,\,t} = -\frac{a_A}{c_A} + \frac{b_A}{c_A}\,p_{A,\,t}\;;$$

anschließend ist gemäß

(52-B-3)
$$p_{B,\,t} = p_{B,\,c}\;\;{}^{8}).$$

---

[6]) Deshalb greift man in der Literatur so häufig zu der Annahme, daß der Konkurrent sich "reaktions-indifferent" verhält. So führt auch H. Jacob einen Teil seiner Analysen unter dieser Prämisse "reaktions-indifferenten Verhaltens" durch; dabei legt er seinen Beispielen häufiger zeitlich auseinanderfallende Planungsperioden zugrunde; vgl. H. Jacob: "Dynamische Oligopolpreisbildung...", a.a.O., S. 74 ff, 95 ff u. 148 ff.

[7]) Vgl. hierzu die Analyse und Ergebnisse von Teil 2, Kap. 1.

[8]) Siehe hierzu die Ausführungen über die Kammlinien, insbesondere ihre beiden Knicke.

Hiermit schließt sich die Gedankenkette: Der Anbieter A kennt wegen der unterstellten vollkommenen Information die Gleichungen (52-B) für den optimalen Reaktions-Preis $p_{B,t}$ des Konkurrenten B. Daher kann Anbieter A sie berücksichtigen, wenn er seinen Aktions-Preis $p_{A,t}$ bestimmt. Wie A dabei vorgeht und welche Preisstrategie er letztlich ergreift, sollen die folgenden Abschnitte zeigen.

C. Die Aktions-Preis-Gleichung

I.   Zur Ableitung der Aktions-Preis-Gleichung

Aus den bisherigen Überlegungen folgt: Anbieter A wird bei der Bestimmung seines optimalen Aktions-Preises $p_{A,t}$ eine Reaktion des Konkurrenten B gemäß der Cournot-Kammlinie L_B berücksichtigen. Zu diesem Zwecke setzt Anbieter A die Gleichung (52-B-1) für den Reaktionspreis $p_{B,t}$ in seine Gewinnfunktion (50-A) ein[9]). Er erhält dann:

$$(53\text{-}A)\quad G_A = \frac{y_B}{z_A}\left[(a_A - b_A\,p_{A,t} + c_A\,p_{B,0})\,(p_{A,t} - k_A) - f_A\right]$$

$$+\,(1-\frac{y_B}{z_A})\left[\left\{a_A - b_A\,p_{A,t} + c_A\,(\frac{a_B}{2b_B} + \frac{k_B}{2} + \frac{c_B}{2b_B}\,p_{A,t})\right\}\right.$$

$$\left.(p_{A,t} - k_A) - f_A\right].$$

Um den optimalen Aktions-Preis $p_{A,t}$ zu bestimmen, der den Gewinn in Gleichung (53-A) maximiert, ist sie nach $p_{A,t}$ zu differenzieren und die 1. Ableitung gleich Null zu setzen. Dies führt zur "Aktions-Preis-Gleichung" (54-A-1) des Anbieters A:

$$(54\text{-}A\text{-}1)\ p_{A,t,1} = \frac{a_A + b_A k_A + (1-\frac{y_B}{z_A})\left[\frac{c_A}{2b_B}(a_B + k_B b_B k_A c_B)\right] + \frac{y_B}{z_A}c_A p_{B,0}}{2b_A - \frac{c_A\,c_B}{b_B}(1-\frac{y_B}{z_A})}$$

Für unser Beispiel - bei einer Reaktionsverzögerung von $\frac{y_B}{z_A} = \frac{4}{10}$-Periode - errechnet sich:

$$p_{A,t,1} = \frac{52,41}{8,6} + \frac{1,4}{8,6}\,p_B.$$

---

[9]) Wir können uns darauf beschränken, für den Reaktionspreis $p_{B,t}$ nur Kammlinien-Gleichung (52-B-1) - und nicht auch einmal Gleichung (52-B-2) oder (52-B-3) - in die Gewinnfunktion (50-A) einzusetzen. Denn Anbieter A wird nur solche Aktions-Preise $p_{A,t}$ fordern, für die gilt: $0 \leqslant p_{A,t} \leqslant p_{Ah}\,(p_{B,m})$. Mit höheren Aktions-Preisen $p_{A,t} \geqslant p_{Ah}\,(p_{B,m})$, auf die Konkurrent B gemäß Gleichung (52-B-2) bzw. (52-B-3) reagieren würde, würde sich Anbieter A selbst aus dem Markt manövrieren ($x_A = 0$).

Die "Aktions-Preis-Gleichung" (54-A-1) gilt für alle Ausgangspreise $p_{B,TA} \leqslant p_{B,0} \leqslant p_{Bh}(p_{A,t,1})$. Dabei determiniert $p_{Bh}(p_{A,t,1})$ denjenigen Konkurrenzpreis p_B, bei dem die Aktions-Preis-Kurve (54-A-1) die Kurve prohibitiver Preise $p_{Bh}(p_A)$ schneidet. In unserem Beispiel ergibt sich $p_{Bh}(p_{A,t,1})$ aus Gleichung (54-A-1) und (38-A-2) als:

$$p_{A,t,1} = p_A(p_{Bh})$$

$$\frac{52,41}{8,6} + \frac{1,4}{8,6} p_B = -\frac{50}{6} + \frac{9}{6} p_B$$

$$p_{Bh}(p_{A,t,1}) = 10,8$$

Ökonomisch bedeutet $p_{Bh}(p_{A,t,1}) = 10,8$: Bei einem Ausgangspreis $p_{B,0} = 10,8$ bewirkt der zugehörige optimale Aktions-Preis ($p_{A,t,1} = 7,85$), den Anbieter A gemäß Gleichung (54-A-1) fordert, daß dieser Ausgangspreis $p_{B,0}$ *gerade* zum *Prohibitiv-Preis* $p_{B,0} = p_{Bh}(p_{A,t,1})$ wird. Graphisch gesehen liegt für alle Preise $p_{B,0} < p_{Bh}(p_{A,t,1})$ der optimale Aktions-Preis $p_{A,t}$ *oberhalb* desjenigen Preises p_A, bei dem die N_{A}-$p_{B,0}$ -Kurve in die "Monopol-Kurve" N_{A}-$p_{B,h}$ mündet; der "Knick" der Nachfragekurve wird also - insbesondere für die Differentiation der Gewinnfunktion (53-A) - nicht relevant. Bei $p_{B,0} = p_{Bh}(p_{A,t,1})$ hingegen fordert A einen Aktions-Preis, der genau *im* Knick der Preis-Absatz-Kurve (N_{A}-$10,8$) zum Preis $p_{B,0} = 10,8$ gelegen ist.

Demzufolge muß für höhere Ausgangspreise $p_{B,0} > p_{Bh}(p_{A,t,1})$ beachtet werden: In diesen Situationen wird sich Anbieter A für $\frac{y\,B}{z\,A}$-Periode einigen Nachfragekurven gegenübersehen, die ihren "Knick" *genau im optimalen Preisbereich* aufweisen. Die Gewinnfunktion, die zu einer derartig geknickten Preis-Absatz-Kurve gehört, kann wegen des Knickes nicht differenziert werden. Es läßt sich jedoch - z.B. graphisch - eindeutig nachweisen, daß für bestimmte[10]) Preise $p_{B,0} > p_{Bh}(p_{A,t,1})$ der optimale Aktions-Preis $p_{A,t}$ genau im Knick der Nachfragekurve liegt. Für diese Ausgangspreise $p_{B,0} > p_{Bh}(p_{A,t,1})$ können wir mithin die optimalen Aktionspreise $p_{A,t,2}$ bestimmen, indem wir die Nachfragekurve N_{A}-p_B und die "Monopol-Kurve" N_{A}-p_{Bh} zum Schnitt bringen. Wir erhalten aus der Bedingung

$$x_A = x_{A,M}$$

mit Hilfe der Gleichungen (3-A) für x_A und (23-A) für $x_{A,M}$:

$$a_A - b_A \cdot p_{A,t} + c_A \cdot p_{B,t} = a_A + \frac{c_A a_B}{b_B} - p_{A,t} \cdot b_A + p_{A,t} \cdot \frac{c_A c_B}{b_B}.$$

---

[10]) Für welche Preise $p_{B,0} > p_{\bar{B}h}(p_{A,t,1})$ dies gilt, zeigen die folgenden Ausführungen.

Hieraus läßt sich die "Aktions-Preis-Gleichung" (54-A-2) gewinnen:

(54-A-2)
$$p_{A, t, 2} = \cfrac{\dfrac{c_A\, a_B}{b_B} - c_A\, p_B}{-\dfrac{c_A\, c_B}{p_B}} = -\frac{a_B}{c_B} + \frac{b_B}{c_B}\, p_B \ .$$

Folgerichtig zeigt sich: Die "Aktions-Preis-Gleichung" (54-A-2) entspricht voll der Prohibitiv-Preis-Gleichung (19-B). Sie lautet im Beispiel:

$$p_{A, t, 2} = -\frac{50}{6} + \frac{9}{6}\, p_B \ .$$

Es bleibt noch zu bestimmen, für welche Ausgangspreise $p_{B, 0} > p_{Bh}\, (p_{A, t, 1})$ die "Aktions-Preis-Gleichung" (54-A-2) gilt. Hierfür wenden wir uns zunächst einem Ausgangspreis $p_{B,0}$ zu, der so hoch ist, daß er - bis zur Reaktion des B - sogar zum Cournot-Preis $p_{A,\, c}$ prohibitiv wird. Bei einem derartigen Preis $p_{B,\, 0} > p_{Bh}\, (p_{A,\, c})$ muß Anbieter A für $\frac{y_B}{z_A}$-Periode, d.h. für die Zeit der Reaktionsverzögerung, die "Monopol-Kurven"-Gleichung (23-A) - statt der Preis-Absatz-Funktion (3-A) - in seine Gewinnfunktion (53-A) einsetzen. Aus der dann zu maximierenden Zielfunktion erhält Unternehmer A durch Differentiation nach $p_{A,\, t}$ und Nullsetzen der 1. Ableitung die "Aktions-Preis-Gleichung" (54-A-3):

$$p_{A, t, 3} = \cfrac{a_A + k_A b_A + \left(1 - \dfrac{y_B}{z_A}\right)\dfrac{c_A}{2b_B}\, k_B b_B + \left(1 + \dfrac{y_B}{z_A}\right)\left[\dfrac{c_A}{2b_B}\,(a_B - k_A c_B)\right]}{2b_A - \dfrac{c_A c_B}{b_B}\left(1 + \dfrac{y_B}{z_A}\right)}$$

Im Beispiel errechnet sich:

$$p_{A, t, 3} = 8,52$$

In einem letzten Schritt brauchen wir nur noch zu bestimmen, welcher Ausgangspreis $p_{B,\, 0}$ zu dem Preis $p_{A,\, t,\, 3}$ (= 8,52) bereits prohibitiv wird. Zu diesem Zwecke setzen wir $p_{A,\, t,\, 3}$ = 8,52 in die Prohibitiv-Preis-Gleichung (19-B) ein und erhalten:

$$p_{Bh}\, (p_{A,\, t,\, 3}) = \frac{50}{9} + \frac{6}{9} \cdot 8,52 = 11,24 \ .$$

Hiermit haben wir auch die Frage beantwortet, für welche Ausgangspreise $p_{B,\, 0}$ die optimalen Aktions-Preise nach Gleichung (54-A-2) zu ermitteln sind: Aktions-Preis-Gleichung (54-A-2) gilt für alle Ausgangspreise $p_{Bh}\, (p_{A,\, t,\, 1}) < p_{B,\, 0} \leqslant p_{Bh}\, (p_{A,\, t,\, 3})$.

Für Ausgangspreise $0 \leqslant p_{B,0} \leqslant p_{Bh} \, (p_{A,t,1})$ sind die optimalen Aktionspreise nach Gleichung (54-A-1) und für $p_{B,0} > p_{Bh} \, (p_{A,t,3})$ gemäß Gleichung (54-A-3) zu bestimmen.

Damit haben wir die "Aktions-Preis-Gleichungen" (54-A-1), (54-A-2) und (54-A-3) - sowie ihre Gültigkeitsbereiche - exakt abgeleitet. Sie geben dem Dyopolisten A an, welchen Preis er in Abhängigkeit von Reaktionsverzögerung $(\frac{y_B}{z_A})$ und Ausgangspreis $p_{B,\,0}$ fordern muß, wenn er durch eine Aktion zu Beginn der Periode seinen Gewinn zu maximieren sucht.

Wir wollen diese "Aktions-Preis-Gleichungen" und die durch sie bestimmten Aktions-Preise $p_{A,\,t}$ im folgenden noch etwas näher analysieren.

II. Einfluß des Umfangs der Reaktionsverzögerung auf den Aktions-Preis

Wie die Gleichungen (54-A) erkennen lassen, ist der optimale Aktions-Preis $p_{A,\,t}$ von dem Umfang der Reaktionsverzögerung $(\frac{y_B}{z_A})$ abhängig. Kann beispielsweise Konkurrent B erst nach $y_B = 4$ Zeiteinheiten reagieren, weil seine Planungsperiode um diese Zeitdauer von der Planungsperiode t des A abweicht, und gilt der Ausgangspreis $p_{B,\,0} = 10$, so errechnet sich für $p_{A,\,t}$ mit Hilfe von (54-A-1) bei $z_A = 10$:

$$p_{A,\,t} = 7{,}72 \; .$$

Ist die Reaktionsverzögerung (noch) größer, d.h. vermag Konkurrent B erst zu Beginn der 7. Zeiteinheit $(y_B = 6)$ zu reagieren, so beläuft sich der optimale Aktions-Preis auf $p_{A,\,t} = 8{,}155$. Der Vergleich zeigt: Je größer die Reaktionsverzögerung des Konkurrenten B bzw. die zeitliche Verschiebung der Planungsperioden ist, um so höher ist der optimale Aktions-Preis $p_{A,\,t}$.

Allgemein läßt sich aus den Aktions-Preis-Gleichungen (54-A) folgendes Ergebnis ableiten: Die optimalen Aktions-Preise $p_{A,\,t}$ sind bei zeitlicher Preisgebundenheit *mit* Reaktionsverzögerung des Konkurrenten B grundsätzlich *andere* als der optimale Preis $p_{A,\,TA}$ (= 7,48), den der Anbieter A bei zeitlicher Preisgebundenheit *ohne* Reaktionsverzögerung des B fordert. Den Beweis hierfür können wir durch die Analyse zweier Grenzfälle erbringen:

Für den einen Grenzfall, daß die Reaktionsverzögerung des B so groß ist, daß B in der betrachteten Periode t gar nicht reagiert, also $y_B = z_A$ ist, gilt: Der Ausdruck $(1 - \frac{y_B}{z_A})$ in Zähler und Nenner der Aktions-Preis-Gleichung (54-A-1) nimmt den Wert Null an; demzufolge fallen das dritte Glied des Zählers und das zweite Glied des Nenners in Gleichung (54-A-1) weg. Sie reduziert sich auf die Gleichung:

$$p_{A,\,t} = \frac{a_A + b_A k_A + c_A p_{B,0}}{2b_A} \; ;$$

diese Gleichung stellt aber nichts anderes dar als die Kammlinien-Gleichung (38-A-1) des Anbieters A. Ganz analog nimmt die Aktions-Preis-Gleichung (54-A-3) bei $y_B = z_A$ eine Form an, die identisch ist mit der Kammlinien-Gleichung (38-A-3). Und (54-A-2) entspricht ohnehin exakt (38-A-2). Mithin gilt: Bei *konstantem* Preis $p_{B,0}$ liegen die optimalen Preise des A auf seiner Kammlinie L_A; damit gilt für diese Optimal-Preise: $p_{A,t} \neq p_{A,TA}$ (q.e.d.).

In dem zweiten Grenzfall ist die Reaktionsverzögerung des B unendlich klein, d.h. B reagiert sofort. Dann ist $y_B = 0$. Für diesen Fall, in dem mithin *keine* Reaktions-verzögerung besteht, nimmt der Ausdruck $(1 - \frac{y_B}{z_A})$ den Wert 1 an. Demzufolge fällt das letzte Glied des Zählers in der Aktions-Preis-Gleichung (54-A-1) fort und Zähler sowie Nenner vereinfachen sich. Gleichung (54-A-1) - und ebenso auch Gleichung (54-A-3) - nimmt dann die Form an:

$$p_{A,t} = \frac{a_A + b_A k_A + \frac{c_A}{2b_B}(a_B + k_B b_B - k_A c_B)}{2 b_A - \frac{c_A c_B}{b_B}}.$$

Sie ist identisch mit der Bestimmungsgleichung (39-A) für den Preis $p_{A,TA}$ im Punkt T_A[11]). Nur in diesem Falle ist also $p_{A,t} = p_{A,TA}$.

Damit ist bewiesen, daß bei zeitlicher Preisgebundenheit mit Reaktionsverzögerung des Konkurrenten B - also bei $0 < y_B < z_A$ - der optimale Aktions-Preis $p_{A,t}$ grund-sätzlich von dem Preis $p_{A,TA}$ abweicht. Und zwar wird er häufig (vgl. die obigen Rechenbeispiele) höher sein als $p_{A,TA}$.

Zugleich wurde bei der Durchführung unseres Beweises offenbar: Gleichungen (54-A) sind nicht nur geeignet, den optimalen Aktions-Preis bei Preisgebundenheit mit Reaktionsverzögerung zu bestimmen; sie umschließen auch die beiden Grenzfälle:

a) *keine* Konkurrentenreaktion in der Periode t ($y_B = z_A$)

   und

b) *sofortige* Konkurrentenreaktion in der Periode t ($y_B = 0$).

Die Aktions-Preis-Gleichungen (54-A) gelten mithin ganz allgemein für kurzfristige, ein-periodige Gewinnmaximierung bei zeitlicher Preisgebundenheit.

Analoge Gleichungen (54-B) sind für Produzent B abzuleiten, wenn in der Periode t nicht - wie bisher angenommen - Anbieter A, sondern Konkurrent B mit einer Preis-variation beginnt, auf die A nur mit zeitlicher Verzögerung ($0 < y_A < z_B$) reagieren kann. Den oben gewonnenen Ergebnissen entsprechend wird dann der optimale Aktions-Preis $p_{B,t}$ von dem Preis $p_{B,TB}$ abweichen, der zum "gekorenen" Lösungs-punkt T_B bei Preisgebundenheit ohne Reaktionsverzögerung gehört.

[11]) Vgl. Modell I in Teil 2, Kap. 1.

Wichtig hierbei ist: Agiert Unternehmer B in der Periode t und kann - wegen aus-einanderfallender Planungsperioden - A nur mit Verzögerung reagieren, so sind die geforderten Aktions-Preise um $p_{B, TB}$ (und die erzielbaren Gewinne) andere als die-jenigen, die in der Nähe von $p_{A, TA}$ zustande kommen, wenn umgekehrt Anbieter A agiert und Konkurrent B verzögert reagiert. Analog zur Preisgebundenheit ohne Reaktionsverzögerung (Modell I) hängt also auch bei Preisgebundenheit mit ver-zögerter Konkurrentenreaktion (Modell IV) das Ergebnis des Preisbildungsprozesses davon ab, welcher Anbieter in der Periode t mit welcher Preisvariation beginnt.

Zur Auswahl seiner optimalen Preisstrategie bei Reaktionsverzögerung muß daher jeder Anbieter die im folgenden beschriebenen Gewinnvergleiche durchführen.

D. Bestimmung der optimalen Preispolitik bei Reaktionsverzögerung des Konkurrenten

Es sei angenommen, daß zu Beginn der betrachteten Periode t der Anbieter A eine Preisvariation vornehmen könnte, während Konkurrent B noch für einen Teil $(\frac{y_B}{z_A})$ der Periode an seinen Preis $p_{B, 0}$ gebunden ist (Modell IV). Anbieter A hat herauszu-finden, ob und wie er in der mit $p_{A, 0}$; $p_{B, 0}$ gegebenen Ausgangssituation seinen Gewinn in der Periode t vergrößern kann. Dabei muß er die mögliche Reaktion des Konkurrenten B, die mit zeitlicher Verzögerung erfolgt, beachten.

I.   Die drei Handlungsalternativen

Grundsätzlich besitzt Anbieter A folgende drei Handlungsalternativen:

Handlungsalternative I: Anbieter A hält am Ausgangspreis $p_{A, 0}$ in der gesamten Periode t fest, weil zu erwarten ist, daß auch Konkurrent B seinen Preis $p_{B, 0}$ nicht ändern wird. In diesem Falle würde A den Gewinn $G_{A, I}$ erzielen.

Handlungsalternative II: Anbieter A fordert gleich zu Beginn der Periode t den opti-malen Aktions-Preis $p_{A, t}$, den er gemäß Gleichungen (54-A) bestimmt. Hierauf reagiert Konkurrent B gemäß seiner Cour-not-Kammlinie L_B mit zeitlicher Verzögerung. Produzent A kann bei diesem Vorgehen den Gewinn $G_{A, II}$ realisieren.

Handlungsalternative III: Anbieter A läßt seinen Preis $p_{A, 0}$ nur so lange unverändert, bis Konkurrent B nach y_B-Zeiteinheiten als erster eine Preis-variation vornimmt. Auf den neuen Preis des B reagiert Unter-nehmer A sofort. Er würde mit dieser Handlungsweise den Gewinn $G_{A, III}$ erwirtschaften.

Um nun entscheiden zu können, welche dieser drei Handlungsalternativen in einem konkreten Fall zu wählen ist, um den Gewinn in der Periode t zu maximieren, muß Anbieter A wie folgt vorgehen: Zunächst muß er die Gewinne, die zu den drei

Strategien gehören, ermitteln und miteinander vergleichen. Erweist sich bei diesem 'Gewinnvergleich* der Gewinn $G_{A, II}$ der Handlungsalternative II als der höchste Gewinn, so ist bereits die optimale Strategie bestimmt. Denn Anbieter A kann den Gewinn $G_{A, II}$ in jedem Falle "erzwingen".

Zeigt der Gewinnvergleich jedoch, daß $G_{A, I} > G_{A, II}$ oder $G_{A, III} > G_{A, II}$ ist, so muß Anbieter A zusätzlich noch *prüfen,* ob in dem konkreten Fall die Strategie I bzw. III realisierbar ist. Handlungsalternative I setzt nämlich voraus, daß auch Konkurrent B kein Interesse an einer Preisvariation besitzt; bei Alternative III hingegen müßte Konkurrent B bestrebt sein, seine Preisforderung zu variieren. Ob diese Voraussetzungen im konkreten Fall erfüllt sind, muß von Anbieter A geprüft werden. Erst danach kann er die optimale Preisstrategie bestimmen.

Der hier kurz skizzierte Entscheidungsprozeß soll im folgenden an Hand verschiedener Beispiele beschrieben werden.

II.   Gewinnvergleiche des agierenden Dyopolisten

1. Der Gewinn bei Handlungsalternative I

Die Ausgangssituation sei durch die Preiskombination $p_{A, 0} = 11$; $p_{B, 0} = 10$ (Punkt P_1 in Abb. 9[12])) charakterisiert. Halten sowohl Anbieter A als auch Konkurrent B an diesen Preisen während der Periode t fest (= Handlungsalternative I), so errechnet sich gemäß Gleichung (33-A) ein Gewinn $G_{A, I}$ in Höhe von:

$$G_{A, I} = 105$$

Dieser Gewinn ist den Gewinnen $G_{A, II}$ und $G_{A, III}$ vergleichend gegenüberzustellen.

2. Gewinnermittlung und -vergleiche für Handlungsalternative II

Bei Handlungsalternative II fordert Anbieter A sofort zu Beginn der Periode t seinen optimalen "Aktions-Preis" $p_{A, t}$, den er mit Hilfe von Gleichung (54-A-1) bestimmt. Für die angenommene Ausgangssituation ($p_{A, 0} = 11$; $p_{B, 0} = 10$) und eine Reaktionsverzögerung des B um $\frac{y_B}{z_A} = \frac{4}{10}$ - Periode beläuft sich der "Aktions-Preis" auf $p_{A, t} = 7,722$. Den Gewinn $G_{A, II}$, der zu diesem Preis gehört, kann Anbieter A mit Hilfe der Gleichung (53-A) errechnen. In ihr ist bereits die verzögerte Reaktion des Konkurrenten B gemäß seiner Kammlinie L_B berücksichtigt[13]). Nach Gleichung (53-A) ergibt sich dann:

$$G_{A, II} = 137$$

[12]) Siehe Abschnitt III.

[13]) Vgl. hierzu S. 130 f.

Ergreift mithin Anbieter A die Strategie II, so kann er einen Gewinn in Höhe von $G_{A, II}$ = 137 erzielen. Der wesentlichste Bestandteil der Strategie II ist, daß A den Preis $p_{A, t}$ = 7,722 fordert, der *unter Berücksichtigung der Reaktionsverzögerung des B* seinen optimalen Aktions-Preis darstellt. Jeder andere Preis $p_A \neq p_{A, t}$ würde - zu Beginn der Periode t gesetzt - einen geringeren Gewinn als $G_{A, II}$ erbringen. Dies gilt auch - wie nachgewiesen - für den Preis $p_{A, TA}$ (= 7,48), der bei zeitlicher Preisgebundenheit *ohne* Reaktionsverzögerung (Modell I) den optimalen Preis des A im Punkt T_A determiniert[14]). Dies zeigt auch das folgende Beispiel:

Angenommen, Anbieter A fordert zu Beginn der Periode t den Preis $p_{A, TA}$ = 7,48. Auf diesen Preis kann Konkurrent B - wie für $p_{A, t}$ = 7,722 auch berücksichtigt - nur mit einer Verzögerung von $\frac{4}{10}$ -Periode reagieren. Dann gehört zum Preis $p_{A, TA}$ = 7,48 gemäß Gleichung (53-A) ein Gewinn in Höhe von:

$$G_A (p_{A, TA}) = 136$$

Wie ein Gewinnvergleich zeigt, ist $G_{A, II} > G_A (p_{A, TA})$[15]). Hieraus kann Anbieter A erkennen: Er erzielt in der Periode t grundsätzlich einen *größeren* Gewinn, wenn er die Reaktionsverzögerung seines Konkurrenten B bei seiner Preissetzung berücksichtigt, wenn er also seinen Preis gemäß der "Aktions-Preis-Gleichung" (54-A-1) setzt, anstatt den Preis $p_{A, TA}$ zu fordern; der Preis $p_{A, TA}$ ist nur bei Preisgebundenheit ohne Reaktionsverzögerung optimal. Das Ausschöpfen der vorhandenen Informationen - hier die Berücksichtigung der Reaktionsverzögerung des B - bei der Preisfestsetzung bietet dem Anbieter A einen Gewinnvorteil ($G_{A, II} > G_A (p_{A, TA})$).

Ein weiterer Gewinnvergleich verdeutlicht, wie sehr vorteilhaft es für den Anbieter A ist, daß Produzent B nur mit zeitlicher Verzögerung reagieren kann. *Ohne* Reaktionsverzögerung (Modell I) könnte Unternehmer A nur den Gewinn $G_{A, TA}$ = 98,87 im Punkt T_A erzwingen[16]); *mit* Reaktionsverzögerung (Modell IV) jedoch erzielt er - bei sonst gleicher Datenkonstellation - den Gewinn $G_{A, II}$ = 137. Es gilt mithin:

$$G_{A, II} > G_{A, TA} .$$

Jede Konkurrenten-Reaktionsverzögerung ist somit für Anbieter A von Vorteil. Mit Hilfe von Strategie II erzielt er dann einen größeren Gewinn als $G_{A, TA}$.

Ferner ist in unserem Beispiel festzustellen: $G_{A, II}$ = 137 > 105 = $G_{A, I}$; d.h. der Gewinn bei Strategie II ist höher als der erzielbare Gewinn bei Handlungsalternative I.

---

[14]) Siehe hierzu die Ausführungen zu Modell I in Teil 2, Kap. 1.

[15]) Im Beispiel ist die Differenz zwischen $G_{A, II}$ = 137 und G_A (p_A, TA) = 136 relativ gering; dies liegt an der gewählten Ausgangspreiskombination, für die sich ein optimaler Aktions-Preis $p_{A, t}$ (= 7,722) errechnet, der dem Preis p_A, TA = 7,48 recht nahe kommt. Für andere Ausgangspreiskombinationen ergeben sich höhere Preis- und dementsprechend höhere Gewinndifferenzen.

[16]) Vgl. hierzu das Beispiel zu Modell I.

Bevor sich aber Anbieter A entscheiden kann, deshalb in der Periode t die Strategie II zu wählen, muß er noch den Gewinn für Handlungsalternative III mit dem Gewinn $G_{A, II}$ vergleichen.

3. Die Gewinnsituation bei Handlungsalternative III

Die Handlungsalternative III ist durch folgendes Vorgehen des Anbieters A gekennzeichnet: Produzent A hält $\frac{y_B}{z_A}$-Periode lang, d.h. bis zum Zeitpunkt der möglichen Reaktion des B an seinem Ausgangspreis $p_{A, 0}$ fest; anschließend reagiert er unverzüglich auf die Preisänderung des B.

Um seinen durch Strategie III erzielbaren Gewinn $G_{A, III}$ zu bestimmen, muß Anbieter A zunächst überlegen, wie Konkurrent B handeln wird. Konkurrent B weiß - wegen vollkommener Information -, daß Anbieter A seinen Preis in der Periode t noch nicht variiert hat und daher *sofort* auf eine Preisänderung des B reagieren kann. Mithin befindet sich Konkurrent B bei Strategie III des A in einer Entscheidungssituation, die voll derjenigen bei Preisgebundenheit ohne Reaktionsverzögerung entspricht. Wenn er überhaupt seinen Ausgangspreis $p_{B, 0}$ variiert, so wird B in dieser Lage den Preis $p_{B, TB}$ zum "gekorenen" Lösungspunkt T_B fordern[17]). Allerdings wird Konkurrent B diesen Preis $p_{B, TB}$ nur dann setzen, wenn der im Punkt T_B erzielbare Gewinn $G_{B, TB}$ größer ist als sein Gewinn $G_{B, I}$ in der Ausgangssituation. Auf diese Bedingung für eine Aktion des B nach $\frac{y_B}{z_A}$-Periode ist noch zurückzukommen.

Zunächst ist festzuhalten, daß Konkurrent B, wenn er nach $\frac{y_B}{z_A}$-Periode agiert, den Preis $p_{B, TB}$ (= 7,33) fordert. Hierauf wird Anbieter A bei kurzfristiger, ein-periodiger Gewinnmaximierung sofort gemäß seiner Kammlinie L_A reagieren und so den Preis $p_{A, TB}$ (= 7,066) setzen. Auf diese Weise wird durch Strategie III der Punkt T_B für $(1 - \frac{y_B}{z_A})$-Periode realisiert. Dementsprechend setzt sich der Gewinn $G_{A, III}$, den Anbieter A bei Wahl der Handlungsalternative III erzielen könnte, zusammen aus:

$$ G_{A, III} \; = \; \frac{y_B}{z_A} \cdot G_{A, I} + (1 - \frac{y_B}{z_A}) \; G_{A, TB} \; \cdot $$

Da in unserem Beispiel für den Gewinn der Ausgangssituation $G_{A, I}$ = 105 und ein Gewinn im Punkt T_B von $G_{A, TB}$ = 110,28 errechnet wurde[18]), beläuft sich der Gewinn $G_{A, III}$ auf:

$$ G_{A, III} = \frac{4}{10} \cdot 105 + \frac{6}{10} \cdot 110,28 = \underline{\underline{108,168.}} $$

---

[17]) Vgl. die Ergebnisse von Modell I.

[18]) Vgl. hierzu die Berechnungen auf S. 136 und S. 102.

Wie ein Vergleich zeigt, ist in unserem Beispiel:

$$G_{A, III} = 108,17 < 137 = G_{A, II} \ .$$

Es lohnt sich für den Anbieter A also *nicht*, in der betrachteten Ausgangssituation ($p_{A, 0} = 11$; $p_{B, 0} = 10$) die Handlungsalternative III zu wählen. Mit Strategie II würde er einen größeren Gewinn als $G_{A, III}$ erzielen.

Es erscheint jedoch einmal untersuchenswert, welcher Ausgangspreis $p_{A, 0}$ gelten müßte, damit bei unverändertem Preis $p_{B, 0}$ (= 10) die Handlungsalternative III einen größeren Gewinn verspricht als Strategie II, also

$$G_{A, III} > G_{A, II}$$

wird. Bei der Handlungsalternative III hängt der Gewinn des Anbieters A von $p_{A, 0}$ ab, und zwar nur in der Zeit bis zur Preisvariation des B, also $\frac{y_B}{z_A}$-Periode lang. Demzufolge können wir auch als Bedingungsgleichung schreiben:

$$\frac{y_B}{z_A} \cdot G_{A, I} = G_{A, II} - (1 - \frac{y_B}{z_A}) \ G_{A, TB}$$

Für unser Zahlenbeispiel soll also sein:

- $$\frac{4}{10} \left[(a_A - b_A \, p_{A, 0} + c_A \, p_{B, 0}) \, (p_{A, 0} - k_A) - f_A \right] = 137 - \frac{6}{10} \cdot 110,28$$

- $$\frac{4}{10} \left[(60 - 10 \cdot p_{A, 0} + 7 \cdot 10) \, (p_{A, 0} - 3) - 55 \right] = 70,84$$

Nach $p_{A, 0}$ aufgelöst, erhalten wir:

- $$p_{A, 0} = 8 \pm \sqrt{1,79} \ .$$

Für alle Ausgangssituationen, in denen bei $p_{B, 0} = 10$ für $p_{A, 0}$ gilt:

$$9,3379 > p_{A, 0} > 6,6621,$$

vermag Anbieter A durch die Wahl der Strategie III einen größeren Gewinn zu erzielen als mit Hilfe der Strategie II: Statt sofort zu Beginn der Periode t den Aktionspreis $p_{A, t} = 7,722$ zu fordern (Strategie II), ist es in diesen Ausgangssituationen für den A vorteilhafter, bis zur Aktion des Konkurrenten B am Ausgangspreis $p_{A, 0}$ festzuhalten und anschließend als Reaktion auf B den Preis $p_{A, TB}$ zu setzen (Strategie III). So würde Anbieter A beispielsweise in der Ausgangssituation $p_{A, 0} = 8$; $p_{B, 0} = 10$ durch die Strategie III einen Gewinn von $G_{A, III} = 144,17$ erzielen, der höher ist als der Gewinn $G_{A, II} = 137$ bei Wahl der Handlungsalternative II.

Eine unabdingbare Voraussetzung muß allerdings erfüllt sein, damit für Anbieter A der Gewinn $G_{A, III}$ der Handlungsalternative III überhaupt realisierbar ist: Der Konkurrent B muß Veranlassung haben, nach $\frac{y}{z}\frac{B}{A}$-Periode seinen Preis auf $p_{B, TB}$ zu ändern. Ein Interesse des B an einer solchen Preisvariation besteht aber nur, wenn er im Punkt T_B einen höheren Gewinn $G_{B, TB}$ erwirtschaftet als dann, wenn er an der Ausgangspreis-kombination $(p_{A, 0} ; p_{B, 0})$ festhält. Für die Gewinne des Konkurrenten B muß daher gelten: $G_{B, TB} > G_{B, I}$. Nur unter dieser Voraussetzung existiert für Anbieter A die Handlungsalternative III.

Umgekehrt kann Handlungsalternative I - in der Periode t soll die Ausgangspreis-kombination unverändert gelten - für den Anbieter A nur dann bestehen, wenn $G_{B, TB} < G_{B, I}$ ist. Nur in derartigen Entscheidungssituationen darf Produzent A davon aus-gehen, daß B kein Interesse an einer Änderung des Preises $p_{B, 0}$ hat.

Mithin kann als bisheriges Ergebnis festgehalten werden: Es genügt nicht, daß An-bieter A *seine* drei alternativen Gewinne $(G_{A, I}; G_{A, II}; G_{A, III})$ - wie beschrieben - errechnet, vergleicht und daraufhin denjenigen Preis fordert, der zu dem größten der drei Gewinne gehört. Vielmehr muß er auch den Gewinn $G_{B, I}$ des Konkurrenten B in der Ausgangssituation und dessen Gewinn $G_{B, TB}$ im Punkt T_B bestimmen und vergleichen. Erst dieser Vergleich von $G_{B, I}$ und $G_{B, TB}$ zeigt dem Anbieter A, ob für ihn Handlungsalternative I oder III überhaupt existiert. Daran anschließend kann er den optimalen Preis ermitteln, der in der Periode t bei Reaktionsverzögerung des Konkurrenten B seinen Gewinn G_A maximiert. Wie sich Anbieter A hierbei wiederum des Instrumentes der Iso-Gewinnkurven-Analyse bedienen kann, ist im folgenden kurz zu beschreiben.

III. Auswahl der optimalen Preisstrategie mit Hilfe der Iso-Gewinn-kurven-Analyse

Anbieter A trägt zunächst in ein p_A; p_B-Koordinatensystem die Kammlinie L_B und die Iso-Gewinnkurve $G_{B, TB}$ des Konkurrenten B ein, ferner seine eigene Kammlinie L_A. Jede Ausgangspreiskombination $p_{A, 0}$; $p_{B, 0}$ stellt in diesem Koordinatensystem einen Punkt dar. Je nach Lage dieses Punktes ist $G_{B, I} \gtreqless G_{B, TB}$. Unternehmer A kann daher mit einem einzigen Blick erkennen, welcher der beiden Gewinne - $G_{B, I}$ oder $G_{B, TB}$ - in einer gegebenen Ausgangssituation der größere ist. Davon hängt ab, zwischen welchen Handlungsalternativen Anbieter A die optimale Preisstrategie zu suchen hat.

1. Die Ausgangspreiskombination liegt außerhalb des Gleichgewichtsbereiches des Konkurrenten

Liegt die Ausgangspreiskombination $p_{A, 0}$; $p_{B, 0}$ *außerhalb* des Bereiches, der von der Iso-Gewinnkurve des B mit dem Niveau $G_{B, TB}$ umschrieben wird, so ist $G_{B, I} <$ $G_{B, TB}$. In dieser Situation vermag Konkurrent B seinen Gewinn in der Periode t durch eine Preisänderung (z.B. auf $p_{B, TB}$) zu erhöhen; er hat also ein Interesse daran, den Preis $p_{B,0}$ *nicht* beizubehalten. Für Anbieter A bedeutet dies: Handlungsalternative I - *beide* Dyopolisten halten an den Ausgangspreisen $p_{A,0}$ und $p_{B,0}$ fest - scheidet aus. Die Entscheidung hat zwischen Strategie II und III zu fallen.

Ist dann $G_{A,II} < G_{A,III}$, wie beispielsweise bei der oben betrachteten Ausgangssituation $p_{A,0} = 8$; $p_{B,0} = 10$ (vgl. Punkt P_0 in Abb. 9), so stellt Handlungsalternative III die optimale Preisstrategie dar: A hält so lange am Preis $p_{A,0}$ (= 8) fest, bis nach $\frac{VB}{ZA}$-Periode sein Konkurrent B seinen Preis auf $p_{B,TB} = 7,33$ ändert; hierauf reagiert A mit dem Preis $p_{A,TB}$ (= 7,066). A erzielt dann einen Gewinn von $G_{A,III} = 144,16$ (> 137 = $G_{A,I}$). Ist hingegen bei einer anderen Ausgangspreiskombination $G_{A,II} > G_{A,III}$, so fordert Anbieter A sofort zu Beginn der Periode t seinen optimalen Aktionspreis $p_{A,t}$, den er mit Hilfe seiner "Aktions-Preis-Gleichungen" (54-A) bestimmt. Er "erzwingt" auf diese Weise - unter Berücksichtigung der zeitlich verzögerten Kammlinien-Reaktion des B - den höchstmöglichen Gewinn $G_{A,II}$.

2. Die Ausgangspreiskombination liegt innerhalb des Gleichgewichtsbereiches des Konkurrenten

In dieser Situation ist $G_{B,I} > G_{B,TB}$. Deshalb hat Konkurrent B *kein* Interesse daran, durch eine eigene Preisvariation die Ausgangssituation zu verändern und dadurch seinen Gewinn zu mindern. Konkurrent B würde also gern an $p_{B,0}$ festhalten.

Hieraus folgt für Anbieter A: Handlungsalternative III existiert nicht; er kann nur zwischen Strategie I und II wählen.

Ist dann $G_{A,I} < G_{A,II}$, so wird Anbieter A die Strategie II wählen. Beispielsweise für die Ausgangspreiskombination $p_{A,0} = 11$; $p_{B,0} = 10$ (vgl. Punkt P_1 in Abb. 9) gilt: $G_{A,I} = 105 < G_{A,II} = 137$. Anbieter A wird also sofort zu Beginn der Periode t seinen optimalen Aktionspreis $p_{A,t} = 7,722$ fordern.

Wird hingegen die Ausgangssituation durch die Preise $p_{A,0} = 10$; $p_{B,0} = 10$ gegeben (Punkt P_2 in Abb. 9), so errechnet sich:

$$G_{A,I} = 155 > G_{A,II} = 137$$

Daher wird Anbieter A in dieser Situation die Strategie I wählen, d.h. an dem Ausgangspreis $p_{A,0}$ festhalten.

Da diese Ausgangspreiskombination ($p_{A,0} = 10$; $p_{B,0} = 10$) *innerhalb* des Bereiches liegt, der von der Iso-Gewinnkurve $G_{B,TB}$ umgrenzt wird[19]), wird auch Konkurrent B an $p_{B,0}$ festhalten. *Beide* Anbieter haben mithin *kein* Interesse an einer Preisvariation: Die Ausgangspreiskombination $p_{A,0} = 10$; $p_{B,0} = 10$ stellt daher eine "Gleichgewichtslösung" dar; denn sie verspricht, wenn sie in der Periode t *unverändert* gilt, *beiden* Dyopolisten einen größeren Gewinn als jede andere durch Aktion und nachfolgende Reaktion realisierbare Preiskombination.

[19]) Vgl. Punkt P_2 in Abb. 9.

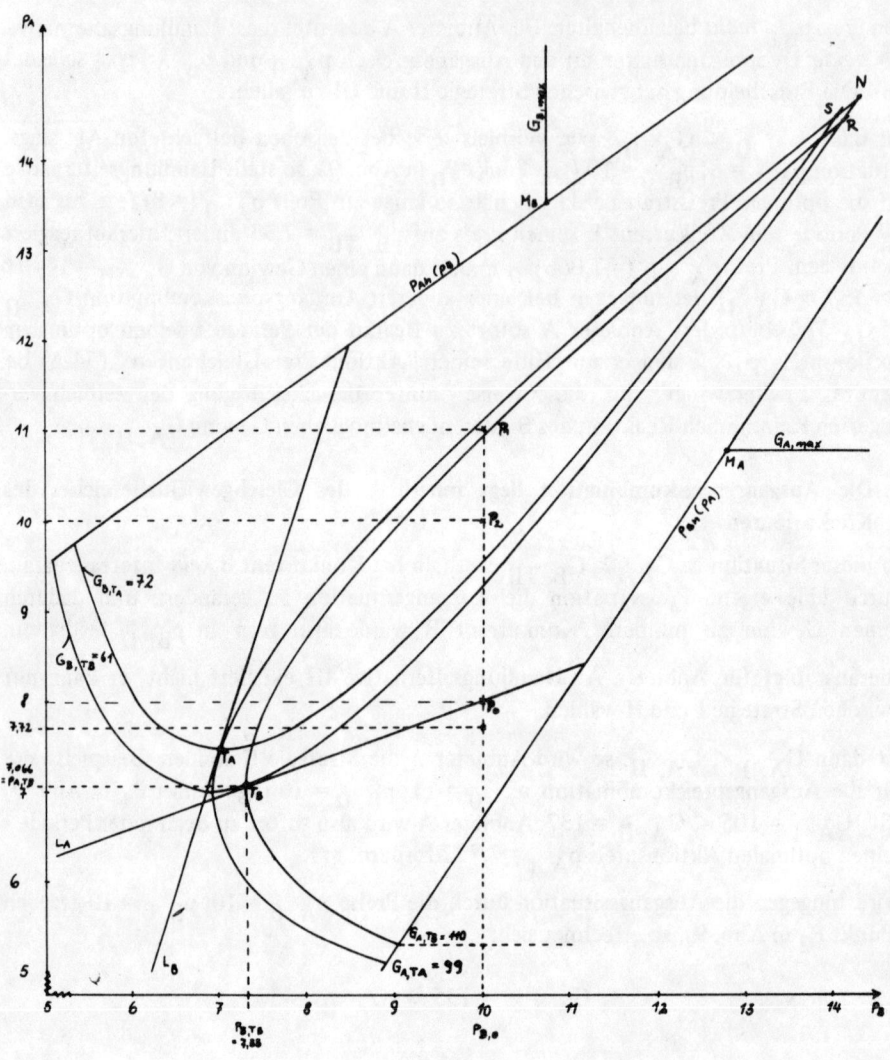

Abb. 9

Dieses Ergebnis, daß der Ausgangspreis $p_{A,0} = 10$ bei dem Konkurrenzpreis $p_{B,0} = 10$ eine "Gleichgewichtslösung" determiniert, wirft die Fragen auf: Existieren noch andere Gleichgewichtslösungen und, wenn ja, wie lassen sie sich ermitteln? Läßt sich evtl. sogar ein ganzes "Gleichgewichtsgebiet" bei Reaktionsverzögerung des Konkurrenten ableiten und, wenn ja, worin unterscheidet es sich von dem "generellen Gleichgewichtsgebiet" von Modell I? Diese Fragen wollen wir im folgenden Abschnitt beantworten.

E. Zur Ableitung eines „Gleichgewichtsgebietes" bei Reaktionsverzögerung

Ein "Gleichgewicht" besteht - wie in Modell I - immer dann, wenn keiner der beiden Anbieter ein Interesse daran hat, die Ausgangspreiskombination in der Periode t zu ändern. Dies ist in Modell IV der Fall, wenn zum einen für Anbieter A die Bedingung $G_{A, I} > G_{A, II}$ erfüllt ist, d.h. sein Gewinn $G_{A, I}$ bei unveränderter Ausgangssituation (= Strategie I) größer ist als der durch Strategie II "erzwingbare" Gewinn $G_{A, II}$. Zum anderen muß gleichzeitig für Konkurrent B gelten: $G_{B, I} > G_{B, TB}$; dabei stellen $G_{B, I}$ den Gewinn des B in der Ausgangssituation und $G_{B, TB}$ seinen Gewinn dar, den er durch eine - nur mit zeitlicher Verzögerung mögliche - eigene Aktion bestenfalls erreichen kann.

Damit diese Bedingung $G_{B, I} > G_{B, TB}$ erfüllt ist, muß die Ausgangspreiskombination innerhalb des Bereiches liegen, der von der Iso-Gewinnkurve des B mit dem Niveau $G_{B, TB}$ umschlossen wird: Sie muß im "individuellen Gleichgewichtsgebiet"[20]) des Konkurrenten B liegen.

Wesentlich schwieriger ist die Kurve abzuleiten, die alle Ausgangspreiskombinationen umgrenzt, welche die - zweite - Bedingung $G_{A, I} > G_{A, II}$ erfüllen. Zu ihrer Bestimmung ist folgender Weg zu beschreiten.

I. Die "strategie-kritische Kurve"

Für alternative Preise $p_{B, 0}$, die zu Preiskombinationen innerhalb der Iso-Gewinnkurve $G_{B, TB}$ gehören, werden zunächst die - für Strategie II - optimalen "Aktions-Preise" $p_{A, t}$ mit Hilfe der Gleichungen (54-A) bestimmt. Wie die "Aktions-Preis-Gleichungen" (54-A) zeigen[21]), ist $p_{A, t}$ nur abhängig von $p_{B, 0}$, jedoch nicht von $p_{A, 0}$. Demzufolge gehört zu jedem Konkurrenzpreis $p_{B, 0}$ - unabhängig von $p_{A, 0}$ - nur ein optimaler Gewinn $G_{A, II}$. Beispielsweise errechneten wir für $p_{B, 0} = 10$ einen optimalen Aktionspreis $p_{A, t} = 7,722$ und einen zugehörigen Gewinn von $G_{A, II} = 137$.

Gesucht wird nun in einem zweiten Schritt der "kritische" Ausgangspreis $p_{A, 0}$, für den - bei $p_{B, 0} = 10$ - gerade $G_{A, I} = G_{A, II} = 137$ ist. Mit Hilfe von Gleichung (33-A) läßt sich $p_{A, 0}$ bestimmen:

$$G_{A, I} = (a_A - b_A\, p_{A, 0} + c_A\, p_{B, 0})\, (p_{A, 0} - k_A) - f_A = G_{A, II}$$

$$(60 - 10 \cdot p_{A, 0} + 7 \cdot 10)\, (p_{A, 0} - 3) - 55 = 137$$

[20]) Vgl. hierzu die Ausführungen zu Modell I.

[21]) Zu den "Aktions-Preis-Gleichungen" vgl. den früheren Abschnitt C.

Hieraus ergibt sich:

$$p_{A,\,0}\ (p_{B,\,0} = 10) = 8 + 2,41 = \underline{\underline{10,41}}$$

Damit haben wir einen Punkt (P_0 in Abb. 10) der Kurve des A ermittelt, die den Bereich abgrenzt, innerhalb dessen für alle Preiskombinationen $G_{A,\,I} > G_{A,\,II}$ ist: Bei einem Ausgangspreis $p_{B,\,0} = 10$ erreicht Anbieter A immer dann einen größeren Gewinn als $G_{A,\,II}$, wenn sein eigener Preis $p_{A,\,0} < 10,41$ ist. Zur Ausgangspreiskombination $p_{A,\,0} = 10$; $p_{B,\,0} = 10$ beispielsweise gehört ein Gewinn von $G_{A,\,I} = 155\ (> G_{A,\,II} = 137)$.

Wie für den Preis $p_{B,\,0} = 10$ demonstriert, sind für alle anderen relevanten Preise $p_{B,\,0}$ die Gewinne $G_{A,\,II}$ auf die beschriebene Art zu errechnen. Sodann sind diese Gewinne $G_{A,\,II}$ in Gleichung (33-A) einzusetzen und so die "kritischen" Preise $p_{A,\,0}\,(p_{B,\,0})$ abzuleiten.

Tragen wir anschließend die gewonnenen "kritischen" Ausgangspreiskombinationen, für die jeweils gerade $G_{A,\,I} = G_{A,\,II}$ ist, in ein p_A; p_B-Koordinatensystem ein, so stellt ihre Verbindungslinie die gesuchte "strategie-kritische Kurve" S_A dar:

Für alle Ausgangspreiskombinationen $p_{A,\,0}$; $p_{B,\,0}$ *oberhalb* dieser Kurve ist $G_{A,\,I} < G_{A,\,II}$; mithin wird Anbieter A die Strategie II wählen. Hingegen gilt für alle Ausgangspreiskombinationen *unterhalb* dieser "strategie-kritischen Kurve" S_A - und oberhalb der Iso-Gewinnkurve $G_{B,\,TB}$ -: $G_{A,\,I} > G_{A,\,II}$; in diesen Situationen erweist sich Strategie I als optimal.

Diese "strategie-kritische Kurve" S_A[22]) haben wir in Abb. 10 dargestellt.

II.   Das "Gleichgewichtsgebiet"

Wie Abb. 10 zeigt, gibt es ein Feld von Preiskombinationen, das einerseits von der "strategie-kritischen Kurve" S_A (nach oben) und andererseits von einem Teil der Iso-Gewinnkurve $G_{B,\,TB}$ (nach unten) begrenzt wird. Alle Preiskombinationen innerhalb dieses Gebietes erfüllen die beiden Gleichgewichtsbedingungen

$$G_{A,\,I} > G_{A,\,II}\qquad\text{und}\qquad G_{B,\,I} > G_{B,\,TB}\ ;$$

keiner der beiden Anbieter hat daher ein Interesse daran, eine Ausgangspreiskombination innerhalb dieses Feldes zu verändern: Der Bereich UWJ stellt das "Gleichgewichtsgebiet bei Reaktionsverzögerung des Konkurrenten B" dar.

Ein Vergleich dieses "Gleichgewichtsgebietes" von Modell IV mit dem "generellen Gleichgewichtsgebiet" von Modell I läßt erkennen: Bei Reaktionsverzögerung des

---

[22]) Ihre "Einbuchtung" beruht darauf, daß bis $p_B = 10,8$ die Aktions-Preis-Gleichung (54-A-1), dann (54-A-2) und ab $p_B = 11,24$ schließlich (54-A-3) gilt.

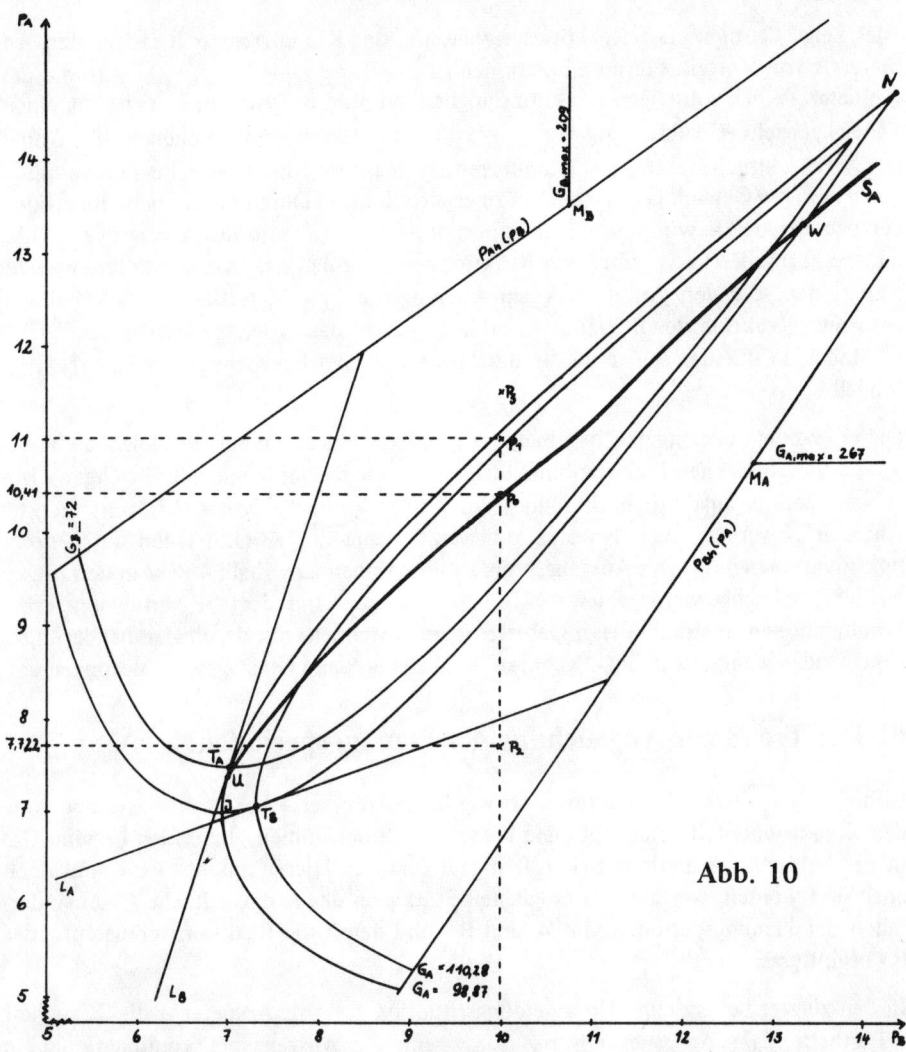

Abb. 10

Konkurrenten (B) - Modell IV - ist das "Gleichgewichtsgebiet" *kleiner* als dann, wenn der Konkurrent sofort reagieren kann (Modell I). Müßte Anbieter A mit sofortiger Reaktion des B rechnen, so müßte er beispielsweise an der Ausgangspreiskombination $p_{A, 0} = 11$; $p_{B, 0} = 10$ festhalten. Diese Preiskombination (Punkt P_1 in Abb. 10) liegt im "generellen Gleichgewichtsgebiet" $JT_A NT_B$ von Modell I, stellt dort also eine "Gleichgewichtslösung" dar. Kann jedoch Konkurrent B nur mit zeitlicher Verzögerung - um $\frac{4}{10}$ - Periode - reagieren, so wird Anbieter A an der Ausgangspreiskombination $p_{A, 0} = 11$; $p_{B, 0} = 10$ *nicht* festhalten; durch Strategie II - Preissenkung auf $p_{A, t} = 7,722$ - vermag er seinen Gewinn in der Periode t auf $G_{A, II} = 137$ ($> G_{A, I} = 105$) zu erhöhen. Die Preiskombination $p_{A, 0} = 11$; $p_{B, 0} = 10$ determiniert bei Reaktionsverzögerung des Konkurrenten B - im Gegensatz zu Modell I - kein Gleichgewicht; sie liegt noch nicht im "Gleichgewichtsgebiet" UWJ (vgl. Abb. 10).

Dies zeigt deutlich: Die Reaktionsverzögerung des Konkurrenten B ist für den Anbieter A von Vorteil. Preiskombinationen (wie z.B. $p_{A,0} = 11$; $p_{B,0} = 10$), die den
Anbieter A bei sofortiger Reaktionsmöglichkeit des B "zwingen", sich mit einem
"Gleichgewichts-Gewinn" von $G_{A,I}$ (= 105) zu begnügen, ermöglichen es dem Anbieter A bei zeitlich verzögerter Konkurrenten-Reaktion, durch gezielte Preisvariation
einen *höheren* Gewinn $G_{A,II}$ (= 137) zu erwirtschaften. Durch die zeitliche Reaktionsverzögerung des B wird mithin der preispolitische Spielraum des A vergrößert. Oder
anders formuliert: Es gibt bei Reaktionsverzögerung des Konkurrenten *weniger*
Situationen, die den Anbieter A am Ausgangspreis $p_{A,0}$ festhalten lassen, als bei
sofortiger Reaktion des B. Damit ist erklärt, warum das "Gleichgewichtsgebiet" UWJ
in Modell IV kleiner sein muß als das "generelle Gleichgewichtsgebiet" $JT_A NT_B$ in
Modell I.

Diesen beiden Gleichgewichtsgebieten ist jedoch eines gemeinsam: Die von ihnen
jeweils umschlossenen Preiskombinationen sind - wie für das "generelle Gleichgewichtsgebiet" bereits ausführlich begründet wurde[23]) — nur *"geborene"* Lösungspunkte.
Anbieter A vermag auch bei Reaktionsverzögerung des Konkurrenten durch *preis-*
politische Aktivität - von Ausgangspreiskombinationen außerhalb - *nicht* in den Innenhof des "Gleichgewichtsgebietes" UWJ zu gelangen und dort zu verbleiben. Preiskombinationen innerhalb dieses Gebietes werden vielmehr nur durch Datenänderungen
- mehr oder weniger zufällig - "geboren" und stellen dann Gleichgewichtslösungen dar.

F. Der Trend zur Angleichung der Planungsperioden

Bisher haben wir vor allem untersucht: Wie kann Anbieter A bei Reaktionsverzögerung
des Konkurrenten B seine optimale Preisstrategie bestimmen, die seinen Gewinn G_A
in der betrachteten Periode t (kurzfristig) maximiert. Hieran anschließend muß noch
analysiert werden, wie die drei möglichen Strategien des A das zeitliche Auseinanderfallen der Planungsperioden von A und B - und damit die Reaktionsverzögerung des
B - beeinflussen.

In den zuletzt behandelten Entscheidungssituationen wählt Anbieter A die Strategie I
- Festhalten am Ausgangspreis $p_{A,0}$ -, wenn die Ausgangspreiskombinationen im
"Gleichgewichtsgebiet" UWJ von Modell IV liegen. Bei der Wahl dieser Strategie I
ergibt sich für Konkurrent B kein Nachteil daraus, daß er nur mit zeitlicher Verzögerung reagieren kann. Denn die realisierten "Gleichgewichtslösungen" würden
genauso gelten, wenn B sofort reagieren könnte. Das Gleichgewichtsgebiet bei
Reaktionsverzögerung des Konkurrenten B ist ja ein Teil des "generellen Gleichgewichtsgebietes", das bei Preisgebundenheit ohne Reaktionsverzögerung (Modell I)
gilt. Die Reaktionsverzögerung des B bleibt also in allen Entscheidungssituationen,
in denen Strategie I für Anbieter A optimal ist, ohne Wirkung auf seine Gewinnlage.

Erweist sich hingegen in einer konkreten Situation für den Anbieter A die Strategie III
als optimal, so hält A für $\frac{y_B}{z_A}$-Periode am - für B ungünstigen - Ausgangspreis $p_{A,0}$ fest;

---

[23]) Vgl. hierzu die Ausführungen in Teil 2, Kap. 1, Abschnitt C.

er läßt dann den Konkurrenten B agieren und reagiert hierauf sofort. Dieses Verhalten des A bewirkt folgendes: Durch das "Warten" des A auf die Preisvariation des B *gleicht Anbieter A* seine Planungsperiode derjenigen des B an. Denn Unternehmer A ist nach seiner Reaktion - wie in Modell IV vorausgesetzt - an den neuen Preis für z_A-Zeiteinheiten gebunden. Bei gleich langen Planungsperioden der Dyopolisten ($z_A = z_B$) können deshalb beide Unternehmen die nächste Preisänderung zum gleichen Zeitpunkt vornehmen. Ihre Planungsperioden fallen dann nicht mehr zeitlich auseinander; Konkurrent B kann fortan *ohne* zeitliche Verzögerung reagieren. Der Strategie III des Anbieters A ist mithin eine Angleichung der Planungsperioden immanent!

Eine Tendenz zur Angleichung der Planungsperioden resultiert auch aus der Strategie II des Anbieters A, wie die folgenden Überlegungen zeigen: Es gelte die Ausgangspreiskombination $p_{A,0} = 11,5$; $p_{B,0} = 10$. Sie liegt oberhalb der "strategie-kritischen Kurve" S_A (vgl. Punkt P_3 in Abb. 10). Deshalb erweist sich bei Reaktionsverzögerung des B die Strategie II als optimal für Anbieter A. Er wird seinen - gemäß Gleichung (54-A-1) ermittelten - optimalen "Aktions-Preis" $p_{A,t} = 7,722$ fordern und so den Gewinn $G_{A,II} = 137$ erzielen. Für Konkurrent B errechnet sich bei dieser Strategie II des A ein Reaktionspreis gemäß seiner Kammlinien-Gleichung von $p_{B,t} = 7,102$.

Bei der angenommenen Reaktionsverzögerung von $\frac{y_B}{z_A} = \frac{4}{10}$-Periode vermag Konkurrent B damit einen Gewinn von

$$G_{B,II} = 46,52$$

zu erzielen. Dieser Gewinn $G_{B,II}$ ist wesentlich *kleiner* als der Gewinn $G_{B,TA} = 71,58$, den Konkurrent B - bei gleicher Ausgangssituation $p_{A,0} = 11,5$; $p_{B,0} = 10$ - realisieren würde, wenn er *ohne* zeitliche Verzögerung (Modell I) reagieren könnte[24]).

Die - für Anbieter A vorteilhafte - Reaktionsverzögerung des B ist also für den Konkurrenten B mit erheblichem Gewinnentgang verbunden. Und zwar ist dieser Gewinnentgang für B um so größer, je mehr seine Planungsperiode von derjenigen des Anbieters A abweicht, d.h. je größer die zeitliche Reaktionsverzögerung ist.

Das Erkennen dieser Zusammenhänge wird den Konkurrenten B veranlassen, nach Maßnahmen zu suchen, die eine möglichst rasche Reaktion und somit einen höheren Gewinn gewährleisten. Konkurrent B wird daher, wenn er schon die Preisgebundenheit nicht verhindern kann, wenigstens versuchen, seine Entscheidungszeitpunkte, also seine Planungsperiode derjenigen des Anbieters A anzupassen. Aus der Strategie II des A, die die Reaktionsverzögerung des B ausnutzt, resultiert mithin eine Tendenz zur *Angleichung der Planungsperioden*. Im Gegensatz zur Strategie III ist es hier Konkurrent B, der die Anpassung der Planungsperioden anstrebt, um dadurch seinen Gewinn zu steigern.

Fassen wir zusammen: Sowohl Strategie III als auch Strategie II führen dazu, daß die Dyopolisten ihre Planungsperioden möglichst zeitlich zusammenfallen lassen. Es besteht also ein eindeutiger Trend zur Angleichung der Planungsperioden im Dyopol.

---

[24]) Zum Gewinn $G_{B,TA} = 71,58$ vgl. die Ausführungen zu Modell I.

Die Folge ist: Die Anbieter nehmen nahezu gleichzeitig Preisvariationen vor; eine Erscheinung, die auf Oligopolmärkten in der wirtschaftlichen Wirklichkeit häufig anzutreffen ist[25]).

Diese Erscheinung nahezu gleichzeitiger Preisvariationen der Oligopolisten eines Marktes wird in der Praxis recht häufig als Indiz dafür angesehen - und entsprechend kritisiert -, daß die Oligopolisten wettbewerbs-ausschaltende Absprachen getroffen hätten[26]). Wie unsere Ausführungen jedoch zeigen, ist diese Schlußfolgerung nicht unbedingt zwingend: Strebt jeder Oligopolist nach (kurzfristiger) Gewinnmaximierung, so kann dieses Ziel bei Preisgebundenheit von jedem - wie Modell IV zeigte - am besten erreicht werden, wenn er seine Planungsperiode zeitlich denjenigen der Konkurrenten angleicht. Die nahezu gleichzeitige Preisvariation oligopolistischer Anbieter folgt also allein schon aus der Zielsetzung - Gewinnmaximierung -, nicht erst aus zusätzlichen Absprachen zwischen den Konkurrenten.

---

[25]) Als beispielsweise eine der großen Mineralölfirmen Ende 1968 oder im Jahre 1969 ihre Benzinpreise senkte, folgten die anderen Marken-Benzin-Hersteller prompt, häufig bereits am nächsten Tag; vgl. o.V.: "Konzerne im Manöver", in: DIE ZEIT, Nr. 46, v. 15.11.1968, S. 42; H.-G. Kemmer: "Schwarze Tage für weiße Säulen", in: DIE ZEIT, Nr. 50, v. 13.12.1968, S. 33 f. Auch die Preise für PKWs wurden Ende November 1969 von fast allen bekannten Autoherstellern in der BRD innerhalb weniger Tage erhöht; interessanterweise hatten die Preiserhöhungen obendrein nahezu das gleiche Ausmaß: Ford erhöhte seine Auto-Preise um durchschnittlich fast 6%, Opel um bis zu 7% und Fiat um 6 bzw. 8%; vgl. o.V.: "Preise - Schub zum Fest", in: DER SPIEGEL, 23. Jg., Nr. 50, v. 8.12.1969, S. 31. In der zweiten Januar-Woche (12.1.) 1972 erhöhten die Ford-Werke ihre Preise um ca. 3,3%; hierauf folgte bereits am 17.1.1972 das VW-Werk mit einer Preiserhöhung von ca. 4,5%.

[26]) Beispielsweise wurden die großen Mineralölfirmen wegen der fast gleichzeitigen Benzin-Preissenkungen vor das Kartellamt gerufen, weil Absprachen vermutet wurden. Vgl. o.V.: "Kartellamt prüft Benzin-Preissenkung", in: Frankfurter Allgemeine Zeitung, Nr. 204, vom 3.9.1966, S. 7, und o.V.: "Benzin-Preis - Bunt gegen Weiß", in: DER SPIEGEL, 22. Jg., Nr. 47, vom 18.11.1968, S. 92. Auch die Gummikonzerne Continental, Dunlop, Phoenix, Metzeler und Goodrich nahmen Ende 1969 fast gleichzeitig Preiserhöhungen für Autoreifen vor und wurden deshalb vom Kartellamt verdächtigt, die Preiserhöhungen (zwischen 1,5% und 21%) abgesprochen zu haben; vgl. o.V.: "Preise - Schub zum Fest", in: DER SPIEGEL, 23. Jg., Nr. 50, v. 8.12.1969, S. 32.

Kapitel 5

Abschließende Bemerkungen zu den Ergebnissen der statischen Dyopolmodelle I bis IV

Für die bisher dargestellten Modelle I bis IV wurden vor allem folgende Prämissen gesetzt:

a) Die Dyopolisten streben nach "kurzfristiger Gewinnmaximierung", d.h. der Gewinn soll nur für *eine* Periode maximiert werden.

b) Beide Dyopolisten besitzen vollkommene Information über die eigene Kosten- und Nachfragefunktion sowie die eigene Zielsetzung,
über die "fremde" Kosten- und Absatzfunktion sowie die Zielsetzung des Konkurrenten.
Hierdurch war die Möglichkeit gegeben, "die Reaktion des Konkurrenten auf eigene preispolitische Maßnahmen zu bestimmen, so daß sie in die eigenen preispolitischen Überlegungen einbezogen werden konnten"[1]).

Es mußte zunächst von diesen vereinfachenden und zweifelsohne noch recht wirklichkeitsfremden Voraussetzungen ausgegangen werden, um in aller Deutlichkeit die Zusammenhänge aufzeigen zu können, die für die Preispolitik auf dyopolistischen Märkten bestimmend sind. Gleichzeitig konnten wir auf diese Weise gewisse Widersprüche und Mängel, die einigen in der Literatur dargestellten Lösungen zur statischen Dyopolpreispolitik bei vollkommener Information anhaften, aufdecken und beseitigen:

1. In den Modellen I bis IV wurden die Interdependenzen zwischen den Koeffizienten dyopolistischer Preis-Absatz-Funktionen berücksichtigt: Den Modellen I bis IV liegen *"kompatible"* Preis-Absatz-Funktionen zugrunde. Die weit verbreitete Annahme der "Hotelling-Symmetrie" im Dyopol auf *un*-vollkommenem Markte mußten wir als ökonomisch nicht sinnvoll ablehnen.

Welche entscheidende Bedeutung der Berücksichtigung einer "Kompatibilität" der Preis-Absatz-Funktionen darüber hinaus zukommt, wird noch offensichtlicher, wenn der dyopolistische Preisbildungsprozeß bei *un*-vollkommener Information über die Absatzsituation untersucht wird[2]).

---

[1]) H. Jacob: "Preispolitik", a.a.O., S. 180.
[2]) Vgl. Teil 3, Kap. 3 (Modell IX).

2. Erst die Analyse der Koeffizienten der Preis-Absatz-Funktionen ermöglichte ferner, exakt abzuleiten, wie die "Beweglichkeit der Nachfrage" die Dyopol-Lösung beeinflußt. In Modell III wurde nachgewiesen, daß und warum eine höhere Beweglichkeit der Nachfrage *nicht* zwangsläufig zu niedrigeren Gleichgewichtspreisen führt.

3. Die Modelle I bis IV zeigen deutlich, welch enger, nicht zu durchbrechender Zusammenhang zwischen Zielsetzung und Reaktionsverhalten bei vollkommener Information besteht. Mit anderen Worten: Bei vollkommener Information folgt aus einer bestimmten Zielsetzung zwingend ein ganz bestimmtes Reaktionsverhalten; es kann also nicht eine bestimmte Zielsetzung mit *irgendeinem* Reaktionsverhalten verbunden werden, wie dies in der Literatur aber des öfteren geschieht. Deshalb wurde an Hand von Modell I gezeigt, daß bei der Zielsetzung "kurzfristige Gewinnmaximierung" *nicht* gleichzeitig ein reaktionsindifferentes (autonomes) Verhalten oder eine "normale Reaktion" im Sinne Krelles unterstellt werden darf. Derartige Annahmen widersprechen - wie nachgewiesen - der gleichzeitig gesetzten Prämisse "vollkommener Information".

4. Im Rahmen von Modell I konnte außerdem dargelegt werden, daß *eindeutige* Lösungen des Dyopolproblems auch dann bestimmt werden können, wenn die Ausgangspreiskombination außerhalb der *beiden* individuellen Gleichgewichtsbereiche liegt. Ob in derartigen Situationen Anbieter A oder Konkurrent B zuerst seine Preisforderung ändern muß, kann eindeutig abgeleitet werden, indem "kritische Wartezeiten" errechnet und miteinander verglichen werden.

5. Durch einen Vergleich der Ergebnisse von Modell I und II konnte gezeigt werden, wie die "zeitliche Preisgebundenheit" den Entscheidungsspielraum und die Gewinnsituation der Dyopolisten beeinflußt. Hierbei wird insbesondere der Unterschied zwischen einerseits "gekorenen", d.h. durch preispolitische Aktivität (tatsächlich) erreichbaren Lösungspunkten und andererseits nur aus exogenen Datenänderungen "geborenen" Gleichgewichtskombinationen bedeutsam. So mußten wir das "generelle Gleichgewichtsgebiet" bei Preisgebundenheit als preispolitisch nahezu irrelevantes, weil "geborenes" Lösungsgebiet charakterisieren. Im Gegensatz dazu lassen sich, wenn eine zeitliche Preisgebundenheit nicht besteht, zwei Gleichgewichtsfelder "gekorener" Lösungspunkte ableiten. Für ihre Bestimmung erhalten die bisher in der Literatur nicht beachteten Iso-Gewinnkurven $G_{B, TA}$ und $G_{A, TB}$ besondere Bedeutung.

6. In Modell IV haben wir schließlich untersucht, wie Anbieter A seine optimale Preisstrategie ermitteln muß, wenn Konkurrent B nur mit zeitlicher Verzögerung reagieren kann. Insbesondere folgende Erkenntnisse vermittelte Modell IV: Auch bei "Reaktionsverzögerung des Konkurrenten" (B) läßt sich ein Gleichgewichtsgebiet ableiten. Hierzu muß eine "strategie-kritische Kurve" für Anbieter A gewonnen werden; sie gibt an, bei welcher Ausgangspreiskombination welche Preisstrategie des A optimal ist.

Ferner zeigte sich, daß bereits aus der Zielsetzung kurzfristiger Gewinnmaximierung in Modell IV die Tendenz resultiert, die Planungsperioden der Dyopolisten anzugleichen und somit die Reaktionsverzögerung zu minimieren. Die Folge sind - auch ohne Absprachen - fast gleichzeitige Preisvariationen der Oligopolisten.

So weit die wesentlichsten Ergebnisse, die mit Hilfe der Modelle I bis IV gewonnen werden konnten. Diese Modelle sollten zum einen dazu dienen, Widersprüche und Mängel der bisherigen statischen Dyopoltheorien aufzuzeigen und zu beseitigen. Zum anderen sollte, insbesondere mit den Modellen III (Beweglichkeit der Nachfrage) und IV (Reaktionsverzögerung), die statische Oligopoltheorie auf weitere wesentliche Entscheidungssituationen ausgedehnt werden.

Damit wollen wir die eine Untersuchung dieser Arbeit, eine entscheidungstheoretisch konsequente und umfassendere *statische* Theorie des Dyopols zu entwickeln, abschließen.

Teil 3

Optimale Preispolitik im Entscheidungsfeld einer dynamischen Oligopoltheorie

Mit dem letzten Modell (IV) stießen wir - wie beschrieben - wegen der einengenden Prämisse kurzfristiger, ein-periodiger Gewinnmaximierung an die Grenze einer statischen Theorie. Deshalb soll diese Prämisse im folgenden (Modell V, VI und VII) aufgehoben werden: An die Stelle der kurzfristigen, ein-periodigen Gewinnmaximierung tritt die wirklichkeitsnähere "langfristige Gewinnmaximierung", die eine Preisplanung über mehrere Perioden voraussetzt. Damit vollziehen wir - hier im Teil 3 - den Schritt von der *statischen* Ein-Perioden-Betrachtung zur *dynamischen* Mehr-Perioden-Analyse des Oligopols.

Hieran anschließend (Modelle VIII und IX) ist eine dynamische Dyopoltheorie auch für solche Situationen zu entwickeln, in denen die Unternehmer nur über *un*-vollkommene Information verfügen. Wird die - bisher grundsätzlich gewählte - Prämisse "vollkommener Information" aufgehoben, so bedeutet dies: Jeder Anbieter hat Entscheidungen *unter Unsicherheit* zu treffen, d.h. er kann seinen Entscheidungen - wie oben bereits skizziert[1]) - nur geschätzte Größen zugrunde legen. Daher werden die geplanten Ergebnisse der Entscheidungen von den tatsächlich eingetretenen Resultaten abweichen. Aus diesen Abweichungen des "Ist" vom "Plan" werden die Dyopolisten versuchen zu "lernen".

Dabei besteht das "Lernen" in folgendem: Durch richtige Verarbeitung der im Zeitablauf zu gewinnenden Information gelingt es den Oligopolisten in zunehmendem Maße, das "Heute" aus dem "Gestern" und das "Morgen" aus dem "Heute" zu erklären. Zu planende Preise der kommenden Periode(n) hängen von den Absatz- und Preis-Abweichungen in der oder den Vorperioden ab; dieser "Lernprozeß" vollzieht sich also in der Zeit. Er kann mithin nur im Rahmen einer *dynamischen* Oligopoltheorie berücksichtigt werden. Erste Versuche, auf diese Weise auch für den Fall *un*-vollkommener Information eine dynamische Dyopoltheorie zu entwickeln, sollen in den Modellen VIII und IX unternommen und zur Diskussion gestellt werden.

---

[1]) Vgl. S. 69 ff.

Kapitel 1

Streben nach "langfristiger Gewinnmaximierung" bei vollkommener Information über im Planungszeitraum konstante Kosten- und Marktdaten (Modell V)

A. Prämissen und Ausgangslage von Modell V

In unserem ersten dynamischen Modell V soll folgende - bisher in der Literatur nicht untersuchte - Entscheidungssituation betrachtet werden: Die Dyopolisten streben bei vollkommener Information nach *lang*-fristiger Gewinnmaximierung und verhalten sich dabei reaktions-*bewußt*.

Einen andersgearteten Fall, in dem sich die Dyopolisten bei langfristiger Gewinnmaximierung halb reaktions-bewußt, halb reaktions-indifferent verhalten, hat Jacob untersucht[1]). Hierbei geht Jacob von zwei weiteren Voraussetzungen aus, die von den Prämissen unseres Modells V abweichen. Er nimmt an:

a) Die Gesamtnachfrage ist *konstant*, d.h. von den Preisen p_A und p_B völlig unabhängig; es existiert also keine Preis-Absatz-Funktion $x = f(p_A; p_B)$ in unserem Sinne.

b) Die angebotenen Güter sind *homogen* bzw. "im weiteren Sinne homogen". Deshalb wird *ein* Gleichgewichtspreis $\bar{p}_A = \bar{p}_B$ gesucht (wie es für den Fall des Dyopols auf vollkommenem Markt typisch ist).

Unser Modell V hingegen berücksichtigt in den kompatiblen Preis-Absatz-Funktionen eine von der Preisstellung p_A; p_B abhängige Gesamtnachfrage und gilt ferner für heterogene Güter, also für eine Dyopolsituation auf unvollkommenem Markte. Der Gesamtplanungszeitraum, für den der Gewinn in Modell V maximiert werden soll, umfaßt für beide Dyopolisten jeweils n Perioden. Innerhalb dieser n Perioden ist keine Datenänderung zu erwarten; die Kosten- und Marktdaten seien im Gesamtplanungszeitraum konstant.

---

[1]) Jacob spricht in diesem Zusammenhang von "einem i n g e w i s s e m G r a d e reaktionsbewußten Verhalten", das er folgendermaßen charakterisiert: "Zwar geht der Unternehmer noch davon aus, daß seine Preissetzung die Maßnahmen seines Konkurrenten in der ersten Periode nicht beeinflußt; er ist sich jedoch klar darüber, daß diese Annahme bezüglich der zweiten Periode nicht haltbar ist, und er daher für diese Periode die Reaktion seines Partners in seine Überlegungen mit einbeziehen muß". H. Jacob: "Dynamische Oligopolpreisbildung...", a.a.O., S. 147 f. Durch diese Art von "Reaktionsverzögerung" der Anbieter wird versucht, einen Übergang vom Polypol zum Oligopol zu schaffen.

Die ungleichgewichtige Ausgangspreiskombination $p_{A,\,0}$; $p_{B,\,0}$ sei durch den Punkt P_0 in Abb. 11[2]) gekennzeichnet. Der Punkt P_0 liegt außerhalb des individuellen Gleichgewichtsbereiches von Anbieter A, aber innerhalb desjenigen von Konkurrent B. Somit hat Produzent A - im Gegensatz zu B - ein Interesse an der Veränderung der Ausgangslage; Anbieter A wird also der Agierende sein[3]).

Die Frage, die Anbieter A nun zu beantworten hat, lautet: Wie kann er diejenige(n) Preisforderung(en) finden, die unter Beachtung der Zielsetzung und der daraus resultierenden Reaktion des Konkurrenten B seinen eigenen Gewinn G_A im Gesamt-planungszeitraum maximiert? Dabei sei wiederum ein-periodige "Preisgebundenheit" unterstellt; d.h. die Dyopolisten sind an den zu Beginn einer Teilperiode gesetzten Preis - wobei der Gesamtplanungszeitraum n Teilperioden umfaßt - bis zum Beginn der folgenden Teilperiode gebunden. Wie in Modell IV nachgewiesen wurde, besteht bei einer derartigen Preisgebundenheit ein Trend zur Angleichung der Planungsperioden. Deshalb kann im folgenden davon ausgegangen werden, daß die Teilperioden der Dyopolisten zeitlich übereinstimmen, Konkurrent B also ohne Reaktionsverzögerung handeln kann.

B. Die Ableitung des Lösungsweges

Aufgrund der angenommenen vollkommenen Information kennt Anbieter A - ebenso B - den Verlauf der Kammlinien L_A und L_B; ferner die Iso-Gewinnkurve $G_{A,\,TA}$, die die Kammlinie L_B im Punkt T_A tangiert, und die Isogewinnkurve $G_{B,\,TA}$, die zum Gewinn des Konkurrenten B im Punkt T_A gehört. Diese beiden Isogewinnkurven um-grenzen das "gekorene" Gleichgewichtsfeld $T_A S$ des Anbieters A, das in anderem Zusammenhang bereits abgeleitet wurde[4]).

Wie für den Fall *kurz*-fristiger (ein-periodiger) Gewinnmaximierung ermittelt wurde, *könnte* Anbieter A den Preis $p_{A,\,TA}$ fordern. Da bei Preisgebundenheit Konkurrent B hierauf gemäß seiner Cournot-Kammlinie L_B reagieren *müßte*, um seinen Gewinn zu maximieren, könnte Anbieter A auf diese Weise den Punkt T_A erzwingen. Er würde dann im Gesamtplanungszeitraum einen Gesamtgewinn in Höhe von $n \cdot G_{A,TA}$ erwirtschaften, Konkurrent B dementsprechend einen Gesamtgewinn von $n \cdot G_{B,TA}$. Bei diesem Vorgehen hätte Anbieter A jedoch die vorhandenen Informationen nicht voll ausgenutzt: A hätte nämlich dem Umstand nicht genügend Rechnung getragen, daß auch sein Konkurrent B - im Modell V - nach *lang*-fristiger, mehrperiodiger Ge-winnmaximierung strebt.

Denn im Gegensatz zur kurzfristigen Gewinnmaximierung bei Preisgebundenheit (Modell I) gilt für Modell V folgendes: Beim Streben nach langfristiger Gewinn-

---

[2]) Die Abb. 11 findet sich auf S. 165.

[3]) Alle folgenden Ausführungen gelten analog, wenn statt Anbieter A der Konkurrent B - aufgrund einer anderen Ausgangssituation - der agierende Dyopolist ist.

[4]) Siehe hierzu die Darstellung der Oligopolpreisbildung bei kurzfristiger Gewinnmaximierung ohne Preisgebundenheit (Modell II) in Teil 2, Kap. 2

maximierung wird Konkurrent B auf einen Preis p_A, der höher liegt als der Preis $p_{A,\,TA}$, *nicht unbedingt* mit einer Reaktion gemäß seiner Kammlinie L_B antworten. Entscheidend für Art und Umfang der Konkurrenten-Reaktion des B ist jetzt vielmehr, welcher *Gesamt*-gewinn dadurch für B im Gesamtplanungszeitraum erzielbar wird. Diesen von der Konkurrenten-Reaktion abhängigen Gesamtgewinn $G_{B,\,g}$ des B kann Anbieter A - und natürlich auch B - bei der unterstellten vollkommenen Information errechnen.

I.   Die Reaktions-Alternativen des Konkurrenten

Bei einer Reaktion gemäß seiner Kammlinie L_B setzt sich der Gesamtgewinn des Konkurrenten B zusammen aus:

a) dem Gewinn $G_{B,\,LB}$, den B in der 1. Teilperiode erzielen wird, wenn er auf den Preis p_A ($> p_{A,\,TA}$) gemäß seiner Kammlinie L_B mit dem Preis $p_{B,\,LB}$ antwortet, und

b) den Gewinnen der (n-1) Folgeperioden, in denen B nur jeweils den Gewinn $G_{B,\,TA}$ erzielt, der zum Punkt T_A gehört; denn der Anbieter A würde wegen der Kammlinien-Reaktion des B auf p_A ($> p_{A,\,TA}$) in der 1. Periode sofort von der 2. Periode an - eher kann A ja infolge der Preisgebundenheit keine Preisvariation vornehmen - den Preis $p_{A,\,TA}$ fordern, um so den Punkt T_A zu erzwingen.

Als Alternative zur Kammlinien-Reaktion bietet sich dem Konkurrenten B bei der Zielsetzung "langfristiger" Gewinnmaximierung evtl. die Möglichkeit, auf den Preis p_A ($> p_{A,\,TA}$) mit seinem Preis p_B nur so zu reagieren, daß eine Preiskombination im "gekorenen" Gleichgewichtsfeld $T_A S$ (vgl. Abb. 11) realisiert wird; er würde dann n-mal den Gewinn $G_{B,\,i}$ zu dieser Preiskombination im "gekorenen" Gleichgewichtsfeld $T_A S$ erzielen.

Um nun festzustellen, welche Handlungsalternative - Kammlinien-Reaktion oder "gemäßigte" Reaktion innerhalb des "gekorenen" Gleichgewichtsfeldes $T_A S$ - bei einem gegebenen Preis p_A seiner Zielsetzung langfristiger Gewinnmaximierung am besten entspricht, wird Konkurrent B stets einen Gewinnvergleich durchführen. Das Ergebnis dieses Gewinnvergleiches bestimmt die zu wählende Reaktionsweise. Gilt beispielsweise zum Preis $p_{A,\,1}$:

$$n \cdot G_{B,\,i}\ (p_{A,\,1}) < G_{B,\,LB}\ (p_{A,\,1}) + (n\text{-}1) \cdot G_{B,\,TA},^{[5]}$$

so wird Konkurrent B gemäß seiner Kammlinie L_B reagieren, weil er bei $p_{A,\,1}$ nur durch diese Verhaltensweise seinen Gewinn im Gesamtplanungszeitraum maximiert.

---

[5]) Bei dieser Schreibweise wird keine Abzinsung der zu unterschiedlichen Zeitpunkten realisierten Gewinne berücksichtigt. Vgl. hierzu die folgenden Ausführungen.

Fordert hingegen Anbieter A den Preis $p_{A,2}$ und ergibt sich hierfür:

$$n \cdot G_{B,i} (p_{A,2}) > G_{B,LB} (p_{A,2}) + (n\text{-}1) \cdot G_{B,TA} \;,$$

so wird Konkurrent B eine "gemäßigte Reaktion" vorziehen, die zu einer Preis-kombination im gekorenen Gleichgewichtsfeld $T_A S$ führt.

II. Die Gleichungen des "Mindest-Reaktions-Preises"

Die soeben beschriebene Abhängigkeit der zieladäquaten Reaktion des Konkurrenten B vom Preis p_A *muß* Anbieter A bei seiner Preisfestsetzung beachten, insbesondere aus folgendem Grunde: Für den Anbieter A wäre stets eine gemäßigte Preisreaktion des B von Vorteil, die zu einer Preiskombination im Innenhof des gekorenen Gleich-gewichtsfeldes $T_A S$ führt. Der Gesamtgewinn des A wäre dann stets größer als im Punkt T_A. Daher hat Anbieter A das Problem zu lösen, seinen Preis p_A so zu setzen, daß Konkurrent B hierauf *nicht* gemäß seiner Kammlinie L_B reagiert. Oder anders ausgedrückt: Anbieter A muß einen solchen Preis p_A fordern, daß *auch* der Konkurrent B seinen Gewinn langfristig nur dann maximieren kann, wenn er auf p_A mit einem Preis $p_{B,i}$ innerhalb des gekorenen Gleichgewichtsfeldes $T_A S$ antwortet.

Der von Anbieter A zu setzende optimale Preis muß demnach die folgende Be-dingung erfüllen:

(55-A) $n \cdot G_{B,i} (p_A) \geqslant G_{B,LB} (p_A) + (n\text{-}1) \cdot G_{B,TA} \;.$

Bedingung (55-A) besagt: Der Gesamtgewinn des B bei einer "gemäßigten" Reaktion, die beide Dyopolisten ins gekorene Gleichgewichtsfeld $T_A S$ führt, muß größer[6]) sein als die Summe seiner Gewinne bei einer Kammlinien-Reaktion und der anschließend für (n-1) Perioden geltenden Preiskombination im Punkt T_A.

Betrachtet sei zunächst der Fall, daß in Bedingung (55-A) das Gleichheitszeichen gilt, also sein soll:

$$n \cdot G_{B,i} (p_A) = G_{B,LB} (p_A) + (n\text{-}1) \cdot G_{B,TA}$$

oder

(56-A) $n \cdot \left[(a_B - b_B \, p_{B,i} + c_B \, p_A) \, (p_{B,i} - k_B) - f_B \right]$

$$= G_{B,LB} (p_A) + (n\text{-}1) \cdot G_{B,TA}$$

---

[6]) - bzw. darf nicht kleiner -

Dann kann Unternehmer A in einem ersten Schritt die Gleichung (56-A) nach $p_{B,i}$ auflösen. Anbieter A gewinnt so einen Ausdruck dafür, wie stark sein Konkurrent B in Abhängigkeit von p_A *mindestens* reagieren wird, um wenigstens einen ebenso hohen Gesamtgewinn wie bei einer Kammlinien-Reaktion und anschließender Preiskombination in T_A zu realisieren.

Im Wege der Auflösung von Gleichung (56-A) nach dem "Mindest-Reaktions-Preis" $p_{B,i}$ erhalten wir nach mehreren Umformulierungen:

$$(57) \quad \left(p_{B,i} - \frac{a_B + k_B b_B + c_B p_A}{2 b_B} \right)^2 = \left(\frac{a_B + k_B b_B + c_B p_A}{2 b_B} \right)^2$$

$$- \frac{1}{b_B} (k_B c_B p_A + k_B a_B + f_B)$$

$$- \frac{1}{n b_B} G_{B,LB} - \frac{n-1}{n b_B} G_{B,TA}$$

Vor der weiteren Auflösung nach $p_{B,i}$ kann berücksichtigt werden, daß für den zum Kammlinien-Preis $p_{B,LB}$ gehörenden Gewinn $G_{B,LB}$ gilt:

$$(58\text{-}B) \qquad G_{B,LB} = x_{B,LB} (p_{B,LB} - k_B) - f_B$$

Mit Hilfe unserer Preis-Absatz-Funktion (3-B) und der Kammlinien-Gleichung (38-B-1)

$$(38\text{-}B\text{-}1) \qquad p_{B,LB,1} = \frac{a_B + k_B b_B + c_B p_A}{2 b_B}$$

erhalten wir für (58-B) die Form:

$$(58\text{-}B\text{-}1) \qquad G_{B,LB,1} = \frac{1}{4 b_B} (a_B - k_B b_B + c_B p_A)^2 - f_B$$

$$= \frac{(a_B + k_B b_B + c_B p_A)^2}{4 b_B} - k_B c_B p_A - k_B a_B - f_B \; .$$

Demzufolge ist:

$$(59\text{-}B\text{-}1) \qquad \frac{1}{b_B} G_{B,LB,1} = \left(\frac{a_B + k_B b_B + c_B p_A}{2 b_B} \right)^2 - \frac{1}{b_B} (k_B c_B p_A + k_B a_B + f_B)$$

Setzen wir nun diese Beziehungen (38-B-1) und (59-B-1) in Gleichung (57) ein, so erhalten wir:

$$\left(p_{B,i} - p_{B,LB,1}\right)^2 = \frac{1}{b_B} G_{B,LB,1} - \frac{1}{nb_B} G_{B,LB,1} - \frac{(n-1)}{nb_B} G_{B,TA}$$

Durch Zusammenfassung und weiteres Auflösen nach $p_{B,i}$ gewinnen wir hieraus als eine Gleichung für den "Mindest-Reaktions-Preis" $p_{B,i}$ des Konkurrenten B:

$$(60\text{-}A\text{-}1) \qquad p_{B,i,1} = p_{B,LB,1} \pm \sqrt{\frac{n-1}{n} \cdot \frac{1}{b_B} \left(G_{B,LB,1} - G_{B,TA}\right)} \quad .$$

Die "Mindest-Reaktions-Preis"-Gleichung (60-A-1) gilt für alle Preise p_A, auf die Konkurrent B bei einer Kammlinien-Reaktion gemäß seiner Kammlinien-Gleichung (38-B-1) antworten würde. Wie bei Ableitung der Kammlinien-Gleichungen nachgewiesen, ist dies bis zum 1. Knick der Kammlinie L_B beim Preis $p_{B,m}$ (= 8,51) der Fall; dort mündet die Kammlinie L_B in die Prohibitiv-Preis-Kurve p_{Ah} (p_B)[7]. Mithin gilt die "Mindest-Reaktions-Preis"-Gleichung (60-A-1) für alle Preise $p_A \leqslant p_{Ah}$ $(p_{B,m})$ = 11,96.

Anschließend ist die Kammlinien-Gleichung (38-B-2) zugrunde zu legen, um den Gewinn $G_{B,LB}$ (p_A) in Bedingungsgleichung (56-A) richtig ermitteln zu können. Dementsprechend erhalten wir für alle Preise p_{Ah} $(p_{B,m}) \leqslant p_A \leqslant p_{Ah}$ $(p_{B,c})$ als Gleichung für den "Mindest-Reaktions-Preis"[8]):

(60-A-2)

$$p_{B,i,2} = p_{B,LB,1a} \pm \sqrt{\frac{1}{b_B} G_{B,LB,1a} - \frac{1}{n} \cdot \frac{1}{b_B} G_{B,LB,2} - \frac{n-1}{n} \cdot \frac{1}{b_B} G_{B,TA}}$$

Da die Kammlinie L_B noch einen 2. Knick aufweist, muß ferner beachtet werden: Liegt der Preis p_A so hoch, daß Konkurrent B auf ihn bei einer Kammlinien-Reaktion mit seinem "Monopol-Preis" $p_{B,c}$ (= 10,71) gemäß Gleichung (38-B-3) antworten würde, so gilt die "Mindest-Reaktions-Preis"-Gleichung (60-A-3):

(60-A-3)

$$p_{B,i,3} = p_{B,LB,1a} \pm \sqrt{\frac{1}{b_B} \cdot G_{B,LB,1a} - \frac{1}{n} \cdot \frac{1}{b_B} G_{B,max} - \frac{n-1}{n} \cdot \frac{1}{b_B} G_{B,TA}}$$

---

[7]) Vgl. die Ausführungen über die Kammlinie in Teil 2, Kap. 1.

[8]) Der zusätzliche Index a soll andeuten: Für alle Preise $p_A > p_{Ah}$ $(p_{B,m})$ sind die "Preise" p_B, $_{LB,1a}$ und die zugehörigen "Gewinne" $G_{B,LB,1a}$ in den Gleichungen (60-A-2) und (60-A-3) nur rechnerische Zwischenwerte; graphisch gesehen liegen sie auf der - ökonomisch nicht relevanten - Verlängerung des nach (38-B-1) errechneten ersten Abschnittes der Kammlinie L_B, die in Abb. 11 einmal gestrichelt eingezeichnet ist.

Bei der Bestimmung des "Mindest-Reaktionspreises" $p_{B,i}$ kann noch berücksichtigt werden, daß die Teil-Gewinne nur nacheinander, also zu unterschiedlichen Zeitpunkten - jeweils am Ende der Teilperiode - anfallen. Dann sind die einzelnen Gewinne - ähnlich wie die verschiedenen Ein- und Auszahlungsbeträge einer Investition in der Investitionsrechnung[9]) - mit einem bestimmten Zinsfuß abzuzinsen. Dadurch wird beispielsweise der Gewinn der 1. Periode des Gesamtplanungszeitraumes mit dem Gewinn in der Periode n vergleichbar und addierbar.

Die Bedingungsgleichung (55-A) für einen optimalen Preis p_A nimmt dann die Form an:

(55-A-1)

$$\frac{(1+r)^n - 1}{r(1+r)^n} \cdot G_{B,i}(p_A) \geqslant \frac{1}{1+r} G_{B,LB}(p_A) + \left[\frac{(1+r)^n - 1}{r(1+r)^n} - \frac{1}{1+r} \right] \cdot G_{B,TA}$$

Hierin bezeichnet r den Kalkulationszinsfuß, mit dem die Gewinne diskontiert werden, und n die Anzahl der Jahre des Gesamtplanungszeitraumes, für den die Dyopolisten ihren Gewinn - langfristig - zu maximieren suchen.

Schreiben wir für den Abzinsungssummenfaktor

(61)
$$\frac{(1+r)^n - 1}{r(1+r)^n} = N$$

und für

(62)
$$\frac{1}{1+r} = q$$

so lautet die Bedingungsgleichung:

$$N \cdot G_{B,i}(p_A) = q \cdot G_{B,i} + (N-q) G_{B,TA}$$

Hieraus erhalten wir analog zu Gleichung (60-A-1) die Gleichung (63-A-1) für den "Mindest-Reaktionspreis" $\bar{p}_{B,i}$ bei diskontierten Gewinnen:

(63-A-1)
$$\bar{p}_{B,i,1} = p_{B,LB,1} \pm \sqrt{\frac{N-q}{N} \cdot \frac{1}{b_B} (G_{B,LB,1} - G_{B,TA})}$$

Der nach Gleichung (63-A-1) errechnete "Mindest-Reaktions-Preis" $p_{B,i}$, der die unterschiedlichen Zeitpunkte der Gewinnentstehung berücksichtigt und deshalb die

[9]) Vgl. hierzu insbesondere: H. Jacob: "Neuere Entwicklungen in der Investitionsrechnung", Sonderdruck der Zeitschrift für Betriebswirtschaft, Wiesbaden 1964; ders.: "Optimale Investitionspolitik", Bd. 4 der "Schriften zur Unternehmensführung", Wiesbaden 1968; E. Schneider: "Wirtschaftlichkeitsrechnung - Theorie der Investition", 5. Auflage, Tübingen - Zürich 1964.

Gewinne abzinst, ist grundsätzlich *kleiner* als der Mindest-Reaktionspreis $p_{B, i}$ nach Gleichung (60-A-1). Dies liegt daran, daß

$$\frac{N - q}{N} < \frac{n - 1}{n}$$

ist. Ökonomisch bedeutet $\bar{p}_{B, i} < p_{B, i}$, daß der "Mindest-Reaktionspreis" $\bar{p}_{B, i}$ näher beim Kammlinien-Preis $p_{B, LB, 1}$ liegt als $p_{B, i}$.

Beide Gleichungen (60-A-1) und (63-A-1) für den "Mindest-Reaktionspreis" in Abhängigkeit von Preis p_A lassen unmittelbar erkennen:

Umfaßt der Gesamtplanungszeitraum nur *eine* Periode, ist also n = 1, so liegt praktisch der - in Modell I behandelte - Fall *kurzfristiger,* ein-periodiger Gewinnmaximierung vor. Dementsprechend nehmen dann *beide* Gleichungen (60-A-1) und (63-A-1) die Form an:

$$p_{B, i} = \bar{p}_{B, i} = p_{B, LB, 1} = \frac{a_B + k_B \, b_B + c_B \, p_A}{2 b_B}$$

Sie stellt nichts anderes dar als die Bestimmungsgleichung (38-B-1) für die Cournot-Kammlinie L_B des B[10]); d.h. um seiner Zielsetzung *kurz*fristiger Gewinnmaximierung bei Preisgebundenheit zu entsprechen, müßte Konkurrent B auf jeden Preis p_A gemäß seiner Kammlinie L_B reagieren.

Im hier zu betrachtenden Modell V ist nun aber n > 1, d.h. Dyopolisten streben nach *langfristiger,* mehrperiodiger Gewinnmaximierung. Dann geben die Gleichungen (60-A) bzw. (63-A) nur den "Mindest-Reaktionspreis" des Konkurrenten B auf den Preis p_A an. Denn auf jeden Preis p_A wird Konkurrent B *mindestens* mit dem Preis $p_{B, i}$ bzw. $\bar{p}_{B, i}$ reagieren: Dadurch könnte B wenigstens einen ebenso hohen Gesamtgewinn erzielen, wie er ihn mit einer Kammlinien-Reaktion ($G_{B, LB}$) und anschließender Preiskombination im Punkt T_A auch erwirtschaften würde.

Demzufolge muß Anbieter A, um seinen Gewinn langfristig zu maximieren, in einem zweiten Schritt ermitteln, welche dieser "Mindest-Reaktionspreise" $p_{B, i}$ in Abhängigkeit von p_A innerhalb seines "gekorenen Gleichgewichtsgebietes" $T_A S$ liegen: Denn von den Preiskombinationen innerhalb dieses Gleichgewichtsgebietes $T_A S$, die dem A *alle* einen höheren Gewinn als im Punkt T_A erbringen würden, sind wegen der gleichzeitigen langfristigen Gewinnmaximierung des Konkurrenten B nur diejenigen Preiskombinationen relevant, die dem B mindestens einen Gewinn in Höhe von

$$n \cdot G_{B, i} = G_{B, LB} + (n\text{-}1) \, G_{B, TA}$$

garantieren.

---

[10]) Vgl. Teil 2, Kap. 1.

C. „Gleichgewichts-kritischer Aktionspreis" und Lösungsgebiet im dynamischen Modell V

Wird nun eine durch die Gleichungen (60-A) bestimmte "Kurve der Mindest-Reaktionspreise" $p_{B, i}$ des B in die Betrachtung mit einbezogen, so erhalten wir Abb. 11[11]). Darin umgrenzen die "Kurve der Mindest-Reaktionspreise" und die Isogewinnkurve $G_{A, TA}$ ein Zweieck $T_A Q_A$, das im folgenden näher zu untersuchen ist.

Der obere Eckpunkt Q_A dieses Gebietes $T_A Q_A$, der durch den Schnittpunkt der "Kurve der Mindest-Reaktionspreise" des B und die Isogewinnkurve $G_{A, TA}$ bestimmt wird, ist für die Preisvariation des A von besonderer Bedeutung; er definiert - auf der p_A-Achse - den "gleichgewichts-kritischen Aktionspreis" $p_{A, K}$ (= 12,13 in Abb. 11) des Anbieters A. Ein Beispiel möge die Zusammenhänge verdeutlichen:

Angenommen, das Unternehmen A würde - von der Ausgangspreiskombination P_0 aus - den Preis $p_{A, 1}$ = 13 fordern. Dieser Preis läge zwar innerhalb des von der Isogewinnkurve $G_{A, TA}$ umgrenzten Gebietes, aber *höher* als der gleichgewichts-kritische Aktionspreis" $p_{A, K}$ = 12,13 (vgl. Abb. 11). Zu $p_{A, 1}$ = 13 würde dann ein Mindest-Reaktionspreis von $p_{B, i}$ = 11,83 *links* von der Isogewinnkurve $G_{A, TA}$ gehören (vgl. Punkt P_2 in Abb. 11). Konkurrent B könnte daher, wenn er auf $p_{A,1}$ = 13 mit dem Mindest-Reaktionspreis $p_{B, i}$ = 11,83 antwortete, nicht erwarten, im Punkt P_2 eine für n Perioden stabile Preiskombination zu erreichen: Denn Anbieter A würde bei dieser Preiskombination $p_{A, 1}$; $p_{B, i}$ in allen n Perioden des Gesamtplanungs-zeitraumes jeweils einen kleineren Gewinn als den Gewinn $G_{A, TA}$ erzielen, den er im Punkt T_A erzwingen könnte; A würde deshalb in der 2. Periode seinen Preis erneut variieren, und zwar den Preis $p_{A, TA}$ zum Punkt T_A fordern.

Wenn aber Konkurrent B infolgedessen erwarten müßte, in (n-1) Perioden ohnehin nur den Gewinn $G_{B, TA}$ im Punkt T_A zu erwirtschaften, so wäre es für ihn vorteilhafter, in der 1. Periode auf $p_{A, 1}$ gemäß seiner Kammlinie zu reagieren, anstatt den Mindest-Reaktionspreis $p_{B, i}$ zu fordern. Im Beispiels-Fall für n = 2 würde Konkurrent B mit der Kammlinien-Reaktion einen Gesamtgewinn in Höhe von:

$$G_{B, LB, 2}(p_{A, 1}) + (n\text{-}1)\, G_{B, TA} = \underline{278,58} > G_B(p_{B, i}; p_{A, 1}) + (n\text{-}1)\, G_{B, TA}$$

$$= \underline{210,86}$$

erzielen. Anbieter A würde aufgrund dieser zieladäquaten Kammlinienreaktion des B insgesamt nur einen Gewinn von

$$G_A(p_{A, 1}; p_{B, LB}) + (n\text{-}1)\, G_{A, TA} = \underline{43,87}\,{}^{[12]}) < n \cdot G_{A, TA} = \underline{197,74}$$

[11]) Die in Abb. 11 gezeigte Kurve der Mindest-Reaktionspreise $p_{B, i}$ gilt für einen Gesamt-planungszeitraum von n = 2 Perioden. Für einen längeren Gesamtplanungszeitraum (n > 2) ergibt sich eine andere Kurve; vgl. Abschnitt D.

[12]) Dieser Gewinn ist deshalb so gering, weil der Preis $p_{A, 1}$ = 13 in der 1. Periode durch die Kammlinien-Reaktion des B zum Prohibitiv-Preis wird; daher entsteht hier ein Verlust in Höhe der fixen Kosten (f_A = 55).

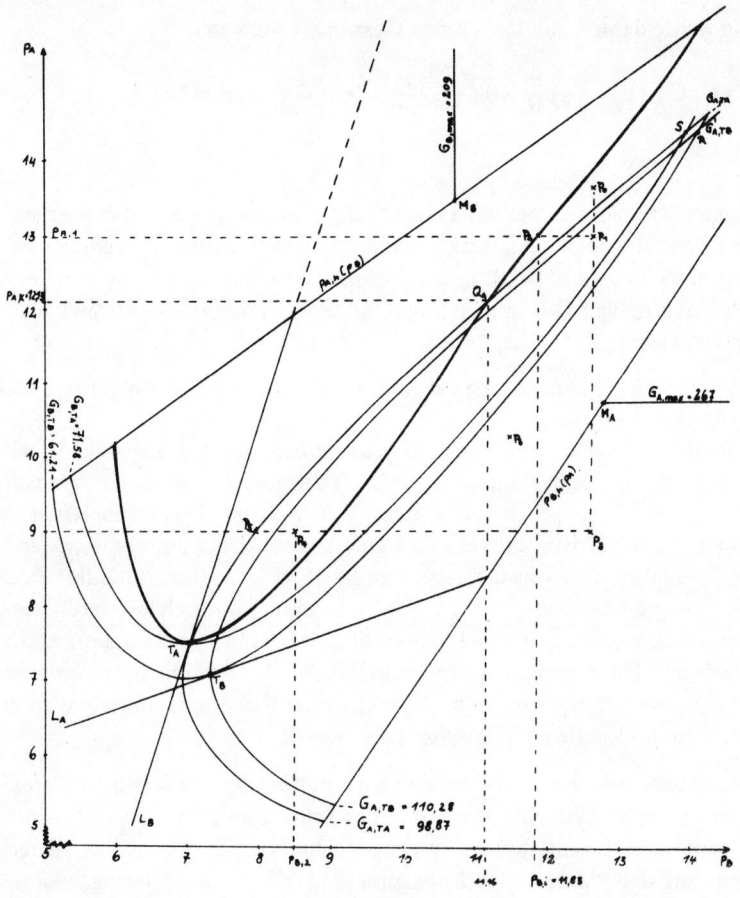

Abb. 11

realisieren. Sein Gesamtgewinn wäre also sogar wesentlich kleiner als im Punkt T_A.

Als Ergebnis ist daher festzuhalten: Ein Aktionspreis $p_A > p_{A, K}$ ist für Anbieter A stets von Nachteil, da Konkurrent B auf derartige Preise immer gemäß seiner Kammlinie L_B reagieren wird.

Würde Anbieter A hingegen einen Preis fordern, der *niedriger* liegt als $p_{A, K}$, aber höher als $p_{A, TA}$, also z.B. den Preis $p_{A, 2} = 9 < p_{A, K} = 12,13$ in Abb. 11, so würde Konkurrent B eine derartige Kammlinienreaktion unterlassen. Denn zum Preis $p_{A, 2}$ könnte B beispielsweise mit einem "gemäßigten" Reaktionspreis von $p_{B, 2} = 8,5$, der höher ist als $p_{B, LB} (p_{A, 2})$ und *innerhalb* des Gebietes $T_A Q_A$ liegt (vgl. Punkt P_4 in Abb. 11), folgenden Gewinn realisieren:

$$n \cdot G_B (p_{A, 2}; p_{B, 2}) = \underline{195} > G_{B, LB, 1} (p_{A, 2}) + (n\text{-}1) G_{B, TA} = \underline{177,59} \ .$$

Gleichzeitig würde dann Anbieter A einen Gesamtgewinn von

$$n \cdot G_A \left(p_{A,\,2} \, ; p_{B,\,2} \right) \; = \; \underline{244} \; > n \, G_{A,\,TA} \; = \; \underline{197{,}74}$$

erzielen.

Beide Anbieter würden sich bei der Preissetzung $p_{A,\,2}$; $p_{B,\,2}$ somit besser stehen als bei anderen Preis-aktionen und -reaktionen, die in den Punkt T_A führen. Sie haben somit - von einer ungleichgewichtigen Ausgangspreiskombination P_0 aus - eine ihrer Zielsetzung "langfristiger Gewinnmaximierung" entsprechende Gleichgewichts-Lösung erreicht, die im Gebiet $T_A Q_A$ liegt.

Aus diesen Beispielen kann nun der allgemeine Schluß für das dynamische Modell V gezogen werden:
Sobald Anbieter A einen Preis setzt, der *unterhalb* des "gleichgewichts-kritischen Aktionspreises" $p_{A,\,K}$ liegt, wird Konkurrent B zieladäquat mit einer "gemäßigten" Preisreaktion antworten, die *in* das Gebiet $T_A Q_A$ führt. Denn (nur) hier erzielen *beide* Dyopolisten langfristig größere Gewinne als bei Preisbildungsprozessen, die in den Punkt T_A führen. Das von der Isogewinnkurve $G_{A,\,TA}$ und "Mindest-Reaktions-preis-Kurve" umgrenzte Zweieck $T_A Q_A$ gibt mithin das durch preispolitische Maß-nahmen erreichbare Lösungs-Gebiet bei langfristiger Gewinnmaximierung mit Preis-gebundenheit an. Oder anders ausgedrückt: Jede Preiskombination *innerhalb* des Gebietes $T_A Q_A$ stellt beim Streben nach langfristiger Gewinnmaximierung unter Preis-gebundenheit ein preispolitisch-relevantes Gleichgewicht dar.

Preiskombinationen *auf* den begrenzenden Kurven des Gleichgewichts-Gebietes $T_A Q_A$ selbst können jedoch - evtl. mit Ausnahme des Schnittpunktes T_A - wohl schon nicht mehr als sinnvolle Lösungspunkte angesprochen werden. Denn zu jeder Preis-kombination auf der "Mindest-Reaktionspreis-Kurve", die das Gleichgewichts-Gebiet $T_A Q_A$ nach rechts begrenzt (vgl. Abb. 11), gibt es für den Konkurrenten B zu Reaktionspreisen $p_B < p_{B,\,i}$ noch Preiskombinationen, bei denen er langfristig höhere Gewinne erzielt; er wird daher stets möglichst niedrige Preise als Reaktionspreise setzen.

Dabei muß Unternehmer B allerdings beachten: Er darf keinen Preis p_B auf - oder gar links von - der Iso-Gewinnkurve $G_{A,\,TA}$ fordern, die das Gleichgewichtsgebiet $T_A Q_A$ in Abb. 11 nach links begrenzt. Denn selbst eine Preiskombination *auf* der Iso-Gewinnkurve $G_{A,\,TA}$, die dem Anbieter A langfristig gerade noch einen Gewinn von $n \cdot G_{A,\,TA}$ sichern würde, (vgl. z.B. Punkt P_5 in Abb. 11), würde den Anbieter A zu einer erneuten Preisvariation veranlassen; und zwar würde A in der nächsten Periode den Punkt T_A anstreben, obwohl er dadurch keinen größeren Gesamtgewinn erzielen könnte. Bei gleichem eigenen Gewinn würde Unternehmen A durch diese Maßnahme jedoch erreichen, daß sein Konkurrent B in jeder Folgeperiode nur einen *kleineren* Gewinn ($G_{B,\,TA}$) erzielt. Auf diese Weise könnte und würde Anbieter A verhindern, daß bei Preiskombinationen auf der Iso-Gewinnkurve $G_{A,\,TA}$ zwischen T_A und Q_A sein Konkurrent B höhere Gewinne als $G_{B,\,TA}$ erzielt, aufgrund derer Konkurrent B zusätzliche Rationalisierungsinvestitionen, Werbekampagnen u.ä. durchführen und so wirtschaftlich stärker werden könnte. Eine Preiskombination auf der Iso-Gewinnkurve $G_{A, TA}$ zwischen den Punkten T_A und Q_A kann daher nicht (mehr) als preispolitisch-relevante Gleichgewichtslösung angesehen werden.

Analoge Überlegungen sind für den Fall anzustellen, daß infolge einer anderen Ausgangssituation (z.B. Punkt P_6 in Abb. 11) - statt Anbieter A - der Konkurrent B Veranlassung hat, mit einer Preisvariation zu beginnen. Dann stellt ein analoger Preis $p_{B, K}$ den "gleichgewichts-kritischen Aktionspreis" des B und ein Zweieck $T_B Q_B$ das relevante Gleichgewichtsgebiet dar, in das die Dyopolisten durch ihre preispolitischen Maßnahmen zu gelangen versuchen.

Für den bisher in der Literatur nicht untersuchten Fall, daß die Dyopolisten bei vollkommener Information über im Zeitablauf konstante Kosten- und Marktdaten nach *langfristiger* Gewinnmaximierung streben und deshalb eine *dynamische* Preispolitik betreiben (Modell V), lassen sich zusammenfassend folgende Ergebnisse festhalten:

1. Bei langfristiger Gewinnmaximierung unter Preisgebundenheit können die Dyopolisten zwei eindeutige Gleichgewichtsgebiete "gekorener Lösungspunkte", und zwar die Zweiecke $T_A Q_A$ (vgl. Abb. 11) und $T_B Q_B$ ermitteln[13]). Die Bezeichnung "Gleichgewichtsgebiete *gekorener* Lösungspunkte" gibt wiederum[14]) an, daß die Dyopolisten durch gezielte *preis*politische Maßnahmen irgendwelche Punkte im Innenhof dieser Gebiete anstreben und realisieren können[15]). Dabei gilt das gekorene Gleichgewichtsgebiet $T_A Q_A$, wenn Anbieter A mit der Preisvariation beginnt, Zweieck $T_B Q_B$, wenn Konkurrent B als erster preispolitisch aktiv wird.

2. Gleichzeitig stellt das "generelle Gleichgewichtsgebiet" $JT_A NT_B$, das durch die Isogewinnkurven $G_{A,TA}$ und $G_{B,TB}$ gebildet wird, ein Gleichgewichtsgebiet *"geborener Lösungspunkte"* dar: Kommt nämlich durch Kosten- oder Markt-*Daten*-änderung, also nicht durch preispolitische Maßnahmen, zufällig eine Preiskombination innerhalb des generellen Gleichgewichtsgebietes zustande, so ist diese Preiskombination als stabile Lösung anzusehen. Denn beide Anbieter werden an dieser, aus der Datenänderung "geborenen" Preiskombination festhalten, weil sie damit beide langfristig einen höheren Gewinn erzielen, als sie ihn durch anschließende preispolitische Maßnahmen erzwingen könnten.

Allerdings ist auf einen bedeutsamen Sachverhalt hinzuweisen: Die ge k orenen Gleichgewichtsgebiete $T_A Q_A$ und $T_B Q_B$ umfassen zwar nur Teile des wesentlich größeren ge b orenen, generellen Gleichgewichtsgebietes $JT_A NT_B$; aber nur erstere sind durch preispolitische Maßnahmen erreichbar und daher im Rahmen der *Preis*politik für die Dyopolisten eigentlich allein relevant.

3. Ein Vergleich von kurz- und langfristiger Gewinnmaximierung unter Preisgebundenheit zeigt:

Im Fall *kurz*-fristiger Gewinnmaximierung unter Preisgebundenheit (Modell I)

---

[13]) Zum Einfluß der Länge des Gesamtplanungszeitraumes auf die Größe der "ge k orenen" Gleichgewichtsgebiete bei langfristiger Gewinnmaximierung vgl. den folgenden Abschnitt D.

[14]) Vgl. S. 112 dieser Arbeit.

[15]) Vgl. auch Punkt 3 der Ergebnisse auf der folgenden Seite.

wird in der Literatur das "generelle" Gleichgewichtsgebiet als Lösungsfeld bezeichnet[16]); hierbei ist aber zu beachten, daß die Anbieter von Preiskombinationen *außerhalb* des "generellen" Gleichgewichtsgebietes *nicht in* dieses Lösungsgebiet hineingelangen können[17]). Das Streben nach Preiskombinationen im Innenhof dieses Gebietes kann daher überhaupt nicht Gegenstand einer aktiven *Preis*politik im Dyopol sein. Denn Preiskombinationen im generellen Gleichgewichtsgebiet werden nur durch Kosten- oder Markt-Datenänderungen mehr oder weniger zufällig "geboren"; das generelle Gleichgewichtsgebiet mußte daher als ein preispolitisch wenig relevantes Gleichgewichtsgebiet "ge b orener Lösungspunkte" bezeichnet werden. Allein die "Rand"-Punkte T_A bzw. T_B können durch preispolitische Maßnahmen "erzwungen" werden; sie sind mithin als die beiden einzigen "ge k orenen Lösungspunkte" im statischen Modell I anzusehen.

Im Gegensatz dazu existieren bei *lang*-fristiger Gewinnmaximierung unter Preisgebundenheit (Modell V) zwei ausgedehnte Gebiete solcher "ge k orener Lösungspunkte"; denn die Dyopolisten können hier durch preispolitische Maßnahmen *stets* Preiskombinationen *im Innenhof* der "ge k orenen Gleichgewichtsgebiete" $T_A Q_A$ bzw. $T_B Q_B$ - von außerhalb kommend - erreichen: Hierzu braucht beispielsweise Anbieter A, wenn er als erster seinen Preis variiert, nur irgendeinen Preis zu fordern, der zwischen dem "gleichgewichts-kritischen Aktionspreis" $p_{A,K}$ und dem Preis $p_{A,TA}$ zum Punkt T_A liegt; Konkurrent B wird hierauf - wie oben ausführlich dargestellt - bei dynamischer Preispolitik wegen langfristiger Gewinnmaximierung so reagieren, daß immer eine Preiskombination *innerhalb* des "ge k orenen" Gleichgewichtsgebietes $T_A Q_A$ realisiert wird.

Welchen Preis p_A zwischen $p_{A,K}$ und $p_{A,TA}$ der Anbieter A wählt, ist letztlich gleichgültig: Denn er kann, wenn er bei seiner dynamischen Preisvariation den "gleichgewichts-kritischen Aktionspreis" $p_{A,K}$ beachtet, nur sicherstellen, *daß* eine Preiskombination innerhalb des "ge k orenen" Gleichgewichtsgebietes $T_A Q_A$ überhaupt erreicht wird. *Welcher* Punkt in diesem Gebiet schließlich den Lösungspunkt darstellt, bestimmt jedoch ausschließlich Konkurrent B durch seine dynamische, zieladäquate Reaktion.

D. Zum Einfluß der Länge (n) des Gesamtplanungszeitraumes auf das Lösungsfeld im dynamischen Modell V

Die bisherigen numerischen Beispiele und der in Abb. 11 dargestellte "gleichgewichts-kritische Aktionspreis" sowie das "ge k orene" Gleichgewichtsgebiet $T_A Q_A$ (bzw. $T_B Q_B$) gelten für einen bestimmten Gesamtplanungszeitraum von n = 2 Perioden. Dieser Wert für die Größe n ist beispielsweise in der Bedingungsgleichung

---

[16]) Vgl. hierzu die Ausführungen in Teil 2, Kap. 1.

[17]) Vgl. S. 99 f. dieser Arbeit.

(56-A) $n \cdot G_{B,i} = G_{B,LB} + (n-1) \, G_{B,TA}$

enthalten, aus der die Kurve der Mindest-Reaktionspreise des B abgeleitet wurde[18]).
Dementsprechend ist auch die Kurve der Mindest-Reaktionspreise $p_{B,i}$ von der Größe
n, d.h. von der Länge des Gesamtplanungszeitraumes abhängig. Da nun diese Kurve
das Gleichgewichtsgebiet "ge k orener Lösungspunkte" $T_A Q_A$ in Abb. 11 nach rechts
begrenzt und ferner im oberen Schnittpunkt mit der Isogewinnkurve $G_{A,TA}$ den
"gleichgewichtskritischen Aktionspreis" $p_{A,K}$ bestimmt, hat die Größe n Einfluß auf
die Ausdehnung des "ge k orenen" Gleichgewichtsgebietes des A und die Höhe von
$p_{A,K}$[19]). Dieser Einfluß soll im folgenden noch etwas näher untersucht werden.

I. Der Grenzfall n = 1

Es wurde bereits an anderer Stelle[20]) darauf hingewiesen, daß in dem einen Grenzfall
n = 1 die Gleichung für die Mindest-Reaktionspreise $p_{B,i}$

(60-A-1) $p_{B,i,1} = p_{B,LB,1} \pm \sqrt{\dfrac{n-1}{n} \cdot \dfrac{1}{b_B} (G_{B,LB,1} - G_{B,TA})}$

die Form (38-B-1) annimmt:

(38-B-1) $p_{B,i} = p_{B,LB,1} = \dfrac{a_B + k_B \, b_B}{2 \, b_B} + \dfrac{c_B}{2 \, b_B} \cdot p_A$.

Da im Falle n = 1 kurzfristige, einperiodige Gewinnmaximierung betrieben wird, ist
die Kurve der Mindest-Reaktionspreise - wie schon Gleichung (38-B-1) zeigt - *identisch*
mit der Kammlinie L_B des Konkurrenten B. Dies hat zweierlei zur Folge:

a) Der obere Schnittpunkt der Mindest-Reaktionspreis-Kurve mit der Isogewinnkurve
$G_{A,TA}$, der den gleichgewichts-kritischen Aktionspreis $p_{A,K}$ des A bestimmt,
fällt jetzt zusammen mit dem Tangierungspunkt von Kammlinie L_B und Isogewinnkurve $G_{A,TA}$, also mit dem Punkt T_A. Dies entspricht dem an anderer Stelle
ausführlich abgeleiteten Ergebnis, daß bei kurzfristiger Gewinnmaximierung mit
Preisgebundenheit der Anbieter A zieladäquat sofort den Preis $p_{A,TA}$ zum Punkt
T_A fordern wird[21]).

b) Gleichzeitig schrumpft das Gleichgewichtsgebiet "ge k orener Lösungspunkte" auf
eine einzige Preiskombination, nämlich diejenige des Punktes T_A zusammen. Dieser

---

[18]) Vgl. hierzu den vorigen Abschnitt C.

[19]) Dies gilt analog für den Einfluß von n auf $p_{B,K}$ und das Gleichgewichtsgebiet "ge k orener
Lösungspunkte" des Konkurrenten B.

[20]) Vgl. die Ausführungen auf S. 163.

[21]) Vgl. die Ausführungen in Teil 2, Kap. 1, Abschnitt C.

Punkt kennzeichnet daher im Modell I die einzige Gleichgewichtslösung, die Anbieter A durch preispolitische Maßnahmen erzwingen kann, wenn er als erster seine Preisforderung ändern muß.

In diesen beiden Teil-Ergebnissen zeigt sich deutlich, daß die kurzfristige Gewinnmaximierung einen Grenzfall aller durch die Gleichungen (60-A) erfaßten Situationen darstellt, d.h. die statische Analyse ein Grenzfall der dynamischen ist.

II.   Die Fälle $1 < n < \infty$

In allen Fällen $n > 1$, d.h. wenn die Dyopolisten nach langfristiger (mehrperiodiger) Gewinnmaximierung unter Preisgebundenheit streben (Modell V), werden sie bei ihrer dynamischen Preispolitik folgende Gesetzmäßigkeiten beachten:

a) Bei $n > 1$ existieren gleichgewichts-kritische Aktionspreise $p_{A,K}$ bzw. $p_{B,K}$, die von den Preisen $p_{A,TA}$ zum Punkt T_A bzw. $p_{B,TB}$ zum Punkt T_B verschieden sind; und zwar gilt stets:

$$p_{A,K} > p_{A,TA} \quad \text{bzw.} \quad p_{B,K} > p_{B,TB} \;.$$

Dabei können die Dyopolisten aus Abb. 12 ferner ableiten: Mit steigendem n, d.h. je länger der Gesamtplanungszeitraum ist, den sie ihren dynamischen Preisüberlegungen zugrunde legen, umso *höher* liegen die "gleichgewichts-kritischen Aktionspreise" $p_{A,K}$ bzw. $p_{B,K}$. In Abb. 12 gilt beispielsweise

$$p_{A,K,1} = 12,13 \text{ für } n = 2,$$

$$p_{A,K,2} = 13,5 \text{ für } n = 4 \text{ Perioden.}$$

Der preispolitische Spielraum - zwischen $p_{A,K}$ und $p_{A,TA}$ bzw. $p_{B,K}$ und $p_{B,TB}$ - ist also umso *größer,* je länger der den preispolitischen Planungen zugrunde liegende Gesamtplanungszeitraum ist.

b) Gleichzeitig läßt Abb. 12 erkennen, daß mit zunehmender Länge (n) des Gesamtplanungszeitraumes die preispolitisch relevanten Gleichgewichtsgebiete "ge k orener Lösungspunkte" ebenfalls *größer* werden. Denn in Abhängigkeit von n nimmt die Mindest-Reaktionspreis-Kurve einen jeweils anderen Verlauf an. So gilt beispielsweise das "gekorene" Gleichgewichtsgebiet $T_A Q_A$ in Abb. 12 für $n = 2$ und das größere Gebiet $T_A V_A$ für einen längeren Gesamtplanungszeitraum von $n = 4$ Perioden

Dies führt zu der Frage, wie groß die "gekorenen" Gleichgewichtsgebiete bei langfristiger Gewinnmaximierung unter Preisgebundenheit maximal werden können. Hierzu ist der zweite Grenzfall $n \to \infty$ zu betrachten.

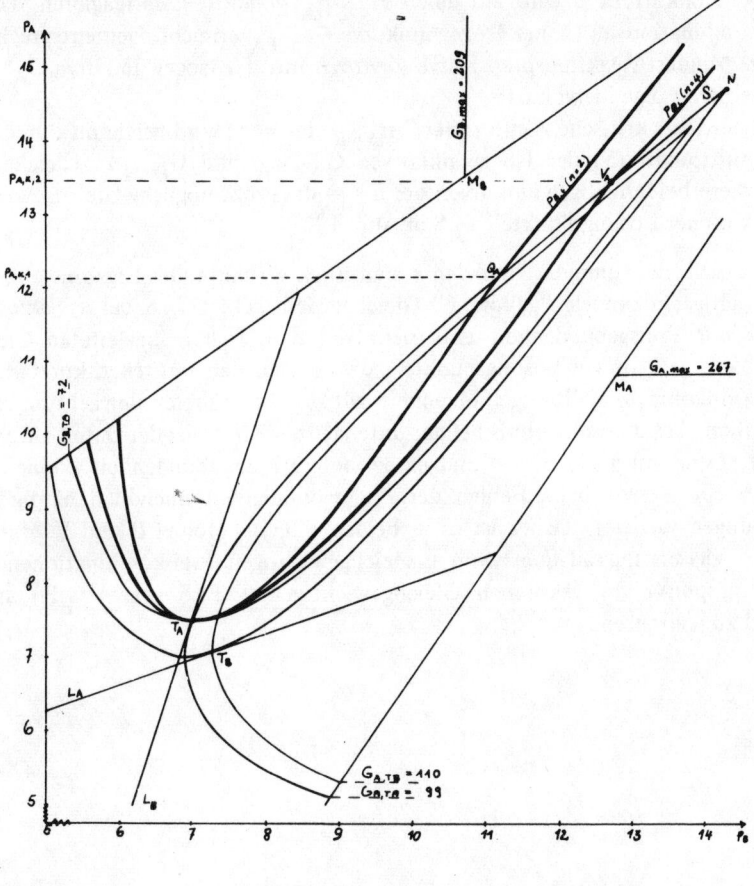

Abb. 12

III. Der Grenzfall n → ∞

Für den - ökonomisch wohl kaum relevanten - Grenzfall, daß die Anzahl (n) der Perioden des Gesamtplanungszeitraumes gegen Unendlich geht, nimmt die Ausgangs-gleichung für die Mindest-Reaktionspreise (56-A) des B:

(56-A) $$n \cdot G_{B, i} = G_{B, LB} + (n\text{-}1)\, G_{B, TA}$$

oder $$G_{B, i} = \frac{1}{n} (G_{B, LB} - G_{B, TA}) + G_{B, TA}$$

die Form an:

(64-A) $$\lim n \to \infty\ G_{B, i} = G_{B, TA}.$$

Dies besagt: Konkurrent B wird auf einen Preis p_A *mindestens* so reagieren, daß er eine Preiskombination auf seiner Isogewinnkurve $G_{B, TA}$ erreicht. Dementsprechend ist dann die Mindest-Reaktionspreis-Kurve *identisch* mit der Isogewinnkurve $G_{B, TA}$. Die unmittelbare Folge hiervon ist:

Der "gleichgewichts-kritische Aktionspreis" $p_{A, K}$ des A[22]) wird bestimmt durch den oberen Schnittpunkt (S) der Isogewinnkurven $G_{A, TA}$ und $G_{B, TA}$. Gleichzeitig begrenzen diese beiden Isogewinnkurven bei n → ∞ das größtmögliche Gleichgewichtsgebiet "ge k orener Lösungspunkte" T_A in Abb. 12.

Damit stellt sich ein zumindest auf den ersten Blick verblüffendes Ergebnis ein. Das für n → ∞ gültige, maximale "gekorene" Gleichgewichtsgebiet $T_A S$ bei *dynamischer* Preispolitik *mit* Preisgebundenheit entspricht voll dem früher abgeleiteten Gleichgewichtsgebiet "ge k orener Lösungspunkte", das für den Fall *statischer,* kurzfristiger Gewinnmaximierung *ohne* Preisgebundenheit gilt[23]). Bei näherer Betrachtung wird jedoch deutlich, daß dieses Ergebnis bei der unterstellten Konstanz der Daten durchaus sinnvoll ist. Denn im Falle n → ∞ und einperiodiger Preisgebundenheit können die Dyopolisten ebenso wie beim Fehlen der Preisgebundenheit unendlich häufig ihre Preisforderungen variieren. Daher ist es in beiden Fällen - Modell II und V - für die Dyopolisten zielsetzungs-adäquat, von ungleichgewichtigen Preiskombinationen aus einen Lösungspunkt *im* gekorenen Gleichgewichtsgebiet $T_A S$ (bzw. $T_B R$) anzusteuern und zu realisieren.

---

[22]) Entsprechendes gilt analog für $p_{B, K}$ als Schnittpunkt der Isogewinnkurven $G_{B, TB}$ und $G_{A, TB}$.
[23]) Vgl. hierzu Modell II.

Kapitel 2

Dynamische Preispolitik bei vollkommener Information über im Zeitablauf variable Marktdaten (Modell VI und VII)

A. Dynamische Preis-Absatz-Funktionen in den Modellen VI und VII

Die Modelle VI und VII sollen folgende Marktsituationen erfassen:

Die Nachfrage nach den beiden Erzeugnissen der Dyopolisten in der Periode t hängt von den Preisen $p_{A, t}$; $p_{B, t}$ in der gleichen Periode und - im Gegensatz zu den bisherigen Modellen I bis V - zusätzlich von den Preisen $p_{A, t-1}$; $p_{B, t-1}$ in der vorhergehenden Periode (t-1) ab. Demzufolge sind in Modell VI und VII bereits die Preis-Absatz-Funktionen *dynamisch;* sie haben die Form:

(65-A) $$x_{A, t} = a_A - b_A p_{A, t} + c_A p_{B, t} - d_A p_{A, t-1} + e_A p_{B, t-1}$$

(65-B) $$x_{B, t} = a_B - b_B p_{B, t} + c_B p_{A, t} - d_B p_{B, t-1} + e_B p_{A, t-1}$$

Für die bekannten Koeffizienten a_A, b_A, c_A, a_B, b_B und c_B gelten unsere früher gewonnenen ökonomischen und mathematischen Beziehungen unverändert[1]. Zusätzlich treten in Gleichung (65-A) bzw. (65-B) - gegenüber den ursprünglichen Preis-Absatz-Funktionen (3-A) bzw. (3-B) - die Koeffizienten d_A, e_A, d_B und e_B auf. Sie sind etwas näher zu untersuchen.

Da im allgemeinen in der Praxis der Preis der Vorperiode (t-1) einen geringeren Einfluß auf den Absatz der Periode t haben wird als der Preis in der gleichen Periode t, sind folgende Beziehungen zu beachten:

(66-A) $$b_A > d_A \text{ und } c_A > e_A$$

(66-B) $$b_B > d_B \text{ und } c_B > e_B$$

Ferner wird - analog Bedingung (4)[2] - der eigene Preis den eigenen Absatz mehr

---

[1]) Vgl. Teil 1, Kap. 2, Abschnitt B.
[2]) Vgl. S. 46 ff.

beeinflussen als der fremde Preis des Konkurrenten, so daß gilt:

(67) $d_A > e_A$ bzw. $d_B > e_B$.

Beide Anbieter mögen in Modell VI und VII vollkommene Information über diese
dynamischen Preis-Absatz-Funktionen (65-A) und (65-B) besitzen.

B. Anbieter A strebt nach langfristiger, Konkurrent B nach kurzfristiger Gewinnmaximierung bei dynamischen Preis-Absatz-Funktionen (Modell VI)

I. Problemstellung und Prämissen von Modell VI

Anbieter A will die Preis- und Produktionspolitik für mehrere Perioden im voraus
planen. Er strebt nach langfristiger Gewinnmaximierung. Die Preissetzung in einer
vorhergehenden Periode beeinflußt aber - wegen der dynamischen Preis-Absatz-
Funktionen - auch den Absatz der nächsten Periode. Deshalb versucht Dyopolist A,
seine optimalen Preise $p_{A,t}$ *simultan* zu bestimmen. Diese Preise sind optimal, wenn
sie *unter Beachtung der Konkurrenten-Reaktion* seinen Gesamtgewinn in den n
Perioden bis zum ökonomischen Horizont maximieren.

Für den zu maximierenden (Brutto-) Gesamtgewinn ist als (dynamische) Gewinnfunktion zu schreiben:

(68-A) $$G_A = \sum_{t=1}^{n} \left[x_{A,t} \, (p_{A,t} - k_A) \right] q_t = \text{max!}$$

Hierin wird $x_{A,t}$ durch die dynamische Preis-Absatz-Funktion (65-A) näher bestimmt;
k_A charakterisiert die variablen Kosten pro Mengeneinheit; die fixen Kosten (f_A) sind
in Gleichung (68-A) gleich fortgelassen, da sie die gesuchten optimalen Preisforderungen nicht beeinflussen. Das Symbol q_t steht für einen Diskontierungsfaktor:

$$q_t = \frac{1}{(1+r)^t}$$

mit r als gewähltem Zinssatz, mit dem die Gewinne der einzelnen Jahre abzuzinsen
sind, um sie vergleichbar und addierbar zu machen. Unternehmer A erstrebt also den
maximalen diskontierten (Brutto-) Gesamtgewinn über die Perioden 1, 2, .. n. Bei der
simultanen Bestimmung seiner optimalen Preisforderungen berücksichtigt er die
Reaktionen seines Konkurrenten B.

Konkurrent B vermag auf eine Preisänderung des A sofort zu reagieren; er reagiert
dabei so, daß er kurzfristig, d.h. für jede der n Perioden seinen Gewinn maximiert.

Beide Anbieter sind nach der Preisvariation zu Beginn einer Periode für die gesamte
Periode an ihren Preis gebunden; sie müssen in Modell VI also wiederum zeitliche
Preisgebundenheit beachten.

Die Entscheidungssituation des dynamischen Modells VI unterscheidet sich von derjenigen des vorigen Modells V insbesondere durch folgendes: In Modell V wurde eine *dynamische* Oligopolanalyse allein deshalb notwendig, weil die Dyopolisten nach "langfristiger" Gewinnmaximierung strebten und daher eine Mehr-Perioden-Betrachtung durchführten. In Modell VI resultiert der Zwang zur dynamischen Betrachtungsweise zusätzlich aus dynamischen Preis-Absatz-Funktionen; der einzelne Anbieter beeinflußt hier - im Gegensatz zu Modell V - durch seine Preisforderung in der Periode t die Preis-Absatz-Funktionen der Folgeperiode t+1. Wie bei solchen dynamischen Nachfrage-Funktionen die optimalen Preise in den Perioden 1 bis n zu bestimmen sind, soll Modell VI zeigen.

II.   Zum Lösungsweg des dynamischen Modells VI

Liegt - wie im folgenden angenommen werden soll - die Ausgangspreiskombination $p_{A,0}$; $p_{B,0}$[3]) derart, daß Anbieter A sich veranlaßt sieht, seine Preisforderungen als erster zu variieren, dann bildet den Ausgangspunkt der Analyse die dynamische (Brutto-) Gewinnfunktion (68-A) des Anbieters A:

$$G_A = \sum_{t=1}^{n} \left[x_{A,t} \left(p_{A,t} - k_A \right) \right] \cdot q_t \cdot$$

Unter Berücksichtigung der dynamischen Preis-Absatz-Funktion (65-A) können wir hierfür schreiben:

(69-A)

$$G_A = \sum_{t=1}^{n} \left[\left(a_A - b_A \, p_{A,t} + c_A \, p_{B,t} - d_A \, p_{A,t-1} + e_A \, p_{B,t-1} \right) \left(p_{A,t} - k_A \right) \right] \cdot q_t$$

Um hieraus die optimalen Preise $p_{A,t}$ für t = 1, 2, ... n bestimmen zu können, sind die partiellen Ableitungen zu bilden und gleich Null zu setzen. Hierbei muß Anbieter A aber die Reaktion seines Konkurrenten B beachten. Dieser strebt - lt. Prämisse - in Modell VI nach ein-periodiger Gewinnmaximierung und bemißt daher seine Reaktion so, daß sein Gewinn in der Gewinnfunktion

(70-B)

$$G_{B,t} = \left(a_B - b_B \, p_{B,t} + c_B \, p_{A,t} - d_B \, p_{B,t-1} + e_B \, p_{A,t-1} \right) \left(p_{B,t} - k_{B,t} \right)$$

für jede Periode t = 1, 2, ... n maximiert wird. Der optimale Reaktionspreis $p_{B,t}$ auf

---

[3]) Für t = 1 wird $p_{A,t-1}$ zu $p_{A,0}$ und $p_{B,t-1}$ zu $p_{B,0}$.

$p_{A,\,t}$ ist mithin zu errechnen aus:

$$\frac{\partial\,G_{B,\,t}}{\partial\,p_{B,\,t}} = x_{B,\,t} + (p_{B,\,t} - k_{B,\,t})\,\frac{\partial\,x_{B,\,t}}{\partial\,p_{B,\,t}} \overset{!}{=} 0$$

Wir erhalten:

(71-B) $p_{B,\,t} = \dfrac{a_B + b_B\,k_B}{2\,b_B} - \dfrac{d_B\,p_{B,\,t-1} - e_B\,p_{A,\,t-1}}{2\,b_B} + \dfrac{c_B}{2\,b_B}\,p_{A,\,t}$.

Im Vergleich zu der früher abgeleiteten (statischen) Reaktionsgleichung (38-B-1) tritt in Gleichung (71-B) das mittlere Glied zusätzlich auf. Dies weist darauf hin: Bei einer im Zeitablauf unveränderten Preis-Absatz-Funktion (vgl. Modell I bis IV) ist der optimale Reaktionspreis $p_{B,\,t}$ - nach Gleichung (38-B-1) errechnet - grundsätzlich ein *anderer* als dann, wenn die Dyopolisten ihren Entscheidungen dynamische Preis-Absatz-Funktionen zugrunde legen müssen. In dem zweiten Glied der dynamischen Reaktionsfunktion (71-B) zeigt sich die Wirkung der dynamischen Marktverhältnisse; $p_{B,\,t}$ ist in Modell VI nicht nur von $p_{A,\,t}$, sondern auch von $p_{B,\,t-1}$ und $p_{A,\,t-1}$ abhängig.

Anbieter A ist bestrebt, unter Beachtung dieser - ihm bekannten - dynamischen Reaktionsfunktion (71-B) seinen Gesamtgewinn im Planungszeitraum zu maximieren. Er bestimmt seine langfristig gewinnmaximalen Preise $p_{A,\,t}$ für alle t = 1, 2, ... n simultan, indem er (71-B) in seine dynamische Gewinnfunktion (69-A) einsetzt und anschließend ihre partiellen Ableitungen nach $p_{A,\,t}$ gleich Null setzt:

(72-A)

$$\frac{\partial\,G_A}{\partial\,p_{A,\,t}} = \left[a_A - 2b_A\,p_{A,\,t} + c_A\left\{ \frac{a_B + b_B\,k_B - d_B\,p_{B,\,t-1} + e_B\,p_{A,\,t-1} + 2c_B\,p_{A,\,t}}{2\,b_B} \right\} \right.$$

$$\left. - d_A\,p_{A,\,t-1} + e_A\,p_{B,\,t-1} + k_A\,b_A - \frac{k_A\,c_A\,c_B}{2\,b_B} \right]\,q_t$$

$$+ \left[(p_{A,\,t+1} - k_A)\,(- \frac{d_B\,c_A\,c_B}{4b_B^{\,2}} + \frac{c_A\,e_B}{2b_B} - d_A + \frac{e_A\,c_B}{2b_B}) \right]\,q_{t+1} \overset{!}{=} 0$$

für t = n gilt nur der Ausdruck in der 1. eckigen Klammer.   für t = 1; 2 ... n-1;

Mit (72-A) erhält Unternehmer A - unter Berücksichtigung von (71-B) für $p_{B,\,t}$ - ein System von n Gleichungen mit den n Unbekannten $p_{A,\,1}$, $p_{A,\,2}$, ... $p_{A,\,n}$. Bei gegebenen Ausgangspreisen $p_{A,\,0}$ und $p_{B,\,0}$ (für $p_{A,\,t-1}$ bzw. $p_{B,\,t-1}$ bei t = 1) kann Produzent A hieraus die gesuchten optimalen Preisforderungen $p_{A,\,t}$ für alle Perioden t = 1, 2, ... n errechnen.

Wir wollen den Lösungsweg durch ein Beispiel veranschaulichen.

III. Ein Beispiel für Modell VI

Die dynamischen Preis-Absatz-Funktionen seien gegeben als:

(65-A-1) $\quad x_{A,t} = 60 - 10\,p_{A,t} + 7\,p_{B,t} - 5\,p_{A,t\text{-}1} + 3\,p_{B,t\text{-}1}$

(65-B-1) $\quad x_{B,t} = 50 - 9\,p_{B,t} + 6\,p_{A,t} - 4\,p_{B,t\text{-}1} + 2\,p_{A,t\text{-}1}$

Die numerischen Werte der Koeffizienten genügen den beschriebenen ökonomischen Bedingungen (66) und (67). Die variablen Kosten pro Mengeneinheit und die fixen Kosten pro Periode mögen - gegenüber den bisherigen Modellen I bis V - unverändert sein:

(31-A) $\qquad K_A = k_A \cdot x_{A,t} - f_A = 3\,x_{A,t} - 55$

(31-B) $\qquad K_B = k_B \cdot x_{B,t} - f_B = 3{,}5\,x_{B,t} - 40$

Der Kalkulationszinsfuß betrage 10% (r = 0,1). Die Ausgangspreiskombination sei durch $p_{A,0} = 10$ und $p_{B,0} = 8$ charakterisiert. Ferner sei vereinfachend angenommen, daß der Dyopolist A seinen Gewinn über *zwei* Perioden (t = 1,2) maximieren will. Aus dem allgemeinen Gleichungssystem (72-A) wird dann hier (73-A):

$$
\text{(73-A)} \quad \frac{\partial G_A}{\partial p_{A,1}} = \left[60 - 2 \cdot 10\,p_{A,1} + 7 \left\{ \frac{50 + 9 \cdot 3{,}5 - 4\,p_{B,0} + 2\,p_{A,0} + 2 \cdot 6\,p_{A,1}}{2 \cdot 9} \right\} \right.
$$

$$
\left. -5\,p_{A,0} + 3\,p_{B,0} + 3 \cdot 10 - \frac{3 \cdot 7 \cdot 6}{2 \cdot 9} \right] \cdot \frac{1}{1 + 0{,}1}
$$

$$
+ \left[(p_{A,2} - 3)\,(-\frac{7 \cdot 4 \cdot 6}{4 \cdot 9^2} + \frac{7 \cdot 2}{2 \cdot 9} - 5 + \frac{3 \cdot 6}{2 \cdot 9}) \right] \cdot \frac{1}{(1 + 0{,}1)^2} \overset{!}{=} 0
$$

$$
\frac{\partial G_A}{\partial p_{A,2}} = \left[60 - 2 \cdot 10\,p_{A,2} + 7 \left\{ \frac{50 + 9 \cdot 3{,}5 - 4\,p_{B,1} + 2\,p_{A,1} + 2 \cdot 6\,p_{A,2}}{2 \cdot 9} \right\} \right.
$$

$$
\left. - 5\,p_{A,1} + 3\,p_{B,1} + 3 \cdot 10 - \frac{3 \cdot 7 \cdot 6}{2 \cdot 9} \right] \cdot \frac{1}{(1 + 0{,}1)^2} \overset{!}{=} 0
$$

Setzen wir die Ausgangspreiskombination $p_{A,0} = 10$ und $p_{B,0} = 8$ in (73-A) ein und beachten wir, daß $p_{B,1}$ durch (71-B) bestimmt wird, so können wir die Glieder sammeln und erhalten:

(74-1) $\qquad 125{,}44\,p_{A,1} + 27{,}81\,p_{A,2} = 760{,}76$

(74-2) $6,06 \ p_{A,\,1} + 24,84 \ p_{A,\,2} = 188,04$.

Aus diesen beiden Gleichungen erhalten wir als Lösung des Modells VI die optimalen Preise des Anbieters A:

$$p_{A,\,1} = 4,64$$

$$p_{A,\,2} = 6,44$$

Die Lösung von Modell VI zeigt: Es liegt im Interesse von Dyopolist A, bei dynamischen Preis-Absatz-Funktionen seine Preise *im Zeitablauf zu verändern* ($p_{A,\,1} \neq p_{A,\,2}$). Im Beispiel nimmt er für die 1. Periode eine relativ starke Preissenkung (von $p_{A,\,0} = 10$ auf $p_{A,\,1} = 4,64$) und in der 2. Periode eine Preiserhöhung (von $p_{A,1} = 4,64$ auf $p_{A,\,2} = 6,44$) vor. Nur durch diese Preisveränderungen kann er die dynamischen Marktcharakteristiken von Modell VI zu seinem Vorteil ausnutzen. Produzent A erzielt so einen diskontierten Gesamtgewinn gemäß (69-A) von

$$G_A = G_{A,\,1} \cdot q_1 + G_{A,\,2} \cdot q_2 = 37,87 + 86,57 = 124,44 \ .$$

IV. Die Effizienz einer dynamischen Preispolitik

Um die Effizienz einer dynamischen Preispolitik bei dynamischen Preis-Absatz-Funktionen zu demonstrieren, wollen wir zunächst folgende Frage beantworten: Wie verändert sich der Gesamtgewinn des Anbieters A, wenn er *nicht* die im Zeitablauf *unterschiedlichen* Preise $p_{A,\,1} = 4,64$ und $p_{A,\,2} = 6,44$ fordert, sondern bestrebt ist, durch einen konstanten Preis in der Gesamtperiode die dynamische Preis-Absatz-Funktion zu "stabilisieren" bzw. "einzufrieren"?

1. "Preisdynamik" contra "Preisstabilität"

Würde sich Unternehmer A um "Preisstabilität" bemühen, d.h. um einen für Periode 1 und 2 *gleich hohen* Preis ($p_{A,\,1} = p_{A,\,2}$), so würde nur der 1. Klammerausdruck in der 1. Gleichung von (73-A) unverändert bleiben. Der Inhalt der 2. eckigen Klammer in der 1. Gleichung und die 2. Gleichung von (73-A) würden wegen $p_{A,\,1} = p_{A,\,2}$ eine andere - zusammengefaßte - Form annehmen. Aufgrund der für $p_{A,\,1} = p_{A,\,2}$ geltenden Gewinnfunktion

(75-A) $G_A = \left[x_{A,\,1} \, (p_{A,\,1} - k_A) \right] \cdot q_1 + \left[x_{A,\,2} \, (p_{A,\,1} - k_A) \right] \cdot q_2$

würde an die Stelle des allgemeinen Gleichungssystems (72-A) die Bedingung (76-A) treten:

$$(76\text{-}A) \quad \frac{\partial G_A}{\partial p_{A,1}} = \left[60 - 2 \cdot 10 p_{A,1} + 7 \left\{ \frac{50 + 9 \cdot 3,5 - 4 p_{B,0} + 2 p_{A,0} + 2 \cdot 6 p_{A,1}}{2 \cdot 9} \right\} \right.$$

$$\left. -5 p_{A,0} + 3 p_{B,0} + 3 \cdot 10 - \frac{3 \cdot 7 \cdot 6}{2 \cdot 9} \right] \cdot \frac{1}{1 + 0,1}$$

$$+ \left[60 - 2 \cdot 10 p_{A,1} + 7 \left\{ \frac{50 + 9 \cdot 3,5 - 4 p_{B,1} + 2 p_{A,1} + 2 \cdot 6 p_{A,1}}{2 \cdot 9} \right\} \right.$$

$$-5 p_{A,1} + 3 p_{B,1} + p_{A,1} \left(-\frac{7 \cdot 4 \cdot 6}{2 \cdot 9 \cdot 2 \cdot 9} + \frac{7 \cdot 2}{2 \cdot 9} - 5 + \frac{3 \cdot 6}{2 \cdot 9} \right)$$

$$\left. -3 \left(-10 - \frac{7 \cdot 4 \cdot 6}{2 \cdot 9 \cdot 2 \cdot 9} + \frac{7 \cdot 2}{2 \cdot 9} + \frac{7 \cdot 6}{2 \cdot 9} - 5 + \frac{3 \cdot 6}{2 \cdot 9} \right) \right] \frac{1}{(1 + 0,1)^2} \stackrel{!}{=} 0$$

Setzen wir die Ausgangspreise $p_{A,0} = 10$ und $p_{B,0} = 8$ in (76-A) ein und beachten wir, daß $p_{B,1}$ durch (71-B) bestimmt wird, so können wir aus (76-A) unmittelbar den "stabilen" Preis $p_{A,1}$ ($= p_{A,2}$) errechnen. Er beläuft sich auf

$$p_A = 5,23 .$$

Forderte Anbieter A in der 1. und 2. Periode diesen Preis $p_A = 5,23$, so beliefe sich sein diskontierter Gesamtgewinn auf

$$G_A = 111,43 .$$

Wie ein Vergleich zeigt, ist dieser Gewinn $G_A = 111,43$ erheblich - gut 11% - *kleiner* als derjenige Gewinn $G_A = 124,44$, den Dyopolist A erzielt, wenn er seine optimalen, aber recht *unterschiedlichen* Preise $p_{A,1} \neq p_{A,2}$ fordert. Damit haben wir nachgewiesen:

Bei dynamischen Preis-Absatz-Funktionen muß Anbieter A seine Preise mit Hilfe des Gleichungssystems (73-A) - bzw. allgemein mit (72-A) - simultan bestimmen, um seinen Gesamtgewinn im Planungszeitraum zu maximieren. Die optimalen Preise werden dann allerdings im Zeitablauf schwanken ($p_{A,1} \neq p_{A,2}$). Aber nur durch diese Politik, bei dynamischen Preis-Absatz-Funktionen in den einzelnen Perioden *unterschiedliche* Preise zu fordern, kann er die Dynamik des Marktes zu seinem Vorteil voll ausschöpfen.

2. Gewinnvergleich für langfristige und kurzfristige Gewinnmaximierung des Anbieters A

Die Vorteilhaftigkeit der im Modell VI beschriebenen dynamischen Preispolitik können wir noch weiter verdeutlichen, indem wir untersuchen, wie bei dynamischen Nachfrage-Funktionen die gewählte Zielsetzung die Höhe des Gesamtgewinnes im Planungszeitraum beeinflußt.

In Modell VI strebte Anbieter A nach *lang*fristiger Gewinnmaximierung und bestimmte daher seine Preise für die n Perioden *simultan* (vgl. Gleichungssystem 73-A); er erzielte so einen Gesamtgewinn von 124,44 DM.

Würde die Firma A hingegen nach *kurz*fristiger, ein-periodiger Gewinnmaximierung streben, so würde sie ihre Preisforderung immer nur für *eine* Periode (isoliert) bestimmen. Infolgedessen wäre nur jeweils der 1. Klammerausdruck in (72-A) zu berücksichtigen. Wir erhalten als Bestimmungsgleichung für alle Preise $p_{A,t}$:

(77-A)

$$\frac{\partial G_A}{\partial p_{A,t}} = \left[a_A - 2\,b_A p_{A,t} + c_A \left\{ \frac{a_B + b_B\,k_B - d_B\,p_{B,t-1} + e_B p_{A,t-1} + 2\,c_B p_{A,t}}{2\,b_B} \right\} \right. $$

$$\left. - d_A p_{A,t-1} + e_A p_{B,t-1} + k_A\,b_A - \frac{k_A\,c_A c_B}{2\,b_B} \right] \cdot q_t$$

$$\text{für } t = 1, 2, \ldots n \quad .$$

Hieraus errechnen sich folgende Preise:

$$p_{A,1} = 5,48$$

$$p_{A,2} = 6,51$$

Strebte Produzent A bei dynamischen Preis-Absatz-Funktionen nach kurzfristiger, ein-periodiger Gewinnmaximierung, so müßte er die Preise $p_{A,1}$ = 5,48 und $p_{A,2}$ = 5,51 fordern. Er würde dann einen diskontierten Gesamtgewinn von

$$G_A = 120,58$$

erzielen.

Ein Vergleich zeigt: Dieser Gesamtgewinn bei kurzfristiger Gewinnmaximierung (G_A = 120,58) ist *kleiner* als der Gesamtgewinn bei langfristiger Gewinnmaximierung (G_A = 124,44). Bei dynamischen Preis-Absatz-Funktionen ist es für den oligopolistischen Anbieter A mithin vorteilhafter, eine dynamische Preispolitik zu betreiben, d.h. seine Preise für alle Perioden des Gesamtplanungszeitraumes simultan zu bestimmen.

C. Beide Dyopolisten streben nach langfristiger Gewinnmaximierung bei dynamischen Preis-Absatz-Funktionen (Modell VII)

I. Die Ausgangslage von Modell VII

Mit Hilfe von Modell VI konnten wir nachweisen, daß ein Dyopolist einen höheren Gesamtgewinn im Planungszeitraum erzielt, wenn er - statt nach kurzfristiger - nach langfristiger Gewinnmaximierung strebt. Aus dieser Erkenntnis müßte Konkurrent B die Konsequenz ziehen: Er sollte die in Modell VI verfolgte kurzfristige Gewinn-maximierung aufgeben und ebenfalls - wie Anbieter A - nach langfristiger Gewinn-maximierung streben.

Die Ausgangslage des folgenden Modelles VII ist mithin dadurch gekennzeichnet, daß *beide* Dyopolisten bei dynamischen Nachfrage-Funktionen ihren Gewinn langfristig maximieren wollen. Dabei besitzen sie über die dynamischen Preis-Absatz-Funktionen vollkommene Information bis zum ökonomischen Horizont, der ihren Gesamtplanungs-zeitraum begrenzt.

Als Zielfunktion der Dyopolisten ist ihre dynamische (Brutto-) Gewinngleichung zu maximieren. Sie lautet für Anbieter A unverändert:

$$(68\text{-}A) \qquad G_A = \sum_{t=1}^{n} \left[x_{A,t} \, (p_{A,t} - k_A) \right] \cdot q_t \qquad .$$

Da im Modell VII auch Konkurrent B nach langfristiger Gewinnmaximierung strebt, gilt für ihn die analoge Gewinnfunktion:

$$(68\text{-}B) \qquad G_B = \sum_{t=1}^{n} \left[x_{B,t} \, (p_{B,t} - k_B) \right] \cdot q_t \qquad .$$

Um aus (68) die langfristig gewinnmaximalen Preise $p_{A,t}$ und $p_{B,t}$ für $t = 1, 2, \dots n$ simultan bestimmen zu können, sind in einer ganz bestimmten Reihenfolge die partiellen Ableitungen zu bilden und gleich Null zu setzen. Bevor wir auf die Be-sonderheit des Rechenganges eingehen können, ist kurz auf den Einfluß der - in Modell VII angenommenen - zeitlichen Preisgebundenheit auf den Lösungsweg hinzu-weisen.

Besteht eine Ausgangspreiskombination $p_{A,0}$; $p_{B,0}$, in der sich Anbieter A ver-anlaßt sieht, seine Preisforderung als erster zu verändern, so bedingt Preisgebundenheit:

$$(78) \qquad \frac{\partial p_{A,t}}{\partial p_{B,t}} = 0 \qquad\qquad \text{für } t = 1, 2, \dots n \qquad .$$

Dies bedeutet: Anbieter A kann, da er beginnt und dann an seinen Preis gebunden ist, in der Periode t nicht (mehr) auf denjenigen Preis $p_{B,t}$ antworten, mit dem sein Konkurrent B - in der selben Periode t - auf $p_{A,t}$ reagiert. Deshalb muß Unternehmer A bei langfristiger Gewinnmaximierung bereits *vor* der Festsetzung seines Preises $p_{A,t}$ berücksichtigen, daß

$$(79) \qquad \frac{\partial p_{B,t}}{\partial p_{A,t}} \neq 0$$

ist. Damit verhält sich Anbieter A reaktionsbewußt; er beachtet, daß sein Konkurrent B auf den Preis $p_{A,t}$ in der gleichen Periode t reagieren wird. Ferner plant Anbieter A stets in der Folgeperiode (t+1) eine eigene Reaktion auf den Preis des B ein, so daß gilt:

$$\frac{\partial\, p_{A,\, t+1}}{\partial\, p_{B,\, t}} \neq 0$$

Damit haben wir die Ausgangslage des dynamischen Dyopolmodells VII beschrieben und können uns nunmehr der eigentlichen Lösung des Problems zuwenden.

II. Rechengang zur simultanen Bestimmung der Preisforderungen im dynamischen Modell VII

Wie bereits kurz angedeutet, sind die langfristig-gewinnmaximalen Preisforderungen *beider* Anbieter folgendermaßen simultan zu gewinnen: Von den dynamischen Gewinnfunktionen (68-A) und (68-B) sind die partiellen Ableitungen nach $p_{A,t}$ bzw. $p_{B,t}$ zu bilden und anschließend gleich Null zu setzen. Hierbei ist jedoch eine bestimmte Reihenfolge der Lösungsschritte zu beachten.

Die differenzierte Gewinngleichung nach dem Preis der letzten, d.h. n-ten Periode ist am einfachsten aufzulösen. Außerdem vereinfacht sie sich bei Konkurrent B durch die Bedingung (78) noch weiter. Aus diesen Gründen empfiehlt es sich, bei der Bestimmung der optimalen Preise $p_{A,\,t}$ bzw. $p_{B,\,t}$ *retrograd* mit der differenzierten Gewinngleichung des Konkurrenten B für die n-te Periode zu beginnen.

Nehmen wir einmal an, daß der Gesamtplanungszeitraum n = 2 Perioden umfaßt, so sind zur Ermittlung der optimalen Preise 4 Schritte in folgender Reihenfolge zu tun:

1. Schritt: Als erstes ist die Ableitung

$$\frac{\partial\, G_B}{\partial\, p_{B,\,2}} \overset{!}{=} 0$$

zu bilden und gleich Null zu setzen. Hieraus erhalten wir einen Ausdruck für $p_{B,\,2}$ als *dynamische* Funktion aller übrigen Preise: Der Preis des B in der 2. Periode ist nicht nur von $p_{A,\,2}$ abhängig, sondern auch von dem eigenen und dem fremden Preis in der Vorperiode, nämlich

$$(80) \qquad p_{B,\,2} = p_{B,\,2}\,(p_{A,\,1};\ p_{A,\,2};\ p_{B,\,1})$$

Aus (80) kann dann zum einen bestimmt werden:

$$(81) \qquad \frac{\partial\, p_{B,\,2}}{\partial\, p_{A,\,2}} = \alpha \qquad (\neq 0)$$

Zum anderen ist aus (80) abzuleiten:

(82) $\qquad \dfrac{\partial p_{B,2}}{\partial p_{A,1}} = \beta \cdot \dfrac{\partial p_{B,1}}{\partial p_{A,1}} + \gamma \qquad (\neq 0)$.

Damit sind alle Interdependenzen zwischen $p_{B,2}$ und den übrigen Preisen formuliert. Hieran anschließend hat dann in einem ·

2. Schritt: Bildung und Nullsetzen der Ableitung

$$\dfrac{\partial G_A}{\partial p_{A,2}} \overset{!}{=} 0$$

zu erfolgen. Durch Einsetzen der im 1. Schritt gewonnenen Beziehungen (80) und (81) in diese Ableitung werden die wechselseitigen dynamischen Abhängigkeiten zwischen $p_{B,2}$ und $p_{A,2}$ direkt berücksichtigt. Wir erhalten dementsprechend für $p_{A,2}$ eine Funktion, in der nur noch $p_{A,1}$ und $p_{B,1}$ auftreten:

(83) $\qquad p_{A,2} = p_{A,2} \left(p_{A,1} ; p_{B,1} \right)$

Auch in dieser Funktion kommt die Dynamik noch unmittelbar zum Ausdruck. Der Preis des A in der 2. Periode ist abhängig vom eigenen und fremden Preis in der Vorperiode. Ferner zeigt (83) in der Abhängigkeit des Preises $p_{A,2}$ von $p_{B,1}$ das reaktionsbewußte Verhalten des Produzenten A. Das Reaktionsbewußtsein wird außerdem in der Beziehung:

(84) $\qquad \dfrac{\partial p_{A,2}}{\partial p_{B,1}} = \delta \qquad (\neq 0)$

berücksichtigt, die aus (83) durch eine weitere Ableitung resultiert. Auch diese Beziehung ist im 3. Schritt zu beachten.

3. Schritt: Substituieren wir in der gleich Null gesetzten Ableitung

$$\dfrac{\partial G_B}{\partial p_{B,1}} \overset{!}{=} 0$$

den Preis $p_{B,2}$ durch (80) und $\dfrac{\partial p_{A,2}}{\partial p_{B,1}}$ durch (84), erhalten wir:

(85) $\qquad p_{B,1} = p_{B,1} \left(p_{A,1} \right)$

Dabei werden die Ausgangspreise $p_{A,0}$ und $p_{B,0}$ als Daten des Problems behandelt. Aus (85) ist anschließend die Beziehung

(86) $\qquad \dfrac{\partial p_{B,1}}{\partial p_{A,1}} = \epsilon \qquad (\neq 0)$

zu gewinnen. Durch sie können wir jetzt die im 1. Schritt gewonnene Beziehung (82) eindeutig bestimmen; es ergibt sich:

$$(87) \qquad \frac{\partial\, p_{B,\,2}}{\partial\, p_{A,\,1}} = \beta \cdot \epsilon + \gamma \qquad (\neq 0)\ .$$

4. Schritt: Im 4. und - bei 2-Perioden-Planung - letzten Schritt bilden wir zunächst die Ableitung

$$\frac{\partial\, G_A}{\partial\, p_{A,\,1}} \overset{!}{=} 0$$

und setzen sie gleich Null. Es entsteht eine dynamische Gleichung, aus der wir durch Substitution der in früheren Schritten gewonnenen Beziehungen (83), (85), (86) und (87) erhalten:

$$(88) \qquad p_{A,\,1} = \zeta\ .$$

Mit Hilfe von Gleichung (88) können wir den - ersten - optimalen Preis ($p_{A,\,1}$) numerisch bestimmen. Diesen Preis $p_{A,\,1}$ muß Anbieter A in der 1. Periode ($t=1$) setzen, um seinen Gewinn *langfristig,* d.h. im Gesamtplanungszeitraum zu maximieren. In dem Wert der Größe ζ sind, wie der beschriebene Rechengang verdeutlicht, alle Interdependenzen zwischen den Preisen des A und des B eingeflossen: Mithin wird der Preis $p_{A,\,1}$ durch Gleichung (88) *simultan* mit den übrigen Preisen bestimmt.

Setzen wir den numerischen Wert für diesen Preis $p_{A,\,1}$, den wir in einer konkreten Entscheidungssituation aus (88) gewinnen, in Gleichung (85) ein, so erhalten wir den numerischen Wert für den optimalen Preis $p_{B,\,1}$. Mit Hilfe von $p_{A,\,1}$ und $p_{B,\,1}$ ist dann aus (83) der langfristig-gewinnmaximale Preis $p_{A,\,2}$ zu bestimmen und schließlich aus (80) der optimale Preis $p_{B,\,2}$. Damit sind alle optimalen Preise $p_{A,\,t}$ und $p_{B,\,t}$ ermittelt; die Lösung des Problems ist gefunden.

Wir wollen in einem abschließenden Beispiel zeigen, daß die dynamische Preispolitik, für die die Preisforderungen auf dem beschriebenen Weg ermittelt werden, tatsächlich optimal ist, d.h. den Gewinn der Dyopolisten maximiert. Insbesondere ist dabei zu untersuchen, ob der Gesamtgewinn des Konkurrenten B in Modell VII, also beim Streben nach langfristiger Gewinnmaximierung größer ist als dann, wenn er nach kurzfristiger Gewinnmaximierung strebt (Modell VI). Um diesen Gewinnvergleich zu ermöglichen, wollen wir von denselben dynamischen Preis-Absatz-Funktionen ausgehen, die auch dem Beispiel zu Modell VI zugrunde lagen.

III.   Ein Beispiel für dynamische Preispolitik im Modell VII

Den Ausgangspunkt bilden die dynamischen Preis-Absatz-Funktionen

(65-A-1) $x_{A,t} = 60 - 10\, p_{A,t} + 7\, p_{B,t} - 5\, p_{A,t-1} + 3\, p_{B,t-1}$

(65-A-1) $x_{B,t} = 50 - 9\, p_{B,t} + 6\, p_{A,t} - 4\, p_{B,t-1} + 2\, p_{A,t-1}$

von Modell VI. Die Kostenfunktionen (31-A) und (31-B) mögen unverändert gelten. Der Kalkulationszinsfuß betrage wiederum 10% p.a. ($r = 0{,}1$). Die Ausgangspreiskombination sei - wie im Modell VI - durch $p_{A,0} = 10$ und $p_{B,0} = 8$ charakterisiert.

Die Zielfunktion des Anbieters A, der - bei reaktionsbewußtem Verhalten - nach Maximierung seines (Brutto-) Gewinnes im Gesamtplanungszeitraum ($n = 2$) strebt, lautet demnach:

(89-A)
$$
\begin{aligned}
G_A = &\left[(60 - 10 p_{A,1} + 7 p_{B,1} - 5 p_{A,0} + 3 p_{B,0})\, (p_{A,1} - 3) \right] \frac{1}{1 + 0{,}1} \\
&+ \left[(60 - 10 p_{A,2} + 7 p_{B,2} - 5 p_{A,1} + 3 p_{B,1})\, (p_{A,2} - 3) \right] \cdot \frac{1}{(1 + 0{,}1)^2} \\
&= \max!
\end{aligned}
$$

Ganz analog, weil auch Konkurrent B hier - gegenüber Modell VI - nach langfristiger Gewinnmaximierung strebt, kann für die dynamische Gewinnfunktion des B geschrieben werden:

(89-B)
$$
\begin{aligned}
G_B = &\left[(50 - 9 p_{B,1} + 6 p_{A,1} - 4 p_{B,0} + 2 p_{A,0})\, (p_{B,1} - 3{,}5) \right] \cdot \frac{1}{1 + 0{,}1} \\
&+ \left[50 - 9 p_{B,2} + 6 p_{A,2} - 4 p_{B,1} + 2 p_{A,1})\, (p_{B,2} - 3{,}5) \right] \frac{1}{(1 + 0{,}1)^2} \\
&= \max!
\end{aligned}
$$

Im 1. Schritt erhalten die Dyopolisten hieraus:

(80-1) $p_{B,2} = \dfrac{40{,}75}{9} + \dfrac{1}{3} p_{A,2} - \dfrac{2}{9} p_{B,1} + \dfrac{1}{9} p_{A,1}$ und

(81-1) $\dfrac{\partial\, p_{B,2}}{\partial\, p_{A,2}} = \dfrac{1}{3}$ sowie

(82-1) $\dfrac{\partial\, p_{B,2}}{\partial\, p_{A,1}} = -\dfrac{2}{9} \dfrac{\partial\, p_{B,1}}{\partial\, p_{A,1}} + \dfrac{1}{9}$

Im 2. Schritt ergibt sich unter Berücksichtigung von $(80\text{-}1)$ und $(81\text{-}1)$:

$$(83\text{-}1) \qquad p_{A,2} = 7{,}48007 + 0{,}0942\, p_{B,1} - 0{,}27556\, p_{A,1} \quad \text{und}$$

$$(84\text{-}1) \qquad \frac{\partial\, p_{A,2}}{\partial\, p_{B,1}} = 0{,}0942 \qquad .$$

Als Ergebnis des 3. Schrittes folgt nach Substitution von $(80\text{-}1)$ und $(84\text{-}1)$:

$$(85\text{-}1) \qquad p_{B,1} = 3{,}36179 + 0{,}3412\, p_{A,1} \quad ,$$

$$(86\text{-}1) \qquad \frac{\partial\, p_{B,1}}{\partial\, p_{A,1}} = +\,0{,}3412 \qquad\qquad \text{und}$$

$$(87\text{-}1) \qquad \frac{\partial\, p_{B,2}}{\partial\, p_{A,1}} = +\,0{,}035289 \qquad\qquad .$$

Schließlich errechnet sich im 4. Schritt unter Beachtung von $(83\text{-}1)$, $(85\text{-}1)$, $(86\text{-}1)$ und $(87\text{-}1)$ der optimale Preis des Anbieters A für die 1. Periode

$$(88\text{-}1) \qquad p_{A,1} = 4{,}4525$$

Mit Hilfe von $p_{A,1} = 4{,}4525$ kann dann zunächst aus $(85\text{-}1)$ der optimale Preis des B

$$p_{B,1} = 4{,}8809$$

bestimmt werden. Für die beiden restlichen Preise erhalten die Dyopolisten aus $(83\text{-}1)$

$$p_{A,2} = 6{,}7138$$

und aus $(80\text{-}1)$

$$p_{B,2} = 6{,}1757 \qquad .$$

Damit sind die langfristig-gewinnmaximalen Preise simultan bestimmt.

Ein *Preis*vergleich der dynamischen Modelle VI und VII zeigt: Streben *beide* Dyopolisten nach langfristiger Gewinnmaximierung (Modell VII) so liegen - bei gleicher Ausgangspreiskombination - die Preise in der 1. Periode ($p_{A,1} = 4{,}45$; $p_{B,1} = 4{,}88$) *niedriger* als dann, wenn einer der beiden Anbieter - hier Konkurrent B - nach kurzfristiger Gewinnmaximierung strebt; im Modell VI setzen die Anbieter die höheren Preise $p_{A,1} = 4{,}64$ und $p_{B,1} = 5{,}41$ für die 1. Periode. Als Ursache für die niedrigeren Preise in Modell VII ist zu nennen, daß hier auch Konkurrent B - wegen langfristigen Gewinnstrebens - die Interdependenzen zwischen den Preisen der einzelnen Perioden und so die Dynamik des Marktes in seinem Preiskalkül berücksichtigt; er reagiert deshalb "zurückhaltender" als bei einperiodiger Gewinnmaximierung.

In der 2. Periode sind die Preisforderungen der Dyopolisten bei langfristiger Gewinn-maximierung (vgl. Modell VII: $p_{A,2} = 6,71$; $p_{B,2} = 6,18$) *höher* als bei kurz-fristigem Gewinnstreben eines Anbieters (vgl. Modell VI: $p_{A,2} = 6,44$; $p_{B,2} = 5,99$). Dabei liegen diese Preise der 2. Periode in Modell VII wiederum über den Preisen der 1. Periode. Wie in Modell VI *schwanken* also auch in Modell VII die Preise im Zeit-ablauf: Nach einer relativ starken Preissenkung in t = 1 (von $p_{A,0} = 10$; $p_{B,0} = 8$ auf $p_{A,1} = 4,45$; $p_{B,1} = 4,88$) nehmen beide Dyopolisten in t = 2 eine Preiserhöhung (auf $p_{A,2} = 6,71$; $p_{B,2} = 6,18$) vor. Nur durch diese Preisveränderungen können die Unternehmen die dynamischen Marktcharakteristiken von Modell VII zu ihrem Vorteil nutzen.

Der *Gewinn*vergleich führt zu folgenden Ergebnissen:

Strebt auch Konkurrent B bei dynamischen Preis-Absatz-Funktionen nach lang-fristiger Gewinnmaximierung (Modell VII), so erzielt er gemäß Gleichung (68-B) einen diskontierten Gesamtgewinn in Höhe von

$$G_B = G_{B,1} \cdot q_1 + G_{B,2} \cdot q_2 = 79,32 \qquad .$$

Würde er hingegen nach kurzfristiger Gewinnmaximierung streben (Modell VI), so könnte er nur einen Gewinn von $G_B = 75,82$ realisieren. Der Gewinn des B ist in Mo-dell VII mithin *größer* als in Modell VI. Es ist daher für Konkurrent B von Vorteil, bei dynamischen Preis-Absatz-Funktionen ebenfalls die Zielsetzung "langfristige Gewinn-maximierung" zu wählen, wenn Anbieter A seinen Gewinn G_A langfristig zu maxi-mieren sucht. Auf diese Weise *vergrößert* Konkurrent B seinen eigenen Gewinn G_B.

Gleichzeitig empfiehlt es sich für den Konkurrenten B noch aus einem anderen Grunde, im Wege einer dynamischen Preispolitik seine Preisforderungen simultan zu bestimmen: In Modell VII ist der maximale Gesamtgewinn des Anbieters A mit $G_A = 118,56$ *kleiner* als in Modell VI, wo er sich auf $G_A = 124,44$ beläuft. Dieser Gewinnvergleich läßt erkennen, daß Konkurrent B durch sein langfristiges Gewinnstreben nicht nur - wie oben gezeigt - seinen eigenen Gewinn vergrößert, sondern gleichzeitig noch den maximalen Gewinn des Dyopolisten A "minimiert"; Anbieter A würde einen höheren Gewinn erzielen, wenn B seinen Gewinn G_B nur kurzfristig zu maximieren versuchte.

Indem nun Konkurrent B - in Modell VII - ebenfalls nach langfristiger Gewinn-maximierung strebt, schränkt er so weit wie möglich die Chancen des Anbieters A ein, wirtschaftlich stärker zu werden als B; denn Produzent B maximiert bei dieser Zielsetzung durch seine dynamische Preispolitik seinen eigenen Gesamtgewinn und verringert gleichzeitig den maximalen Gewinn des A.

Mit diesen Ergebnissen von Modell VII können wir die dynamische Analyse der Dyopolpreispolitik, die bedingt ist durch dynamische Preis-Absatz-Funktionen, ab-schließen. Wir haben gezeigt, wie die Dyopolisten in diesen Entscheidungssituationen ihre Preisforderungen bestimmen können. Ein Vergleich der Modelle VI und VII ver-deutlichte, welchen Einfluß die gewählte Zielsetzung - langfristige oder kurzfristige Gewinnmaximierung - auf das Ergebnis der dynamischen Oligopolpreisbildung ausübt.

Das dynamische Modell VII hat mit den beiden vorhergehenden dynamischen Dyopolmodellen V und VI noch eine Prämisse gemeinsam: Die Dyopolisten besitzen vollkommene Information. Es bleibt deshalb die Frage zu beantworten, wie die oligopolistischen Anbieter eine dynamische Preispolitik betreiben können, wenn sie ihre
Entscheidungen bei *unvollkommener* Information zu treffen haben. Dieses Problem
wollen wir im folgenden Kapitel 3 einer Lösung näherzuführen versuchen.

Kapitel 3

Dynamische Oligopolpreispolitik bei unvollkommener Information (Modelle VIII und IX)

In diesem Kapitel werden solche Entscheidungssituationen betrachtet, in denen die Oligopolisten nur *un*vollkommene Information über die Kosten- oder Markt-daten besitzen. Derartige Situationen dürften in der wirtschaftlichen Wirklichkeit recht häufig sein. Deshalb ist hier zu untersuchen, wie oligopolistische Firmen auch bei unvollkommener Kenntnis der Kosten- oder Marktlage "optimale" Preispolitik betreiben können; d.h. wie sie trotz unsicherer Daten ihre Entscheidungen nicht aufgrund vager Hoffnung oder gefühlsbetonter Erwägungen treffen, sondern so weit wie möglich auf "rationale" Überlegungen stützen können.

In einem ersten Schritt sind dazu die wichtigsten Lösungsansätze, die sich in der Literatur zu diesem Problemkreis finden, zu diskutieren. In einem zweiten Schritt wollen wir, auf den Ergebnissen der Literaturanalyse aufbauend, zwei eigene Vorschläge (Modelle VIII und IX) zur Lösung des Dyopolproblems bei unvollkommener Information ausarbeiten und zur Diskussion stellen.

A. Kritische Würdigung der wichtigsten Lösungsansätze in der Literatur

I. Eine dynamische Theorie des Angebotsdyopols von E. Schneider

Der wohl erste Beitrag zu einer dynamischen Dyopoltheorie in der deutschsprachigen Literatur stammt von E. Schneider. Mit seinem 1942 erschienenen Aufsatz[1] knüpft er nach eigenen Angaben an die Ausführungen von Winding Pedersen[2], Frisch[3] Smithies und Savage[4] an.

Schneider versucht dort, "unter vereinfachten Voraussetzungen eine dynamische Lösung des Preisbildungsproblems auf einem Markt zu geben, auf dem zwei relativ große Anbieter konkurrierender Waren einer sich beim Kauf nicht indifferent verhaltenden atomistisch strukturierten Käuferschar gegenüberstehen"[5]. Die verein-

---

[1]) Vgl. E. Schneider: "Dynamische Theorie ...", S. 62 ff.

[2]) H. Winding Pedersen: "Omkring den moderne Pristeori", in: Nationaløkonomisk Tidsskrift 1939, Abschnitt IV, zitiert bei E. Schneider: "Dynamische Theorie...", a.a.O., S. 62.

[3]) R. Frisch: "Monopol ...", a.a.O., S. 17 ff.

[4]) A. Smithies und L.J. Savage, a.a.O., S. 130 ff.

[5]) E. Schneider: "Dynamische Theorie ...", a.a.O., S. 62 f.

fachenden Voraussetzungen bestehen insbesondere in folgendem:

a) jeder Anbieter kennt seine eigene *objektive* Absatzfunktion, nicht dagegen die des Konkurrenten;

b) jeder Anbieter kennt seine Kostenfunktion;

c) die Planungsperiode (= 1 Tag) beider Anbieter hat die gleiche Länge und beginnt im gleichen Zeitpunkt;

d) jeder Anbieter setzt seinen Preis zu Beginn jeder Periode und hält hieran während der Periode fest;

e) jeder Anbieter strebt nach kurzfristiger, ein-periodiger Gewinnmaximierung.

Diese von Schneider genannten Prämissen[6]), unter denen er seine Dyopolanalyse durchführt, lassen erkennen: Von den drei grundsätzlichen Ansatzpunkten, die wir für eine Dynamisierung der Oligopoltheorie herausgearbeitet haben[7]), hat Schneider auf die *un*vollkommene Information (vgl. Prämisse a) abgestellt.

Aufgrund dieser unvollkommenen Informationen basieren die Entscheidungen der Dyopolisten bei Schneider auf "Erwartungen". Die "Erwartungen" betreffen den Preis, den der jeweilige Konkurrent in der Periode t voraussichtlich setzen wird. Dabei kann nach Meinung Schneiders die "geplante Höhe des eigenen Preises im Zeitpunkt t die Erwartung über die Höhe des Preises des Konkurrenten *nicht* beeinflussen . . . Nur die bisherige faktische Preisentwicklung kann die Erwartungen der beiden Anbieter über den Preis des Konkurrenten im Zeitpunkt t bestimmen"[8]). Schneider formuliert also für beide Anbieter dynamische, aber *"voneinander unabhängige Preiserwartungen"*[9]).

Bevor wir uns mit dieser Prämisse kritisch auseinandersetzen, seien die weiteren Ausführungen Schneiders kurz skizziert. An Hand eines numerischen Beispiels, in dem der erwartete Konkurrenzpreis nur von der faktischen Höhe der Preise im Zeitpunkt t-1 abhängt, stellt und beantwortet er - in Anlehnung an Frisch - die Fragen: "Bei welchen Preissystemen im Zeitpunkt t-1 wird ein Anbieter seinen Preis im folgenden Zeitpunkt t a) senken, b) erhöhen, c) konstant halten"[10]). Auf diese Weise leitet Schneider ab, wann es zu Gleichgewichtskombinationen kommen kann. In seinem rechnerischen Beispiel setzt er hierbei noch zwei weitere wichtige Prämissen:

f) die Dyopolisten verhalten sich reaktions-indifferent (autonom)[11]);

g) die Erwartungsstruktur der beiden Anbieter bleibt im Zeitablauf *unverändert*[12]).

---

[6]) Zu diesen Prämissen a bis e vgl. E. Schneider: "Dynamische Dyopoltheorie ...", a.a.O., S. 63.

[7]) Siehe hierzu Teil 1, Kap. 3, Abschnitt C.

[8]) E. Schneider: "Dynamische Theorie ...", a.a.O., S. 65.

[9]) ders., ebenda.

[10]) E. Schneider: "Dynamische Theorie ...", a.a.O., S. 67.

[11]) Vgl. E. Schneider: "Dynamische Theorie...", a.a.O., S. 71 f. und S. 73 ff.

[12]) Vgl. E. Schneider: "Dynamische Theorie ...", a.a.O., S. 78 f.

Zu den Prämissen Schneiders ist einiges kritisch anzumerken, ohne daß damit sein Verdienst geschmälert werden soll, einen ersten Impuls und grundlegenden Beitrag zur Dynamisierung der Oligopoltheorie geleistet zu haben.

Auf dem - von ihm erstmalig aufgezeigten - Weg zu einer dynamischen Dyopoltheorie hat Schneider vereinfachend "reaktionsindifferentes" Verhalten angenommen. Diese Prämisse (f) "autonomen" Verhaltens erscheint jedoch im Oligopol als logisch nicht haltbar[13]); denn sie widerspricht der typischen oligopolistischen "Denkart".

Diese Kritik gilt analog auch für die Prämisse, daß die Dyopolisten bei Schneider voneinander *un*abhängige Preiserwartungen hegen. Daraus resultiert nämlich: Keiner der Anbieter reagiert in der Periode t auf den Konkurrenzpreis dieser Periode t; vielmehr agieren beide Anbieter in Schneiders Modell immer *genau gleichzeitig* und passen sich jeweils nur dem vom Konkurrenten am *Vortage* gesetzten Preis an[14]).

Einen letzten Ansatzpunkt zur Kritik an seinem dynamischen Dyopolmodell formuliert Schneider selbst: Die Erwartungsstrukturen bleiben unverändert, obwohl sich die Dyopolisten in ihren Erwartungen laufend getäuscht sehen. Schneider fordert deshalb: " . . . solange Tatsachen und Erwartungen nicht übereinstimmen, (muß) eine von Periode zu Periode stattfindende Änderung der Erwartungsstruktur vorausgesetzt werden, wenn eine wirklichkeitsnahe Erklärung des Preisbildungsablaufs gegeben werden soll"[15]). In seinem Modell berücksichtigt Schneider einen derartigen "Lernprozeß" aber nicht.

II.   Dynamische Dyopolmodelle von H. Jacob

Zum Problem der dynamischen Oligopolpreisbildung hat H. Jacob 1954 eine umfangreiche Arbeit vorgelegt[16]), auf die bereits mehrmals während unserer Analysen verwiesen wurde. Um den Inhalt seiner Untersuchungen in knapper Form systematisch darstellen zu können, empfiehlt es sich, nach den von Jacob untersuchten Entscheidungssituationen vier Modellgruppen zu bilden.

Alle vier Modellgruppen Jacobs haben eine Voraussetzung gemeinsam: Betrachtet wird ein Dyopolmarkt, auf dem ein *homogenes* oder auch ein im weiteren Sinne homogenes Gut umgesetzt wird; Jacobs Analysen gelten also - im Gegensatz zu unserer Arbeit - für *vollkommene* Oligopolmärkte[17]).

In einer ersten Modellgruppe setzt Jacob zusätzlich folgende Prämissen[18]):

1. die Gesamtnachfrage ist unabhängig von p_A und p_B (diese Prämisse wird zwischendurch einmal kurz aufgehoben) und im Zeitablauf konstant;

[13]) Zur ausführlichen Begründung siehe Teil 1, Kap. 2, S. 31 ff.

[14]) Vgl. E. Schneider: "Dynamische Theorie ...", a.a.O., S. 76.

[15]) E. Schneider: "Dynamische Theorie ...", a.a.O., S. 79.

[16]) Vgl. H. Jacob: "Dynamische Oligopolpreisbildung ...", a.a.O.. Wir wollen seine Modelle zu den Oligopolanalysen bei "unvollkommener Information" zählen, obwohl Jacob die Prämisse "unvollkommener Information" in seinen Untersuchungen nicht nennt. Jedoch geht er im allgemeinen von "Erwartungen" aus, in denen sich die Anbieter hinterher getäuscht sehen. Dies ist u.E. nur bei unvollkommener Information möglich.

[17]) Vgl. H. Jacob: "Dynamische Oligopolpreisbildung ...", a.a.O., S. 9 f.

[18]) Zum folgenden siehe H. Jacob: "Dynamische Oligopolpreisbildung ...", a.a.O., S. 73 ff.

2. dem Unternehmen mit dem niedrigeren Preis strömt Nachfrage - in einem durch eine Strömungsfunktion determinierten Umfange - zu; dieser Zustrom an Nachfrage vollzieht sich nicht unendlich schnell, sondern während des gesamten Planungs-zeitraumes kontinuierlich, bis durch eine Preisänderung ein in Umfang und u.U. auch in der Richtung anderer Nachfragestrom ausgelöst wird;

3. die Dyopolisten verhalten sich reaktions-indifferent;

4. beide Anbieter streben nach kurzfristiger, ein-periodiger Gewinnmaximierung;

5. Anbieter A nimmt Preiskorrekturen in den Zeitpunkten t = 0,2,4. . . vor, während Konkurrent B seinen Preis jeweils zu den Zeitpunkten t = 1,3,5. . . ändert.

Jacob beschreibt in einem ersten Modell den Preisbildung*sprozeß*, der die Dyopolisten in einen Gleichgewichtszustand führt. Wegen der angenommenen Homogenität der Güter ist das Gleichgewicht bei Jacob - im Gegensatz zu unseren Modellen - durch $p_A = p_B$ charakterisiert; d.h. es gibt nur *einen* einzigen, für beide Anbieter gleich hohen Gleichgewichtspreis. Dieser einheitliche Preis wird um so später erreicht, "je unterschiedlicher die Zeitspannen zwischen den einzelnen Preiskorrekturen sind"[19]). Nach einer Ausweitung dieses Modells auf mehr als zwei Anbieter geht Jacob zum zweiten Modelltyp über.

Die zweite Modellgruppe[20]) unterscheidet sich von der ersten Modellgruppe ins-besondere durch folgende geänderte Prämissen:

1. während sich Konkurrent B immer noch reaktions-indifferent verhält, handelt Anbieter A halb reaktions-indifferent und halb reaktions-bewußt; d.h. Anbieter A "erwartet", daß seine Preissetzung $p_{A,t}$ in t den Preis seines Konkurrenten in der gleichen Periode t nicht beeinflußt, wohl aber in der Folgeperiode t + 1 ;

2. beide Anbieter streben nach zwei-periodiger Gewinnmaximierung;

3. es besteht unvollkommene Information, denn die Dyopolisten werden in ihren "Erwartungen" (vgl. Prämisse 1) enttäuscht.

An Hand eines Beispiels zeigt Jacob, daß jetzt ein Gleichgewicht ($p_A = p_B$) i.d.R. nicht erreicht wird. Deshalb sehen sich die Dyopolisten - ähnlich wie bei Schneider - zu einer Änderung ihrer (teils reaktions-indifferenten) Verhaltensweise veranlaßt.

Wir kommen damit zur dritten Modellgruppe Jacobs[21]). Sie ist dadurch gekenn-zeichnet, daß sich beide Unternehmer nunmehr (voll) reaktions-bewußt verhalten. Dann endet der Anpassungsprozeß wiederum in einem eindeutigen Gleichgewichts-zustand ($p_A = p_B$).

---

[19]) H. Jacob: "Dynamische Oligopolpreisbildung ...", a.a.O., S. 97.
[20]) Vgl. hierzu H. Jacob: "Dynamische Oligopolpreisbildung ...", a.a.O., S. 146 ff.
[21]) Vgl. H. Jacob: "Dynamische Oligopolpreisbildung ...", a.a.O., S. 158 ff.

Hieran anknüpfend verbleibt als Problemstellung der vierten Modellgruppe die Frage: "Nach welchen Regeln wird ein Unternehmer seinen Preis festsetzen, der zwar die Reaktionen seines . . . Partners in seine Überlegungen miteinbezieht, jedoch annimmt, daß diese Reaktionen erst nach Ablauf einer gewissen Zeitspanne . . . vorgenommen werden"[22]). Die Beantwortung dieser Frage führt zu einer "allgemeinen Preisgleichung", die als Grenzfälle das reaktions-indifferente und reaktions-bewußte Verhalten (ohne Verzögerung) einschließen soll[23]). Diese Lösung Jacobs gilt - wie alle vorhergehenden Ergebnisse auch - für das vollkommene Dyopol und eine von der Preisstellung unabhängige Gesamtnachfrage.

Wie dieses Problem (= Reaktionsverzögerung des Konkurrenten) auf einem *un*-vollkommenen Dyopolmarkt und bei einer Gesamtnachfrage, die von den Preisen der Anbieter abhängt, zu lösen ist, haben wir in Modell IV dieser Arbeit dargestellt.

III. Der spieltheoretische Lösungsansatz

Die sog. "Spieltheorie" wurde allgemein zur Lösung von Interessenkonflikten entwickelt[24]). Einander entgegengesetzte Interessen sind nun gerade für Dyopolsituationen typisch; deshalb lag es nahe, sich von der Spieltheorie eine Lösung des Oligopolproblems zu versprechen.

Wir haben daher die Frage zu beantworten, wie die Theorie der Spiele das Oligopolproblem zu lösen versucht hat. Dabei wollen wir nicht auf die zahlreichen Lösungsvorschläge im einzelnen eingehen. Vielmehr gilt es, die Grundannahmen der spieltheoretischen Lösungsansätze herauszuarbeiten und kritisch zu betrachten.

Der unterschiedliche Ansatzpunkt von traditioneller Oligopoltheorie und Spieltheorie ist in folgendem zu sehen: In der klassischen Oligopoltheorie versucht jeder Anbieter bei seiner eigenen Preissetzung abzuschätzen, wie der *Konkurrent* hierauf reagieren wird. Beim spieltheoretischen Ansatz hingegen überlegt jeder Anbieter, wie er *selbst* auf alle denkbaren Parameterwerte seines Konkurrenten reagieren soll[25]).

Dieser andere Ansatzpunkt der Spieltheorie scheint dem klassischen Ansatz überlegen. Denn, so wird argumentiert, das spezifische Unsicherheitsproblem der klassischen Oligopoltheorie, das im Abschätzen der möglichen Konkurrenten-Reaktionen liegt, stellt sich beim spieltheoretischen Ansatz gar nicht. Dabei kommt es für jeden Anbieter vielmehr nur auf die eigenen Reaktionsalternativen an. Und "seine eigenen Reaktionsmöglichkeiten sind für ihn in jedem Fall sicher"[26]).

[22]) H. Jacob: "Dynamische Oligopolpreisbildung ...", a.a.O., S. 179.

[23]) Vgl. hierzu H. Jacob: "Dynamische Oligopolpreisbildung ...", a.a.O., S. 178 ff.

[24]) Vgl. J. v. Neumann und O. Morgenstern: "Spieltheorie und wirtschaftliches Verhalten", Würzburg 1961, S. 1 ff und O. Morgenstern: "Spieltheorie", in: Handwörterbuch der Sozialwissenschaften, 9. Bd., Stuttgart-Tübingen-Göttingen 1956, S. 707.

[25]) In diesem Sinne wird der spieltheoretische Lösungsansatz auch charakterisiert von: E. Gutenberg: "Der Absatz", a.a.O., S. 312 und R. Richter: "Konkurrenzproblem ...", a.a.O., S. 74.

[26]) R. Richter: "Konkurrenzproblem...", a.a.O., S. 74.

Hierzu ist bereits kritisch anzumerken: Durch den anderen Ansatzpunkt der Spiel-theorie wird das Unsicherheitsproblem keineswegs gelöst; es wird u.E. vielmehr auf eine andere Ebene "verschoben" bzw. eliminiert. Denn der spieltheoretische Ansatz erfordert, um überhaupt (Gleichgewichts-) Lösungen ableiten zu können, *volle Kenntnis der Spielregeln*. Dies bedeutet insbesondere: Jeder Anbieter muß die Ge-samtheit aller eigenen *und* fremden Handlungsmöglichkeiten kennen[27]). Wegen dieser Prämisse bezweifelt Shubik die ökonomische Brauchbarkeit der Spieltheorie. Er weist mit Recht darauf hin, daß vollkommene Information über die eigenen und fremden Zahlungsfunktionen sehr wirklichkeitsfremd sind[28]).

Aber allein bei vollkommener Information nicht nur über alle eigenen, sondern auch über alle gegnerischen Strategien kann die Gewinnmatrix aufgestellt werden. Sie gehört ebenfalls zu den Spielregeln. "Die Spieltheorie setzt voraus, daß beide Spieler, hier beide Unternehmen, die eigenen und gegnerischen Gewinnfunktionen kennen . . ." [29]). Nur bei voller Kenntnis der Spielregeln lassen sich optimale Strategien bestimmen. "Die Spieltheorie kann das Problem der Entscheidung bei *un*vollständiger Information über die Elemente der Entscheidungssituation (Spielregeln) *nicht* lösen"[30]).

Damit wird die Brauchbarkeit der Spieltheorie für die Oligopolanalyse bereits stark erschüttert. Insbesondere kann sie keine Lösung für den Fall *un*vollkommener Information anbieten, den wir in diesem Kap. 3 betrachten wollen.

Darüber hinaus sind aber noch andere Bedenken gegen die Brauchbarkeit der Spiel-theorie für die Dyopolanalyse vorzubringen. Insbesondere folgende Prämissen der Spieltheorie fordern noch zu weiterer Kritik heraus:

1. Beide Anbieter handeln stets *gleichzeitig*. Das Unternehmen A (B) legt seine Strategie autonom und unwiderruflich fest, bevor es weiß, welche Strategie der gleichzeitig handelnde Konkurrent B (A) wählt. Damit vermag die Spieltheorie die Reaktionsverbundenheit (actio et reactio), die für oligopolistische Wettbewerbs-situationen typisch ist, *nicht* zu berücksichtigen[31]).

2. Beide Anbieter treffen ihre Entscheidungen nach der sog. Minimax-Regel. Dem-nach soll jeder der Dyopolisten so handeln, als ob ihm sein Konkurrent stets den größten Schaden zufügen will. Diese Annahme kann nur ein äußerst pessimistischer Unternehmer für sinnvoll halten. Die Zielsetzung der Gewinnmaximierung wird damit aufgegeben.

---

[27]) Vgl. hierzu u.a.: W. Meißner, a.a.O., S. 61 f. und R. Richter: "Konkurrenzproblem ...", a.a.O., S. 74 f.

[28]) Vgl. M. Shubik: "Information, Theories of Competition and the Theory of Games", in: Journal of Political Economy, Vol. 60 (1952), S. 145 ff.

[29]) E. Gutenberg: "Der Absatz", a.a.O., S. 312.

[30]) W. Meißner, a.a.O., S. 61; in diesem Sinne auch: R. Richter: "Konkurrenzproblem ...", a.a.O., S. 102.

[31]) In diesem Sinne auch E. Gutenberg: "Der Absatz", a.a.O., S. 313 f.

Zweifellos können noch weitere Bedenken gegen den spieltheoretischen Lösungsansatz geäußert werden[32]. Wir wollen aber die kritische Diskussion des spieltheoretischen Lösungsansatzes hiermit abschließen. Sie hat bereits gezeigt, daß die Brauchbarkeit der Spieltheorie für die Lösung des Oligopolproblems stark in Zweifel zu ziehen ist. Insbesondere bei unvollkommener Information der Dyopolisten hilft die Theorie der Spiele keinen Schritt weiter.

Wir müssen daher nach anderen Möglichkeiten suchen, das Dyopolproblem bei unvollkommener Kenntnis der Kosten- und Marktdaten zu lösen. Zwei diesbezügliche Lösungsversuche seien mit den folgenden Modellen VIII und IX unternommen und zur Diskussion gestellt.

B. Lernprozeß bei unvollkommener Information über die Kostenlage (Modell VIII)

Unvollkommene Information kann im Dyopol bestehen über die Kostenlage, die Marktdaten und die Zielsetzung des Konkurrenten. Hier sei zunächst der Fall betrachtet, daß die Dyopolisten unvollkommene Kenntnis von der *Kosten*funktion des Konkurrenten besitzen.

Die Entscheidungssituation von Modell VIII ist dann wie folgt zu charakterisieren: Beiden Dyopolisten sind alle relevanten Marktdaten (vollkommen) bekannt[33], ebenso die eigene Kostenfunktion. Nicht bzw. nur unvollkommen bekannt ist ihnen hingegen die Kostenlage, in der sich ihr jeweiliger Konkurrent befindet. Wegen dieser unvollkommenen Information über die fremde Kostenfunktion streben beide Anbieter (zunächst) nach kurzfristiger, ein-periodiger Gewinnmaximierung. Dabei haben sie wiederum zeitliche Preisgebundenheit zu beachten.

Mit Modell VIII sind nunmehr zwei Fragen zu beantworten: Wie können die Dyopolisten trotz unvollkommener Kenntnis der Kosten ihres Konkurrenten eine rationale Preispolitik betreiben? Besteht die Möglichkeit, im Zeitablauf aus der Entscheidung des Konkurrenten zu "lernen", d.h. schließlich dessen Kostenfunktion zu ermitteln?

Zur Beantwortung dieser Fragen können wir unmittelbar auf den Ergebnissen früherer Modelle aufbauen. Im Rahmen von Modell I haben wir festgestellt[34]: Bei kurzfristiger, ein-periodiger Gewinnmaximierung und zeitlicher Preisgebundenheit reagiert der Konkurrent B auf eine Preisvariation des Anbieters A gemäß seiner Kammlinie L_B. Sie wird - in ihrem wesentlichsten Teil - gegeben durch die Gleichung (38-B-1)

$$p_{B, LB, 1} = \frac{a_B}{2b_B} + \frac{k_B}{2} + \frac{c_B}{2b_B} \; p_A$$

---

[32]) Zu weiterer Kritik am spieltheoretischen Konzept vgl. u.a. E. Gutenberg: "Der Absatz", a.a.O., S. 314 f und W. Krelle: "Preistheorie", a.a.O., S. 625 ff.

[33]) Diese Prämisse wird später im Modell IX noch aufgehoben.

[34]) Vgl. hierzu Teil 2, Kap. 1, insbesondere S. 90 ff.

Bei *voll*kommener Information (Modell I) konnte Anbieter A diese "Reaktions-funktion" des B in seine Gewinnfunktion einsetzen und so seinen gewinnmaximalen Aktions-Preis $p_{A, \, TA}$ sofort ermitteln.

Bei der *unvoll*kommenen Information in Modell VIII ist dies nicht möglich. Jedoch gibt hier Gleichung (38-B-1) dem Anbieter A wesentliche Anhaltspunkte für eine rationale Preispolitik bei unvollkommener Kenntnis der Kosten (k_B) des Konkurrenten B. Sie macht zunächst deutlich: *Bei weitem nicht alle* Preise, die innerhalb der Prohibitiv-Preis-Kurven p_A (p_{Rh}) und p_R (p_{Ah}) liegen, kommen - wie man auf den ersten Blick meinen könnte - als mögliche Reaktionspreise $p_B(p_A)$ des B infrage. Der "Unsicherheitsbereich" ist vielmehr wesentlich kleiner. Und zwar wird er - in einem p_A; p_B-Koordinatensystem - in Richtung auf niedrigere Preise p_B eindeutig durch eine "Grenz-Reaktionskurve" L_B^O abgesteckt. Diese würde für den extremen Fall gelten, daß $k_B = 0$ ist. Die "Grenz-Reaktionskurve" L_B^O genügt mithin der Gleichung:

$$p_{B, \, LB}^O = \frac{a_B}{2b_B} + \frac{c_B}{2b_B} \, p_A \quad .$$

Alle Preiskombinationen *links* von L_B^O können infolge einer Reaktion des B auf einen Preis p_A *nicht* zustande kommen; denn dies würde voraussetzen: $k_B < 0$, was ökonomisch unsinnig ist.

Aufgrund dieser Überlegungen kann Anbieter A den möglichen Reaktionsspielraum des Konkurrenten B bereits erheblich eingrenzen, und zwar auf die Preiskombinationen rechts von der "Grenz-Reaktionskurve" L_B^O. Zur weiteren Eingrenzung des voraus-sichtlichen Reaktionspreises p_B bleibt Anbieter A wegen der unvollkommenen Information allerdings auf Schätzungen der Kosten (k_B^A) angewiesen.

In diesem Zusammenhang ist aus Gleichung (38-B-1) zu entnehmen: Die Lage der Kammlinie L_B wird durch die Kosten k_B nur im Umfange von $k_B/2$ beeinflußt. Dementsprechend führt eine Fehlschätzung der Kosten k_B durch Anbieter A um $\triangle \, k_B^A$ nur zu einer "Abweichung" der erwarteten von der tatsächlichen Kammlinie um $\triangle \, k_B^A/2$. Insofern wird das Risiko, das mit einer Fehlschätzung der Kosten des Konkurrenten verbunden ist, bereits beträchtlich abgeschwächt. Anhand der Be-stimmungsgleichung (39-A) für den Preis $p_{A, \, TA}$[35]) läßt sich außerdem nachweisen: Bei einer Fehlschätzung um $\triangle \, k_B$ weicht $p_{A, \, TA}^A$ vom optimalen $p_{A, \, TA}$ um wesentlich weniger als $\triangle \, k_B/2$ ab. Damit wird das mit einer Kostenfehlschätzung verbundene Risiko relativ gering.

Anbieter A wird daher die erwartete Kammlinien-Gleichung

$$p_{B, \, LB, \, 1}^A = \frac{a_B}{2b_B} + \frac{k_B^A}{2} + \frac{c_B}{2b_B} \, p_A \quad ,$$

die für die von ihm geschätzten Kosten k_B^A des Konkurrenten B gilt, in seine Gewinn-

[35]) Siehe S. 97 f.

funktion einsetzen. Hieraus wird er - wie in Modell I beschrieben - seinen erwarteten gewinnmaximalen Preis $p^A_{A, TA}$ ableiten. Diesen Preis setzt er in der Periode t, wenn er als erster agieren will. Im Modell VIII sei dies angenommen.

Auf den Preis $p^A_{A, TA, t}$ wird dann Konkurrent B reagieren, und zwar zieladäquat gemäß seiner Kammlinie L_B. Diese Kammlinie L_B ist in Modell VIII dem Konkurrenten B vollkommen bekannt. Denn er besitzt - lt. Prämisse - nicht nur vollkommene Information über die Marktdaten, sondern auch über seine eigenen Kosten k_B. Die Preiskombination $p^A_{A, TA, t}$; $p_{B, LB, t}$, die nach der Reaktion des B in der Periode t gilt, liegt daher auf seiner effektiven Kammlinie L_B.

Diese Information aus der Periode t *muß* u.E. der Anbieter A bei seiner Preisplanung für die Folgeperiode t + 1 ausnutzen. Die Annahme der bisherigen Dyopoltheorien, der Anbieter A lasse seine Erwartungsstruktur im Zeitablauf unverändert[36]), erscheint uns nicht sinnvoll. Vielmehr wird Anbieter A aus der Reaktion seines Konkurrenten B, die in einem anderen Umfange erfolgt als erwartet, nunmehr *"lernen"*. Dies heißt:

Er wird seine Erwartungen über die Kostensituation seines Konkurrenten *auf der Grundlage der neuen Informationen* aus der Periode t *korrigieren.*

Zu diesem Zwecke muß Anbieter A in Modell VIII einen *"Lernprozeß"* in seinen Entscheidungsprozeß über $p_{A, t+1}$ einbeziehen, und zwar folgendermaßen: Anbieter A verarbeitet die Information, daß sein Konkurrent B mit dem Preis $p_{B, t}$ auf $p^A_{A, TA, t}$ reagiert hat. Wie er aufgrund obiger Überlegungen weiß[37]), ist für Konkurrent B nur eine Kammlinien-Reaktion zieladäquat. Die tatsächliche Kammlinie L_B ist dem Konkurrenten B bekannt; denn der B kennt - im Gegensatz zu A - seine Kosten k_B. Demzufolge stellt die Preiskombination $p^A_{A, TA, t}$; $p_{B, t}$ einen Punkt auf der *effektiven* Kammlinie L_B dar.

Diesen logischen Schluß kann und wird Anbieter A ziehen. Er wird daher die in t gültigen Preise $p_{B, t}$ und $p^A_{A, TA, t}$ in die Kammlinien-Gleichung (38-B-1) einsetzen. Auf diese Weise "erfährt" er den tatsächlichen Kostenwert k_B. Denn allein diese Größe k_B der Kammlinien-Gleichung war in Modell VIII nicht bekannt.

Als Ergebnis von Modell VIII ist festzuhalten: Es wurde gezeigt, wie Anbieter A aus der Konkurrenten-Reaktion in der Periode t "lernen" kann; A ermittelt hieraus den Wert für die Kosten k_B. Mithin beseitigt er im Wege eines Lernprozesses die unvollkommene Information. In der Folgeperiode t + 1 kann er daher seine Entscheidungen auf vollkommene Kenntnis auch der Kostenlage des Konkurrenten B stützen.

Damit haben wir in Modell VIII die Fragen beantwortet, wie bei unvollkommener Information über die fremde Kostenlage eine sinnvolle preispolitische Entscheidung getroffen und ein - relativ einfacher - Lernprozeß in die Analyse einbezogen werden kann. Hierauf aufbauend können wir uns nunmehr einer komplizierteren Entscheidungssituation zuwenden: Die unvollkommene Information betrifft die Marktdaten.

---

[36]) Vgl. hierzu den vorhergehenden Abschnitt A.

[37]) Dabei wurde angenommen, daß der Anbieter A die Zielsetzung "kurzfristige Gewinnmaximierung" des Konkurrenten B kennt.

C. Dynamisches Dyopolmodell bei unvollkommener Information über die Marktdaten (Modell IX)

I. Dynamik und Lernprozeß bei unvollkommener Kenntnis der Marktdaten

Bei unvollkommener Information über die Marktdaten *schätzt* jeder Dyopolist seine individuelle Preis-Absatz-Funktion und diejenige seines Konkurrenten. Diese Schätzungen müssen - worauf wir schon früher hingewiesen haben[38]) - *kompatibel* sein, d.h. sie müssen die von uns aufgedeckten Interdependenzen zwischen den Koeffizienten der Nachfrage-Funktionen beachten.

Jeder Dyopolist trifft dann Entscheidungen auf der Grundlage *seiner* geschätzten Preis-Absatz-Funktionen. Dabei werden zum einen die Schätzungen des Anbieters A über seine eigenen und die fremden Marktdaten seines Konkurrenten B wahrscheinlich anders ausfallen als die Erwartungen, die Konkurrent B hinsichtlich seiner eigenen und der fremden Preis-Absatz-Funktion des A hegt. Zum anderen werden die tatsächlichen Marktverhältnisse (Präferenzen und Kaufkraft der Nachfrager) andere sein als die von A und B geschätzten Marktdaten. Wegen dieser Unterschiede zwischen den Schätzwerten der Dyopolisten und den tatsächlichen Marktgegebenheiten werden die geplanten Ergebnisse ihrer Entscheidungen von den effektiv erzielten Resultaten abweichen. Es werden mithin *Abweichungen* zwischen "Plan" und "Ist" festzustellen sein. Diese Abweichungen veranlassen die Anbieter dazu, nach den Ursachen hierfür zu forschen und daraus zu "lernen".

Dabei besteht das *"Lernen"* in folgendem: Den Dyopolisten gelingt es in zunehmendem Maße, die im *Zeitablauf* zu gewinnenden Informationen so zu verarbeiten, daß sie das "Heute" aus dem "Gestern" und das "Morgen" aus dem "Heute" erklären können. Hierfür werden die zu planenden Preise der *kommenden Periode(-n)* von den Preis- und Absatz-Abweichungen in den *Vorperioden* abhängig gemacht: Der "Lernprozeß" vollzieht sich also in der Zeit; die Entscheidungen in aufeinander folgenden Perioden werden miteinander verknüpft. Denn die für die Vorperiode(-n) festgestellten und analysierten Abweichungen werden die Dyopolisten dazu veranlassen, sukzessiv *Korrekturen* ihrer Schätzungen vorzunehmen. Ihre Erwartungsstruktur ist also - im Gegensatz zu den bisherigen dynamischen Theorien der Literatur - *nicht* (mehr) *konstant*. Vielmehr werden die "neuen" Preis-Absatz-Funktionen, die die Anbieter ihren Entscheidungen in der Folgeperiode zugrunde legen, dergestalt gewonnen, daß die "alten" Preis-Absatz-Funktionen der Vorperiode(-n) - aufgrund der ermittelten Abweichungen - systematisch korrigiert, d.h. im Zeitablauf verändert werden.

Auf diese Weise verknüpfen die Dyopolisten zum einen die erwarteten Preis-Absatz-Funktionen verschiedener Perioden miteinander. Indem sie nun auf der Grundlage dieser - systematisch verknüpften - Nachfrage-Funktionen ihre zu setzenden Preise bestimmen, werden zum anderen auch ihre Preisforderungen in den einzelnen Perioden miteinander verbunden: Der Preis $p_{A,\,t}$ beispielsweise, den Anbieter A in der Periode t setzen wird, und der Preis $p_{B,\,t}^{A}$, den er in der Periode t von Konkurrent B erwartet,

---

[38]) Vgl. S. 69 f. dieser Arbeit.

hängen beide von seinen "Erfahrungen" mit den Preisen und dem erzielten Absatz in der Vorperiode t-1 ab. Die Preissetzung des A (bzw. B) basiert mithin auf einem Lernprozeß. Sie ist dabei durch Relationen zwischen Variablen gekennzeichnet, deren Werte sich auf *verschiedene Perioden* beziehen. Weil so im Wege des Lernprozesses Preise und Absatzmengen aus verschiedenen Perioden miteinander verbunden werden, kann die Dyopolpreisbildung bei unvollkommener Information über die Marktdaten nur im Rahmen einer *dynamischen* Analyse dargestellt werden.

Damit haben wir den gedanklichen Ansatz für ein dynamisches Dyopolmodell bei unvollkommener Information über die Marktdaten herausgearbeitet: Aus den - wegen der unvollkommenen Informationen notwendigen - Schätzungen der Marktdaten resultieren Abweichungen zwischen "Plan" und "Ist", die die Dyopolisten zu - laufenden - Korrekturen ihrer geschätzten Preis-Absatz-Funktionen veranlassen. Art und Umfang ihrer Korrekturen werden durch einen Lernprozeß bestimmt, der die zukünftigen Preisforderungen mit den festgestellten Absatz- und Preisabweichungen in den vergangenen Perioden verknüpft. Auf diese Weise gehen in den Entscheidungsprozeß über die zu setzenden bzw. erwarteten Preise Relationen zwischen Variablen ein, die sich auf verschiedene Perioden beziehen. Der zur Lösung erforderliche Lernprozeß bedingt so unausweichlich eine dynamische Analyse des Preisbildungsprozesses bei unvollkommener Kenntnis der Marktdaten.

Um einen tieferen Einblick in die Natur des Ablaufs dieses Lernprozesses und des Preisbildungsprozesses zu gewinnen, wollen wir die bisher nur skizzierten Zusammenhänge an einem numerischen Beispiel weiter aufdecken.

II. Dynamische Preispolitik bei Lernprozessen hinsichtlich der Marktdaten (Modell IX)

1. Prämissen und Ausgangslage von Modell IX

Im dynamischen Modell IX streben die Dyopolisten wegen der unvollkommenen Information über die Marktdaten (nur) nach kurzfristiger, ein-periodiger Gewinnmaximierung. Die Länge dieser Periode bestimmt sich nach dem Zeitraum, für den die Dyopolisten an ihre einmal geforderten Preise gebunden sind; die Anbieter haben in Modell IX also wiederum zeitliche Preisgebundenheit zu beachten.

Von den beiden Datengruppen - Unternehmensdaten und Marktdaten - mögen die Daten der Unternehmen bekannt sein; d.h. insbesondere, die Dyopolisten besitzen *voll*kommene Information über ihre eigene *und* die fremde Kostenlage ihres Konkurrenten.

Hinsichtlich der Marktdaten besteht für beide Anbieter *un*vollkommene Information. Anbieter A kennt weder seine eigene "objektiv richtige" Preis-Absatz-Funktion, noch die "objektiv richtige" Preis-Absatz-Funktion seines Konkurrenten B. Unternehmer A muß *beide* Nachfrage-Funktionen schätzen; er trifft seine Entscheidungen mithin auf der Grundlage erwarteter, d.h. *"subjektiver"* Preis-Absatz-Funktionen. Ebenso besitzt Konkurrent B nur unvollkommene Kenntnis von seiner eigenen und der "objektiven" Preis-Absatz-Funktion des Anbieters A; auch die Entscheidungen des Konkurrenten B beruhen also auf Schätzungen *zweier* Nachfrage-Funktionen. Insgesamt werden mithin vier Preis-Absatz-Funktionen geschätzt. Diese *vier "subjektiven"* Preis-Absatz-Funktionen sind - wie oben bereits angedeutet - von Periode zu Periode zu korrigieren.

Um die Analyse des Lernprozesses und des Preisbildungsprozesses in Modell IX übersichtlich zu gestalten, sei ferner angenommen: Die tatsächlichen - den Dyopolisten (zunächst) unbekannten - Marktverhältnisse ändern sich im Zeitablauf nicht; d.h. vor allem, die tatsächlich geltenden, "objektiven" Preis-Absatz-Funktionen bleiben für die Dauer des Lernprozesses konstant. Die effektiv realisierten Absatzmengen und Gewinne der Dyopolisten bestimmen sich also aufgrund *un*veränderter "objektiver" Nachfrage-Funktionen.

Ziel des Lernprozesses in Modell IX ist es, diese "objektiven" Preis-Absatz-Funktionen, die die Marktverhältnisse richtig widerspiegeln, zu ermitteln. Dazu müssen die Dyopolisten ihre Schätzungen über die (subjektiven) Nachfrage-Funktionen nach einem bestimmten System so lange korrigieren, bis die "subjektiven" den "objektiven" Preis-Absatz-Funktionen voll entsprechen. Dies ist für die Dyopolisten daran zu merken, daß zwischen den erwarteten Ergebnissen und den erzielten Resultaten keine Abweichungen mehr auftreten. Damit wird der Lernprozess, d.h. das systematische "Herantasten" an die objektiven Marktverhältnisse abgeschlossen: Aus der unvollkommenen Information ist schrittweise vollkommene Kenntnis der Marktsituation und -gesetzmäßigkeiten entstanden. Im Wege des Lernprozesses werden also die aufgrund unvollkommener Information zunächst subjektiven "Anspruchsniveaus" *iterativ* dem objektiven (Gewinn-) Optimum angenähert. Dieser Lernprozess erscheint daher - worauf wir früher schon ausführlich hingewiesen haben[39]) - in Struktur und Ablauf dem Auffinden der optimalen Lösung bei der Simplex-Methode der linearen Optimierungsrechnung vergleichbar.

Unser Modell IX soll zeigen, nach welchem System die Dyopolisten mit Hilfe eines derartigen Lernprozesses von ihren "subjektiven" Preis-Absatz-Funktionen zu den "objektiven" Preis-Absatz-Funktionen gelangen können, wie sie durch dynamische Preispolitik systematisch Informationen gewinnen können, mit deren Hilfe die unvollkommene Marktkenntnis beseitigt wird.

2. Die einzelnen Stufen des Lösungsweges

Die Analyse des Lernprozesses und des dynamischen Preisbildungsprozesses bei unvollkommener Information über die Marktdaten soll in mehreren Stufen erfolgen. In der ersten Stufe geht es darum, die vier "primären" subjektiven Preis-Absatz-Funktionen zu ermitteln, die den Ausgangspunkt für den Lernprozess bilden.

---

[39]) Vgl. die Ausführungen über "subjektive Rationalität und Lernprozess bei unvollkommener Information" in Teil 1, Kapitel 2, Abschnitt A.

a) Die Ermittlung der "primären" subjektiven Preis-Absatz-Funktionen und der ersten Preisforderung

Erste Anhaltspunkte über die Daten des Marktes, auf dem die Dyopolisten ihre Produkte anzubieten beabsichtigen, werden sie im Wege der Marktforschung zu erhalten versuchen. Dabei ist unter Marktforschung "eine systematische, methodisch einwandfreie laufende oder fallweise Untersuchung aller einen Markt charakterisierenden Faktoren zu verstehen"[40]). Die Marktforschung beschäftigt sich zum einen mit der Untersuchung, zum anderen mit der Beobachtung des Bedarfs, der Wettbewerbsverhältnisse und des Einsatzes des absatzpolitischen Instrumentariums[41]).

Auf der Grundlage der Marktforschungsergebnisse werden die Dyopolisten anschließend ihre "primären" subjektiven Preis-Absatz-Funktionen ableiten; "primär" bedeutet hierbei, daß es sich um die ersten Nachfrage-Funktionen handelt, die die Dyopolisten ihrer ersten preispolitischen Entscheidung zugrunde legen. Je umfangreicher und gründlicher Anbieter A - und Anbieter B - seine Marktforschung betreibt, um so mehr werden seine beiden "primären" subjektiven Preis-Absatz-Funktionen den "objektiven" Marktverhältnissen entsprechen. In der Regel wird aber auch die gründlichste Marktanalyse (zunächst) nur mehr oder weniger *un*vollkommene Informationen über die Marktdaten liefern können. Die Dyopolisten bleiben mithin auf - fundierte - *Schätzungen* angewiesen. Insofern sind ihre "primären" Preis-Absatz-Funktionen, die am Anfang des Lernprozesses stehen, trotz Marktforschung noch "subjektiv"; sie sind mit den "objektiven" Nachfrage-Funktionen nicht identisch, sondern kommen diesen nur mehr oder weniger nahe. Dabei ist es auch durchaus möglich, daß die Schätzungen des einen Anbieters (A) genauer sind als diejenigen des Konkurrenten (B), so daß ihre "primären" subjektiven Preis-Absatz-Funktionen unterschiedlich stark von den objektiven abweichen.

Damit es nun den Dyopolisten im Wege eines Lernprozesses jemals gelingen kann, von ihren (vier) subjektiven zu den (zwei) objektiven Nachfrage-Funktionen zu gelangen, müssen sie schon bei der Aufstellung ihrer "primären" subjektiven Preis-Absatz-Funktionen eines besonders beachten: Auch zwischen den Koeffizienten ihrer subjektiven Preis-Absatz-Funktionen bestehen die nicht zu durchbrechenden (ökonomischen) Interdependenzen, die wir in Teil 1 dieser Arbeit aufgedeckt und beschrieben haben[42]). Trotz unvollkommener Information müssen daher die Schätzungen des A (bzw. B) über seine eigene subjektive Nachfrage-Funktion (und seine Monopolkurve) vollkommen *kompatibel* sein mit *seinen* Annahmen über die (subjektive) Preis-Absatz-Funktion des Konkurrenten B (bzw. A). Dabei ist folgender Weg zu beschreiten:

---

[40]) H. Jacob: "Der Absatz", (im folgenden zitiert als: "Der Absatz") in: Allgemeine Betriebswirtschaftslehre in programmierter Form", hrsg. v. H. Jacob, Wiesbaden 1969, S. 307.

[41]) Vgl. u.a.: K. Chr. Behrens: "Marktforschung", Wiesbaden 1959; H. Jacob: "Der Absatz", a.a.O., S. 308 ff; E. Schäfer: "Die Grundlagen der Marktforschung, Marktuntersuchung, Marktbeobachtung", 3. Aufl., Köln/Opladen 1953; ders.: "Betriebswirtschaftliche Marktforschung", Essen 1955.

[42]) Vgl. die Ausführungen in Teil 1, Kapitel 2, Abschnitte III und IV, insbesondere über die "direkte Preiswirkung", die "Konkurrenzpreis-Mengenwirkung" und ihre mengen- bzw. preisbezogenen Interdependenzen.

In einem ersten Schritt wird Anbieter A - auf den Ergebnissen seiner Marktforschung aufbauend - die Koeffizienten seiner primären subjektiven Preis-Absatz-Funktion schätzen. Er legt also seinen Koeffizienten a_A^A, b_A^A und c_A^A bestimmte erwartete Werte bei; der obere Index der Koeffizienten gibt an, welcher Anbieter die Größen schätzt. Hier ist es zunächst Anbieter A. Bei seiner Schätzung über das Ausmaß der "direkten Preiswirkung" b_A^A muß A berücksichtigen, daß analog (2-A) gilt:

$$b_A^A \;=\; m_A^A \;+\; c_B^A \qquad {}^{43})$$

Demzufolge gelangt Anbieter A zu dem Wert b_A^A, indem er die latente bzw. latent werdende Nachfrage m_A^A und seine Preiswirkung auf die Nachfrage des Konkurrenten B (c_B^A) abschätzt und addiert. Auf diese Weise erfolgt bereits eine *Verknüpfung* zwischen den beiden von A erwarteten Preis-Absatz-Funktionen: Die Größe b_A^A enthält als Koeffizient der subjektiven Nachfrage-Funktion des *Anbieters A* den Wert der Größe c_B^A, die einen Koeffizienten der von A geschätzten Preis-Absatz-Funktion seines *Konkurrenten B* darstellt.

Die Kompatibilität der beiden subjektiven Preis-Absatz-Funktionen des A kommt ferner darin zum Ausdruck, daß analog (4-B) und (15 b) gelten muß:

$$(29a) \qquad\qquad c_B^A \;<\; b_B^A \;>\; c_A^A \qquad {}^{44}).$$

Damit wird ausgedrückt, daß zum einen die geschätzte Preiswirkung des A auf den Absatz des B (c_B^A) kleiner sein muß als dessen "direkte Preiswirkung" (b_B^A); zum anderen muß diese "direkte Preiswirkung" des B (b_B^A) auf dessen eigenen Absatz x_B größer sein als die "Konkurrenzpreis-Mengenwirkung" (c_A^A) auf den Absatz des A. Die ökonomischen Begründungen haben wir in Teil 1 gegeben, als wir den wirtschaftlichen Inhalt der Koeffizienten und ihre Interdependenzen herausarbeiteten.

Unter Beachtung dieser Interdependenzen (2-A) und (29a) stellt Anbieter A die beiden subjektiven Preis-Absatz-Funktionen auf, die er für sich und seinen Konkurrenten B in der Periode t erwartet. Für das rechnerische Beispiel von Modell IX mögen sie sich ergeben aus:

$$(90\text{-A-1}) \qquad x_{A,t}^A \;=\; a_{A,t}^A \;-\; b_{A,t}^A\, p_{A,t}^A \;+\; c_{A,t}^A\, p_{B,t}^A \qquad (\geqslant 0)$$

$$(90\text{-B-1}) \qquad x_{B,t}^A \;=\; a_{B,t}^A \;-\; b_{B,t}^A\, p_{B,t}^A \;+\; c_{B,t}^A\, p_{A,t}^A \qquad (\geqslant 0)$$

mit folgenden numerischen Werten für die Koeffizienten:

$$a_{A,1}^A = 55; \quad b_{A,1}^A = m_{A,1}^A + c_{B,1}^A = 5 + 7; \quad c_{A,1}^A = 6$$

(91-A-1)

$$a_{B,1}^A = 70; \quad b_{B,1}^A = m_{B,1}^A + c_{A,1}^A = 4 + 6; \quad c_{B,1}^A = 7$$

für die erste Periode t = 1.

${}^{43})$ Vgl. hierzu S. 69 f und S. 71 ff.

${}^{44})$ Vgl. hierzu S. 56 f und S. 71 dieser Arbeit.

Analoge Überlegungen wird Konkurrent B anstellen, um die beiden subjektiven Nachfrage-Funktionen zu gewinnen, die er seinen Entscheidungen in der ersten Periode t = 1 zugrunde legt. Seine primären subjektiven Preis-Absatz-Funktionen sollen gegeben sein durch:

(90-A-2) $x_{A,t}^B = a_{A,t}^B - b_{A,t}^B \, p_{A,t}^B + c_{A,t}^B \, p_{B,t}$ $(\geqslant 0)$

(90-B-2) $x_{B,t}^B = a_{B,t}^B - b_{B,t}^B \, p_{B,t} + c_{B,t}^B \, p_{A,t}^B$ $(\geqslant 0)$

mit folgenden numerischen Werten der Koeffizienten:

(91-B-1)
$$a_{A,1}^B = 85; \quad b_{A,1}^B = m_{A,1}^B + c_{B,1}^B = 6 + 8; \quad c_{A,1}^B = 7$$
$$a_{B,1}^B = 65; \quad b_{B,1}^B = m_{B,1}^B + c_{A,1}^B = 6 + 7; \quad c_{B,1}^B = 8$$

für die erste Periode t = 1.

Wie ein Vergleich der Funktionen zeigt, schätzen die Dyopolisten die Marktverhältnisse unterschiedlich ein[45]). Bereits hierin kommt ihre unvollkommene Information über die Marktdaten zum Ausdruck. Außerdem wird sich die unvollkommene Information darin offenbaren, daß die aufgrund der Gleichungen (90) erwarteten Absatzmengen von den tatsächlich erzielten abweichen werden. Denn der Absatz, den die konkurrierenden Unternehmen A und B jeweils realisieren, bestimmt sich nicht nach ihren subjektiven, sondern nach den objektiven Preis-Absatz-Funktionen, die aber den Dyopolisten nicht bekannt sind.

Deshalb müssen die Anbieter ihre erste preispolitische Entscheidung auf der Grundlage der subjektiven Gleichungen (90) treffen. Hierbei wird Anbieter A - entsprechend auch B - wie folgt vorgehen: Da A - wie für Modell IX angenommen - beabsichtigt, seinen Gewinn bereits in der Periode t (kurzfristig) zu maximieren, wird er zunächst seine Gewinnfunktion aufstellen. In diese gehen seine subjektive Preis-Absatz-Funktion (90-A-1) und seine Kostenfunktion ein. Über die eigene (und fremde) Kostenfunktion besteht - lt. Prämisse - vollkommene Information. Ferner möge Anbieter A wissen, daß auch sein Konkurrent B nach kurzfristiger Gewinnmaximierung strebt. Er muß daher mit einer gewinnoptimalen Reaktion seines Konkurrenten B rechnen, wenn er als erster einen Preis $p_{A,t}$ in der Periode t setzt. Wegen der angenommenen zeitlichen Preisgebundenheit hat Anbieter A eine Reaktion seines Konkurrenten B gemäß dessen Kammlinie L_B^A zu erwarten; denn wie in Modell I ausführlich begründet wurde, entspricht in solchen Situationen nur eine derartige Kammlinien-Reaktion der Zielsetzung des B[46]). Aus diesem Grunde wird Unternehmer A seine (subjektive) Gewinnfunktion unter Berücksichtigung der erwarteten Kammlinien-

---

[45]) Diesen Vergleich können die Dyopolisten allerdings nicht durchführen, denn sie kennen die Schätzungen des Konkurrenten nicht.

[46]) Vgl. hierzu die Ausführungen zu Modell I.

Reaktion des B zu maximieren versuchen. Analog Gleichung (38-B-1) lautet diese von A erwartete Kammlinie L_B^A des B bei unvollkommener Information:

$$(92\text{-B-1}) \qquad p_{B, LB, 1, t}^A = \frac{a_{B, t}^A}{2b_{B, t}^A} + \frac{k_B}{2} + \frac{c_{B, t}^A}{2b_{B, t}^A} \; p_{A, t}$$

Setzt Anbieter A den Ausdruck (92-B-1) für den erwarteten Konkurrenzpreis $p_{B, t}^A$ in seine subjektive Gewinnfunktion ein, so erhält er durch Differentiation nach $p_{A, t}$ und Nullsetzen der ersten Ableitung hieraus für den subjektiv-gewinnmaximalen Preis $p_{A, TA, t}^A$:

$$(93\text{-A}) \qquad p_{A, TA, t}^A = \frac{a_{A, t}^A + b_{A, t}^A k_A + \dfrac{c_{A, t}^A}{2b_{B, t}^A} \left(a_{B, t}^A + b_{B, t}^A k_B - c_{B, t}^A k_A \right)}{2 b_{A, t}^A - \dfrac{c_{A, t}^A c_{B, t}^A}{b_{B, t}^A}} \; .$$

Gleichung (93-A) für Modell IX entspricht in Form und Aufbau voll der Gleichung (39-A) für Modell I[47]). Der einzige, aber wesentliche Unterschied besteht darin, daß in die Gleichung (93-A) wegen der *un*vollkommenen Information nur geschätzte, subjektive Werte eingehen, während Gleichung (39-A) für den Fall vollkommener Information (Modell I) gilt und daher sichere, objektive Werte enthält.

Mit Hilfe der Gleichung (93-A) bestimmt Anbieter A seinen subjektiv-gewinnmaximalen Preis $p_{A, TA, t}^A$ für den Fall, daß A als erster einen Preis setzt. Im Beispiel beläuft er sich auf $p_{A, TA, 1}^A = 5{,}87$. Diesen Preis wird Dyopolist A dann in der ersten Periode (t = 1) fordern. Jede andere Preisforderung als $p_{A, TA, 1}^A = 5{,}87$ würde bei den vorhandenen - wenn auch unvollkommenen - Informationen zu Beginn der ersten Periode t = 1 seiner Zielsetzung kurzfristiger Gewinnmaximierung widersprechen. Dies gilt, wenn Anbieter A als erster in der Periode t = 1 einen Preis setzt.

Beabsichtigt hingegen Konkurrent B, als erster mit einer Preisforderung am Markt zu erscheinen, so wird B aufgrund analoger Überlegungen seinen subjektiv-gewinn-maximalen Preis $p_{B, TB, 1}^B$ fordern. Dieser Preis bestimmt sich analog Gleichung (93-A) nach einer Gleichung (93-B), die sich von (93-A) nur durch die vertauschten Indices (B statt A und umgekehrt) unterscheidet. Im Beispiel für Modell IX beläuft sich dieser subjektiv-gewinnmaximale Preis des B auf $p_{B, TB, 1}^B = 6{,}35$.

Es sind nun drei Situationen denkbar:

1. Beide Anbieter erscheinen zufällig (fast) gleichzeitig am Markt; sie fordern dann jeweils ihren subjektiv-gewinnmaximalen Preis $p_{A, TA\ 1}^A$ bzw. $p_{B, TB, 1}^B$.

[47]) Vgl. S. 97 dieser Arbeit.

2. Anbieter A kann sein Produkt etwas eher einführen als Konkurrent B; A verlangt seinen subjektiv-gewinnmaximalen Preis $p^A_{A, TA, 1}$; Konkurrent B reagiert hierauf gemäß seiner subjektiven Kammlinie L^B_B.

3. Konkurrent B erscheint als erster auf dem Markt mit seinem subjektiv-gewinnmaximalen Preis $p^B_{B, TB, 1}$, auf den Anbieter A mit einem Preis auf seiner subjektiven Kammlinie L^A_A antwortet.

Welche dieser drei Situationen den Ausgangspunkt für den Lernprozeß darstellt, ist für den Ablauf des Lernprozesses relativ unbedeutend. In allen drei Fällen - darauf kommt es hier an - weichen die tatsächlichen Reaktionen und Ergebnisse von den erwarteten ab. Dies gibt jeweils Anlaß zur Korrektur der Erwartungsstruktur und damit Anstoß für einen Lernprozeß. Der Vollzug dieses Lernprozesses ist im folgenden dargestellt.

b) Der Ablauf des Lern- und Entscheidungsprozesses von Periode 1 zu Periode 2

Den Ausgangspunkt unseres Lernprozesses bilde diejenige Situation, in der beide Anbieter zufällig - und unerwartet - gleichzeitig auf dem Markt mit ihren Produkten erscheinen. Unternehmer A und B fordern jeweils ihren subjektiv-gewinnmaximalen Preis $p^A_{A, TA, 1} = 5,87$ und $p^B_{B, TB, 1} = 6,35$. Gemäß Gleichung (90-A-1) bzw. (90-B-2) *erwarten* sie zu ihren Preisen einen Absatz von $x^A_{A, 1} = 28,40$ und $x^B_{B, 1} = 31,39$ in der Periode t = 1.

Ihr tatsächlich *realisierter* Absatz $x_{A, t}$ und $x_{B, t}$ ergibt sich jedoch nicht aus ihren subjektiven Preis-Absatz-Funktionen (90). Er wird vielmehr aus den "objektiven" Nachfrage-Funktionen des Marktes bestimmt, die den Dyopolisten noch unbekannt sind; die Anbieter wollen im Wege des Lernprozesses diese "objektiven" Preis-Absatz-Funktionen erst ermitteln. In der ersten Periode t = 1 "erfahren" die Dyopolisten nur, welche Mengen $x_{A, 1}$ und $x_{B, 1}$ sie nach den - ihnen nicht bekannten - "objektiven" Preis-Absatz-Funktionen tatsächlich absetzen konnten, und zwar zu ihren Preisen $p_{A, 1} = p^A_{A, TA, 1}$ und $p_{B, 1} = p^B_{B, TB, 1}$. In unserem Beispiel von Modell IX belaufen sich diese effektiven Absatzmengen auf $x_{A, 1} = 45,79$ und $x_{B, 1} = 28,03$.

Sie ergeben sich aus den "objektiven" Preis-Absatz-Funktionen

$$(7\text{-}A) \qquad x_{A, t} = a_A - b_A\, p_{A, t} + c_A\, p_{B, t} = 60 - 10\, p_{A, t} + 7\, p_{B, t}$$

$$(7\text{-}B) \qquad x_{B, t} = a_B - b_B\, p_{B, t} + c_B\, p_{A, t} = 50 - 9\, p_{B, t} + 6\, p_{A, t} \quad ,$$

die die Gesetzmäßigkeiten des betrachteten Dyopolmarktes richtig erfassen[48]). Da die Dyopolisten im Modell IX nur unvollkommene Information über die Marktdaten besitzen, weichen ihre subjektiven Preis-Absatz-Funktionen (90) von den - unbekannten - objektiven Nachfrage-Funktionen (7) ab.

---

[48]) Diese kompatiblen Funktionen lagen auch dem Modell I bei vollkommener Information zugrunde.

Infolgedessen stellen sie am Ende der Periode t=1 Abweichungen zwischen den erwarteten und tatsächlichen Absatzmengen fest:

$$x^A_{A,\,1} = 28{,}40 \neq x_{A,\,1} = 45{,}79 \; ; \qquad x^B_{B,\,1} = 31{,}39 \quad x_{B,\,1} = 28{,}03 \quad .$$

Diese Mengen-Abweichungen bilden den einen Teil ihrer ersten "Erfahrungen" mit dem Dyopol-Markt; der andere Teil "Erfahrung" besteht darin, daß auch der Preis des jeweiligen Konkurrenten nicht den Erwartungen entspricht, weil beide Anbieter anders "reagierten" als erwartet. Auf Grund dieser Erfahrungen sehen sich die Anbieter veranlaßt, ihre primären subjektiven Preis-Absatz-Funktionen (90) zu korrigieren.

Als Ansatzpunkte für ihre Korrekturen müssen sie die tatsächlich erzielten Absatzmengen $x_{A,\,1}$ und $x_{B,\,1}$ sowie die effektiven Preise $p_{A,\,1}$ und $p_{B,\,1}$ wählen. Denn diese vier Werte erfüllen die objektiven Preis-Absatz-Funktionen, die es im Wege des Lernprozesses zu ermitteln gilt. Anbieter A - entsprechendes gilt für B - kann also aus den Ereignissen der Periode t = 1 "lernen": Für die Koeffizienten seiner subjektiven Preis-Absatz-Funktionen darf er nur solche Werte wählen, daß zu den Preisen $p_{A,\,1}$ und $p_{B,\,1}$ sich gerade die effektiven Absatzmengen $x_{A,\,1}$ und $x_{B,\,1}$ errechnen. Mithin müssen die Bedingungsgleichungen:

$$x_{A,\,1} = 45{,}79 = a^A_{A,\,2} - b^A_{A,\,2} \cdot 5{,}87 + c^A_{A,\,2} \cdot 6{,}35$$

(94-A-1)

$$x_{B,\,1} = 28{,}03 = a^A_{B,\,2} - b^A_{B,\,2} \cdot 6{,}35 + c^A_{B,\,2} \cdot 5{,}87$$

erfüllt sein. Die mathematische Vielzahl von Koeffizientenwerten, die diesen Bedingungen gerecht werden, wird durch die zu beachtenden ökonomischen Interdependenzen zwischen den Koeffizienten zum Teil eingegrenzt. Denn auch die korrigierten Werte der Koeffizienten müssen den Interdependenz-Bedingungen

(2) $$b^A_A = m^A_A + c^A_B \qquad ; \qquad b^A_B = m^A_B + c^A_A \qquad \text{und}$$

(29) $$c^A_B < b^A_A > c^A_A \qquad ; \qquad c^A_B < b^A_B > c^A_A$$

genügen.

Jede Wertekombination für die Koeffizienten, die die Bedingungen (2), (29) und (94-A-1) gleichzeitig erfüllt, kann Anbieter A wählen, um seine subjektiven Preis-Absatz-Funktionen (90-A-1) und (90-B-1) entsprechend zu korrigieren. Mit diesen Korrekturen gewinnt er (subjektive) Nachfrage-Funktionen für die Folgeperiode t = 2, die den tatsächlichen Marktverhältnissen bereits *besser* entsprechen als die primären subjektiven Preis-Absatz-Funktionen (in t = 1). Anbieter A hat also *"dazugelernt"*, indem er die Ergebnisse der Periode t = 1 zu seinen Erwartungen in Beziehung gesetzt und aus den so festgestellten Abweichungen zwischen "Ist" und "Soll" bestimmte Schlüsse hinsichtlich der Koeffizientenwerte gezogen hat. Die Informationen der

Periode t = 1 werden auf diese Weise "verarbeitet", d.h. genutzt für genauere Preis-Absatz-Funktionen in der Folgeperiode t = 2. In diesem Sinne versucht Anbieter A, das "Heute", i.e. die Nachfrage-Funktionen der Periode t = 2, aus dem "Gestern" der Preis-Absatz-Verhältnisse der Vorperiode t = 1 zu erklären; hierin besteht das Typische eines Lernprozesses und eines darauf aufbauenden dynamischen Modells.

Zur weiteren Darstellung dieses Lernprozesses im dynamischen Modell IX sei angenommen, daß Anbieter A für die Koeffizienten seiner subjektiven Preis-Absatz-Funktionen in der Periode t = 2 aufgrund obiger Überlegungen die korrigierten Werte gewinnt:

$$a_{A,2}^A = 65; \quad b_{A,2}^A = m_{A,2}^A + c_{B,2}^A = 4 + 8; \quad c_{A,2}^A = 8{,}06 \quad ,$$

(91-A-2)

$$a_{B,2}^A = 47{,}79; \quad b_{B,2}^A = m_{B,2}^A + c_{A,2}^A = 2{,}44 + 8{,}06; \quad c_{B,2}^A = 8 \quad .$$

Diese Koeffizientenwerte erfüllen die Bedingungen (2), (29) und (94-A-1) und basieren auf den "Erfahrungen" der Vorperiode t=1. Wie ein Vergleich von (91-A-2) mit (91-A-1) zeigt, genügt es nicht, daß Anbieter A nur die numerischen Werte der Koeffizienten a_A^A, b_A^A und c_A^A ändert; vielmehr muß A auch die Koeffizientenwerte a_B^A, b_B^A und c_B^A in derjenigen Preis-Absatz-Funktion korrigieren, die er für seinen Konkurrenten B erwartet. Denn bei seinen preispolitischen Entscheidungen muß er - wie die Bestimmungsgleichung (93-A) für den subjektiv-gewinnmaximalen Preis $p_{A,TA,t}^A$ offenbart - auch diese Koeffizientenwerte der für seinen Konkurrenten B erwarteten Preis-Absatz-Funktion berücksichtigen.

Aufgrund analoger Überlegungen korrigiert auch Konkurrent B im Wege eines Lernprozesses die numerischen Werte der Koeffizienten seiner beiden subjektiven Nachfrage-Funktionen. Die neuen Koeffizientenwerte für die zweite Periode t = 2 wählt er so, daß sie die Bedingungsgleichungen

$$x_{A,1} = 45{,}79 = a_{A,2}^B - b_{A,2}^B \cdot 5{,}87 + c_{A,2}^B \cdot 6{,}35$$

(94-B-1)

$$x_{B,1} = 28{,}03 = a_{B,2}^B - b_{B,2}^B \cdot 6{,}35 + c_{B,2}^B \cdot 5{,}87$$

und gleichzeitig die Interdependenz-Bedingungen

(2) $$b_A^B = m_A^B + c_B^B \quad ; \quad b_B^B = m_B^B + c_A^B \quad \text{und}$$

(29) $$c_B^B < b_A^B > c_A^B \quad ; \quad c_B^B < b_B^B > c_A^B$$

erfüllen. Die korrigierten Werte seiner Koeffizienten mögen demzufolge lauten:

$$a_{A,2}^B = 78; \quad b_{A,2}^B = m_{A,2}^B + c_{B,2}^B = 5 + 7; \quad c_{A,2}^B = 6{,}01$$

(91-B-2)

$$a_{B,2}^B = 56{,}93; \quad b_{B,2}^B = m_{B,2}^B + c_{A,2}^B = 5 + 6{,}01; \quad c_{B,2}^B = 7 \quad .$$

Nachdem die Anbieter auf diese Weise ihre subjektiven Preis-Absatz-Funktionen für die (Folge-) Periode t = 2 abgeleitet haben, müssen sie in einem nächsten Schritt ihre Preisforderungen für diese Periode bestimmen. Hierbei werden sie folgendermaßen vorgehen:

Anbieter A - und analog Konkurrent B - wird zunächst mit Hilfe von Gleichung (93-A) den Preis $p_{A, TA, 2}^{A}$ = 6,96 ermitteln. Dies ist seine subjektiv-gewinnmaximale Preisforderung für den Fall, daß er, Anbieter A, in der Periode t = 2 *als erster* agiert und Konkurrent B hierauf gemäß der Kammlinie L_{B}^{A} reagiert. Bevor A diesen Preis $p_{A, TA, 2}^{A}$ = 6,96 verlangt, wird er jedoch prüfen, ob es für ihn überhaupt von Vorteil wäre, seinen Preis in der Periode t = 2 als erster zu ändern. Um diese Frage zu beantworten, muß er einen Gewinnvergleich durchführen. Anbieter A errechnet deshalb den (subjektiven) Gewinn $G_{A, TA, 2}^{A}$, den er zum Preis $p_{A, TA, 2}^{A}$ im Gleichgewichtspunkt $T_{A, 2}^{A}$ erwartet. Im Beispiel beläuft sich dieser Gewinn auf $G_{A, TA, 2}^{A}$ = 84,78. Diesen Gewinn hat Produzent A anschließend demjenigen subjektiven Gewinn $G_{A, 2}^{A}$ gegenüberzustellen, den er erwartet, wenn er - und sein Konkurrent B - an dem Preis der Vorperiode t = 1 festhält.

Zeigt der Gewinnvergleich, daß $G_{A, TA, 2}^{A} < G_{A, 2}^{A}$ ist, so liegt die Preisstellung $p_{A, 1}$; $p_{B, 1}$ der Vorperiode (t = 1) als Ausgangspreiskombination für t = 2 *im Innenhof* des *subjektiven* Gleichgewichtsbereiches des Anbieters A. Wie in Modell I ausführlich abgeleitet wurde, hat Unternehmer A in einer derartigen Situation *kein* Interesse an einer Preisänderung. Er wird dann in der Periode t = 2 am "alten" Preis $p_{A, 1}$ festhalten wollen; vor allem ist er nicht daran interessiert, seinen Preis in der Periode t = 2 als erster zu ändern.

Ergibt sich hingegen aus dem Gewinnvergleich, daß $G_{A, TA, 2}^{A} > G_{A, 2}^{A}$ ist, so liegt die "alte" Preisstellung $p_{A, 1}$; $p_{B, 1}$ als Ausgangspreiskombination für die Periode t = 2 *außerhalb* des von A erwarteten Gleichgewichtsbereiches. Anbieter A vermutet daher, seinen Gewinn vergrößern zu können, wenn er in der Periode t = 2 als erster agiert und dabei zieladäquat den subjektiv-gewinnmaximalen Preis $p_{A, TA, 2}^{A}$ fordert. Insbesondere dann sieht sich Unternehmer A dazu veranlaßt, seinen Preis in der Periode t = 2 auf $p_{A, TA, 2}^{A}$ zu ändern, wenn er aufgrund eines weiteren Gewinnvergleiches erwartet, daß die Preiskombination $p_{A, 1}$; $p_{B, 1}$ obendrein *innerhalb* des - von A vermuteten - Gleichgewichtsbereiches seines Konkurrenten B liegt. In dieser Situation entsteht bei Anbieter A die Erwartung, daß Konkurrent B an der Ausgangspreiskombination festhalten, also auf keinen Fall als erster agieren will. Mithin muß Anbieter A in der Periode t = 2 mit der Preisvariation - und zwar auf $p_{A, TA, 2}^{A}$ - beginnen.

Die Gewinnvergleiche des A könnten evtl. auch einmal ergeben, daß die "alte" Preisstellung $p_{A, 1}$; $p_{B, 1}$ als Ausgangspreiskombination der Periode t = 2 *außerhalb beider* Gleichgewichtsbereiche liegt, die Anbieter A für sich und Konkurrent B erwartet. In diesem Falle müßte Anbieter A - wie in Modell I beschrieben - "kritische Wartezeiten" errechnen. Nach ihrem Vergleich könnte A eindeutig entscheiden, ob er seinen Preis als erster ändern soll oder nicht.

Im Beispiel ist $G^A_{A,\ TA,\ 2} = 84{,}78 > 76{,}14 = G^A_{A,2}$. Demzufolge fühlt sich Anbieter A veranlaßt, sofort zu Beginn der Periode t = 2 als erster zu agieren, um seinen Gewinn maximieren zu können. Er setzt zu diesem Zwecke den Preis $p_{A,\ 2} = p^A_{A,\ TA,\ 2} = 6{,}96$.

Wie für den Anbieter A beschrieben, wird auch der Preisbildungsprozeß bei Konkurrent B zu Beginn der Periode t = 2 verlaufen. Er errechnet an Hand *seiner* subjektiven Preis-Absatz-Funktionen die Gewinne $G^B_{B,\ TB,\ 2} = 50{,}10 > 39{,}98 = G^B_{B,\ 2}$. Infolgedessen wird B den Preis $p_{B,\ 2} = p^B_{B,\ TB,\ 2} = 6{,}62$ fordern. Er erwartet durch diese Preissetzung, mit der er als erster zu Beginn der Periode t = 2 zu agieren beabsichtigt, seinen Gewinn in dieser Periode eher vergrößern zu können als durch Festhalten am "alten" Preis $p_{B,\ 1}$.

In unserem Beispiel fühlen sich *beide* Anbieter veranlaßt, in der Periode t = 2 mit einer Preisvariation beginnen zu müssen. Sie fordern deshalb gleichzeitig jeweils ihren subjektiv-gewinnmaximalen Aktionspreis $p^A_{A,\ TA,\ 2}$ bzw. $p^B_{B,\ TB,\ 2}$. Hätten die Dyopolisten ihre subjektiven Preis-Absatz-Funktionen im Wege des Lernprozesses in einem anderen "zulässigen" Umfange korrigiert[49]), als im Beispiel angenommen wurde, so hätte sich auch der Fall ergeben können: Anbieter A beginnt und Konkurrent B, der gern an der Ausgangspreiskombination $p_{A,\ 1}; p_{B,\ 1}$ festgehalten hätte, reagiert jetzt auf $p^A_{A,\ TA,\ 2}$ gemäß seiner Kammlinie L^B_B. Ebenso hätte auch die umgekehrte Situation eintreten können: B beginnt und A reagiert. In jeder der genannten Entscheidungssituationen stellen die Dyopolisten in der Periode t = 2 wiederum Abweichungen zwischen Erwartung ("Plan") und "Ist" fest. Diese Abweichungen werden sie veranlassen, ihren Lernprozeß fortzuführen und dementsprechend ihre Erwartungen erneut zu korrigieren. Bevor wir hierauf eingehen, ist noch auf eine Besonderheit hinzuweisen.

Als ein Sonderfall ist denkbar - wenn auch nicht sehr wahrscheinlich -, daß einmal *beide* Anbieter erwarten, es sei für sie von Vorteil, an ihrem Preis aus der Vorperiode (t = 1) festzuhalten. Dies ist der Fall, wenn $G^A_{A,\ TA,\ 2} < G^A_{A,\ 2}$ und gleichzeitig $G^B_{B,\ TB,\ 2} < G^B_{B,\ 2}$ ist; mit anderen Worten: wenn die "alte" Preisstellung $p_{A,\ 1}; p_{B,\ 1}$ als Ausgangspreiskombination für die Periode t = 2 (zufällig) *innerhalb* der - verschiedenen - *subjektiven* Gleichgewichtsbereiche *beider* Anbieter gelegen ist. Aus dieser denkbaren Ausnahmesituation resultiert dann $p_{A,\ 2} = p_{A,\ 1}$ und $p_{B,\ 2} = p_{B,\ 1}$. Mithin werden keine Abweichungen zwischen den erwarteten und tatsächlichen Preisen eintreten. Da ferner - lt. Prämisse - die "objektiven" Preis-Absatz-Funktionen im Zeitablauf keinen Veränderungen unterworfen sind, sind auch Abweichungen zwischen erwartetem und effektivem Absatz nicht festzustellen. Vielmehr ist $x_{A,\ 2} = x_{A,\ 1}$ und $x_{B,\ 2} = x_{B,\ 1}$. Ohne Abweichungen zwischen "Plan" und "Ist" gibt es für die Dyopolisten aber keinen Grund, im Wege eines Lernprozesses ihre Erwartungen, d.h. ihre subjektiven Preis-Absatz-Funktionen (erneut) zu korrigieren. Der Lernprozeß kommt somit in diesem Sonderfall zum Stillstand, *bevor* die Anbieter vollkommene Information über den Dyopol-Markt besitzen. Dabei ist es sogar möglich, daß die "starre" Preiskombination $p_{A,\ 1} = p_{A,\ 2}; p_{B,\ 1} = p_{B,\ 2}$ zufällig *im Innenhof* des unbekannten *objektiven* "generellen Gleichgewichtsgebietes" (vgl. Modell I) liegt. Dann erzielen

---

[49]) "Zulässig" soll besagen, daß immer noch die Bedingungen (94), (2) und (29) erfüllt sein sollen.

beide Dyopolisten sogar einen größeren Gewinn als bei vollkommener Information im Punkt T_A bzw. T_B. Umgekehrt besteht jedoch auch die Möglichkeit, daß diese "starre" Preiskombination, die den Lernprozeß vorzeitig abbrechen läßt, außerhalb des objektiven "generellen Gleichgewichtsgebietes" gelegen ist. Sie stellt die Dyopolisten dann schlechter als beim Fortgang des Lernprozesses bis zur vollkommenen Information.

So viel zu dem Sonderfall, in dem der Lernprozeß ausnahmsweise in der 2. Periode (t=2) vorzeitig abbricht. In unserem numerischen Beispiel jedoch sind in der 2. Periode noch Abweichungen zwischen "Plan" und "Ist" festzustellen. Infolgedessen werden die Dyopolisten versuchen, den Lernprozeß fortzuführen und so weitere Anhaltspunkte für die Korrekturen ihrer subjektiven Preis-Absatz-Funktionen zu gewinnen.

c) Fortgang und Abschluß des Lernprozesses in den Folgeperioden

Die effektiv zustande gekommenen Preise $p_{A,\,2} = 6,96$ und $p_{B,\,2} = 6,62$ der Periode $t = 2$ entsprechen nicht den Erwartungen. Ferner weichen die Mengen, die die Anbieter in dieser Periode absetzen konnten, von den erwarteten Absatzmengen $x_{A,\,2}^A$ und $x_{B,\,2}^B$ ab. Tatsächlich konnte zu den Preisen $p_{A,\,2} = 6,96$ und $p_{B,\,2} = 6,62$ ein Absatz von $x_{A,\,2} = 36,80$ bzw. $x_{B,\,2} = 32,12$ erzielt werden. Diese Absatzmengen ergeben sich aufgrund der "objektiven" Preis-Absatz-Funktionen (7-A) und (7-B), die den Dyopolisten nicht bekannt sind.

Die Anbieter erhalten in der Periode $t = 2$ jedoch als neue Informationen diese vier effektiven Werte $p_{A,\,2}$, $p_{B,\,2}$, $x_{A,\,2}$ und $x_{B,\,2}$, die - neben den bereits bekannten Wertepaaren aus der 1. Periode - die "objektiven" Preis-Absatz-Funktionen ebenfalls erfüllen[50]). Mithin kann Anbieter A - entsprechendes gilt für B - aus den Ereignissen der Periode $t = 2$ "dazulernen": Für die Koeffizienten seiner subjektiven Preis-Absatz-Funktionen in der 3. Periode darf er nur solche Werte wählen, die neben den - aus der 1. Periode gewonnenen - Bedingungsgleichungen (94-A-1):

$$x_{A,\,1} = 45,79 = a_{A,\,3}^A - b_{A,\,3}^A \cdot 5,87 + c_{A,\,3}^A \cdot 6,35$$

$$x_{B,\,1} = 28,03 = a_{B,\,3}^A - b_{B,\,3}^A \cdot 6,35 + c_{B,\,3}^A \cdot 5,87$$

gleichzeitig die neuen Bedingungen:

$$x_{A,\,2} = 36,80 = a_{A,\,3}^A - b_{A,\,3}^A \cdot 6,96 + c_{A,\,3}^A \cdot 6,62$$

(94-A-2)

$$x_{B,\,2} = 32,12 = a_{B,\,3}^A - b_{B,\,3}^A \cdot 6,62 \div c_{B,\,3}^A \cdot 6,96$$

---

[50]) Denn, wie angenommen, verändern sich die "objektiven" Preis-Absatz-Funktionen im Zeitablauf nicht.

erfüllen. Durch die Gleichungen (94-A-2) bezieht Anbieter A auch die Informationen der Periode t = 2 in seinen Lernprozeß ein. Er verknüpft so Werte von Variablen aus verschiedenen Perioden miteinander. A gelangt durch diese *dynamische* Synthese in Modell IX beispielsweise zu den erneut korrigierten Koeffizientenwerten

$$a^A_{A,3} = 50,17; \quad b^A_{A,3} = m^A_{A,3} + c^A_{B,3} = 4 + 6,5; \quad c^A_{A,3} = 9,01$$

(91-A-3)

$$a^A_{B,3} = 59,84; \quad b^A_{B,3} = m^A_{B,3} + c^A_{A,3} = 2 + 9,01; \quad c^A_{B,3} = 6,5$$

Diese Koeffizientenwerte genügen wiederum nicht nur den Bedingungen (94), sondern auch den Interdependenz-Bedingungen (2) und (29). Mit Hilfe dieser neuen Koeffizienten, die im Wege des fortgeschrittenen Lernprozesses ermittelt werden, nähert Anbieter A seine subjektiven Preis-Absatz-Funktionen den "objektiven" Nachfrage-Funktionen weiter an. Er *verbessert* also seine Schätzungen über die Marktverhältnisse. Der Entscheidungsprozeß über den in der 3. Periode zu setzenden Preis wird wiederum so verlaufen, wie wir ihn für die Periode t = 2 beschrieben. Anbieter A errechnet zunächst den subjektiv-gewinnmaximalen Preis $p^A_{A,TA,3} = 7,26$ für die neuen Koeffizientenwerte in (91-A-3). Anschließend ermittelt er den zugehörigen Gewinn $G^A_{A,TA,3} = 87,67$. Ein Vergleich mit dem Gewinn $G^A_{A,3}$, den Anbieter A erwartet, wenn die "alte" Preiskombination $p_{A,2}; p_{B,2}$ unverändert auch in der Periode t = 3 gelten würde, zeigt:

$$G^A_{A,TA,3} = 87,67 < 90,62 = G^A_{A,3} \qquad {}^{51}).$$

Anbieter A hätte mithin jetzt einmal Interesse daran, am "alten" Preis $p_{A,2}$ aus der Vorperiode t = 2 festzuhalten; er erwartet aufgrund seines Lernprozesses, daß die Preiskombination $p_{A,2}; p_{B,2}$ der Vorperiode t = 2 *innerhalb* seines subjektiven Gleichgewichtsbereiches für t = 3 liegt. Deshalb fühlt sich Anbieter A in dieser Situation auf keinen Fall veranlaßt, seinen Preis zu Beginn der Periode t = 3 als erster zu verändern. Wenn möglich, würde er gern den Preis $p_{A,2}$ auch in der Periode t = 3 beibehalten; allerdings wird er reagieren, wenn Konkurrent B am alten Preis der Vorperiode nicht festhält. Ob dies der Fall ist, soll geprüft werden.

Wie Anbieter A, so wird auch Konkurrent B seine Koeffizientenwerte in der Periode t = 2 erneut korrigieren. Zu diesem Zwecke formuliert er Bedingungsgleichungen, die analog zu (94-A-1) und (94-A-2) die Informationen aus den beiden bisherigen Perioden miteinander verknüpfen. Konkurrent B erhält durch diese dynamische Synthese beispielsweise folgende Koeffizientenwerte für die Periode t = 3:

---

[51]) Der für die Periode t = 3 erwartete Gewinn $G^A_{A,3}$ ist bei unveränderten Preisen identisch mit dem tatsächlich erzielten Gewinn $G_{A,2} = 90,62$ in der Vorperiode t = 2. In der Kurzform schreiben wir deshalb $G^A_{A,3} = 90,62$.

$$a^B_{A,3} = 55{,}11; \quad b^B_{A,3} = m^B_{A,3} + c^B_{B,3} = 4{,}25 + 6; \quad c^B_{A,3} = 8$$

(91-B-3)

$$a^B_{B,3} = 50 \quad ; \quad b^B_{B,3} = m^B_{B,3} + c^B_{A,3} = 1 + 8 \quad ; c^B_{B,3} = 6$$

Mit Hilfe dieser neuen Koeffizientenwerte bestimmt Konkurrent B im dynamischen Modell IX anschließend seine subjektiv-optimale Preisforderung für die Periode t = 3. Im Beispiel beträgt sie $p^B_{B,TB,3} = 7{,}39$. Hierzu errechnet sich ein Gewinn von $G^B_{B,TB,3} = 60{,}85 > 60{,}35 = G^B_{B,3}$. Infolgedessen sieht sich Konkurrent B veranlaßt, die Preisforderung $p^B_{B,TB,3} = 7{,}39$ zu stellen und damit als erster seinen Preis in der Periode t = 3 zu verändern.

Hierauf wird Anbieter A - wie oben begründet - reagieren; er fordert gemäß seiner Kammlinie L^A_A den Preis $p_{A,3} = 6{,}56$.

Wir gelangen damit zur Analyse der 3. Periode. Die effektiven Preise $p_{A,3} = 6{,}56$ und $p_{B,3} = 7{,}39$ der Periode t = 3 entsprechen wiederum nicht den Erwartungen der Dyopolisten. Außerdem sind bei den Absatzmengen ebenfalls Abweichungen zwischen "Plan" und "Ist" festzustellen. Die tatsächlichen Absatzmengen belaufen sich auf $x_{A,3} = 46{,}14$ und $x_{B,3} = 22{,}83$; sie resultieren - im Gegensatz zu dem erwarteten Absatz - aus den "objektiven" Preis-Absatz-Funktionen (7-A) und (7-B).

Die genannten Preise und Absatzmengen, die die "objektiven" Nachfrage-Funktionen erfüllen, stehen am Ende der Periode t = 3 als weitere Informationen zur Verfügung. Somit besitzt jeder Anbieter zu Beginn der 4. Periode für jede seiner beiden sub-jektiven Preis-Absatz-Funktionen drei Bedingungsgleichungen. Beispielsweise ergeben (94-A-1), (94-A-2) und die jetzt formulierbare Bedingung (94-A-3) für die Nachfrage-Funktionen des Anbieters A:

$$x_{A,1} = 45{,}79 = a^A_{A,4} - b^A_{A,4} \cdot 5{,}87 + c^A_{A,4} \cdot 6{,}35$$

$$x_{A,2} = 36{,}80 = a^A_{A,4} - b^A_{A,4} \cdot 6{,}96 + c^A_{A,4} \cdot 6{,}62$$

$$x_{A,3} = 46{,}14 = a^A_{A,4} - b^A_{A,4} \cdot 6{,}56 + c^A_{A,4} \cdot 7{,}39$$

und

$$x_{B,1} = 28{,}03 = a^A_{B,4} - b^A_{B,4} \cdot 6{,}35 + c^A_{B,4} \cdot 5{,}87$$

$$x_{B,2} = 32{,}12 = a^A_{B,4} - b^A_{B,4} \cdot 6{,}62 + c^A_{B,4} \cdot 6{,}96$$

$$x_{B,3} = 22{,}83 = a^A_{B,4} - b^A_{B,4} \cdot 7{,}39 + c^A_{B,4} \cdot 6{,}56$$

Da in jeder subjektiven Preis-Absatz-Funktion *drei* Koeffizienten enthalten sind, andererseits aber gerade *drei* Bedingungsgleichungen am Ende der 3. Periode zur

Verfügung stehen, können die numerischen Werte der Koeffizienten für die 4. Periode *eindeutig* bestimmt werden. Anbieter A errechnet so:

$$a_{A,4} = 60; \quad b_{A,4} = m_{A,4} + c_{B,4} = 4 + 6; \quad c_{A,4} = 7$$

(91-A-4)

$$a_{B,4} = 50; \quad b_{B,4} = m_{B,4} + c_{A,4} = 2 + 7; \quad c_{B,4} = 6$$

Wie leicht nachzuprüfen ist, kommt Konkurrent B zu den selben Koeffizientenwerten. Deshalb haben wir in (91-A-4) den oberen Index (A) gleich weggelassen.

Die gewonnenen Koeffizientenwerte gehen mithin sowohl in die "subjektiven" Preis-Absatz-Funktionen des Anbieters A ein, als auch in die "subjektiven" Nachfrage-Funktionen des Konkurrenten B. *Beide* Anbieter legen somit ihren preispolitischen Entscheidungen für die Periode t = 4 *die selben* Preis-Absatz-Funktionen zugrunde. Sie schätzen die Marktverhältnisse gleich und außerdem *richtig* ein. Dies zeigt sich darin, daß in der Periode t = 4 keine Preis- und Absatz-Abweichungen mehr auftreten; es besteht daher *keine* Veranlassung, die Koeffizienten der Preis-Absatz-Funktionen erneut zu korrigieren. Der Lernprozeß ist *abgeschlossen:* Von den *vier* *subjektiven* Preis-Absatz-Funktionen sind die Dyopolisten im dynamischen Modell IX schrittweise zu den *zwei objektiven* Preis-Absatz-Funktionen gelangt; sie haben im Zeitablauf "Erfahrungen" gesammelt und so "gelernt", d.h. die Unvollkommenheit der Information iterativ beseitigt.

Im Beispiel zum dynamischen Modell IX besitzen die Dyopolisten nach drei Perioden vollkommene Information. Statt "subjektiv-rationaler" Preisforderungen können sie daher in den Folgeperioden (t = 4, 5, ...) "objektiv-rationale" Preise verlangen. Je nach der gewählten Zielsetzung werden sie damit ihren Gewinn kurzfristig - wie im statischen Modell I - oder langfristig - wie im dynamischen Modell V beschrieben - zu maximieren versuchen.

3. Ergebnisse des dynamischen Modells IX

Das dynamische Modell IX hat gezeigt, wie die Dyopolisten bei unvollkommener Information über die Marktdaten ihre geschätzten, subjektiven Preis-Absatz-Funktionen im Wege eines Lernprozesses systematisch korrigieren können. Damit haben wir in einem dynamischen Dyopolmodell berücksichtigt, daß die Dyopolisten ihre *Erwartungsstrukturen* im Zeitablauf *ändern*. Mithin ist es gelungen, einen Weg aufzuzeigen, wie die Prämisse *konstanter* Erwartungsstrukturen, die den entscheidenden Mangel der bisherigen dynamischen Lösungsansätze in der Literatur darstellt, aufgehoben werden kann.

Ein abschließender Gewinnvergleich vermag nachzuweisen: Im dynamischen Modell IX erzielen die Dyopolisten durch Berücksichtigung des Lernprozesses und somit durch im Zeitablauf korrigierte Erwartungen einen *höheren* Gesamtgewinn in den ersten 3 Perioden als bei konstanten Erwartungsstrukturen.

Zu den - oben im einzelnen errechneten - tatsächlichen Preisen und Absatzmengen beläuft sich der Gesamtgewinn des Anbieters A im dynamischen Modell IX auf:

$$(95\text{-}1) \qquad \sum_{t=1}^{3} \quad G_{A,t} = 76{,}13 + 90{,}62 + 109{,}27 = \underline{\underline{276{,}02}} \quad .$$

Sein Konkurrent B erwirtschaftet - ebenfalls unter Ausnutzung des Lernprozesses - einen Gesamtgewinn in Höhe von:

$$(95\text{-}B) \qquad \sum_{t=1}^{3} \quad G_{B,t} = 39{,}98 + 60{,}35 + 48{,}87 = \underline{\underline{149{,}20}} \quad .$$

Hätten die Dyopolisten hingegen an ihren primären Preis-Absatz-Funktionen festgehalten, d.h. *keine* sukzessiven Korrekturen ihrer Koeffizienten vorgenommen (= konstante Erwartungsstruktur), obwohl sie sich laufend in ihren Erwartungen getäuscht sehen, so hätten sie zu den Preisen $p_{A,t} = p_A^A$, TA, 1 = 5,87 und $p_{B,t} = p_{B,TB,1}^B = 6{,}35$ nur folgende Gesamtgewinne erzielt:

$$(96\text{-}A) \qquad G_{A,g} = n \cdot G_{A,1} = 3 \cdot 76{,}13 = \underline{\underline{228{,}39}} \qquad \text{und}$$

$$(96\text{-}B) \qquad G_{B,g} = n \cdot G_{B,1} = 3 \cdot 39{,}98 = \underline{\underline{119{,}94}} \qquad .$$

Ein Vergleich von (95) und (96) zeigt deutlich, wie vorteilhaft für die Dyopolisten die Berücksichtigung des Lernprozesses ist; sie können durch Korrektur ihrer Erwartungsstrukturen ihre Gesamtgewinne um 20,85% (A) bzw. 24,39% (B) erhöhen.

Um die Gewinnvergleiche abzurunden, seien abschließend noch die Gewinne für denjenigen - in der Literatur[52]) fast ausschließlich gewählten - Fall betrachtet, daß die Dyopolisten "autonom" handeln. In unserem Beispiel verhalten sie sich "autonom", wenn sie auf den jeweiligen Konkurrenzpreis der Vorperiode (t) mit einem Preis gemäß ihrer subjektiven Kammlinie L_A^A bzw. L_B^B in der Periode (t+1) reagieren. Dann ergibt sich - bei gleicher Ausgangspreiskombination wie in Modell IX - die Preisentwicklung:

$$p_{A,1} = 5{,}87; \quad \bar{p}_{A,2} = 5{,}38; \quad \bar{p}_{A,3} = 5{,}18;$$

$$p_{B,1} = 6{,}35; \quad \bar{p}_{B,2} = 5{,}54; \quad \bar{p}_{B,3} = 5{,}42 \quad .$$

---

[52]) Vgl. die Ausführungen in Teil 3, Kap. 3, Abschnitt A.

Hierzu errechnen sich folgende Gesamtgewinne:

(97-A) $\overline{G}_{A,\,g}$ = 76,13 + 52,03 + 45,44 = 173,60;

(97-B) $\overline{G}_{B,\,g}$ = 39,98 + 26,12 + 21,92 = 88,02 .

Ein Vergleich von (97) mit (95) zeigt: Beide Dyopolisten erzielen durch Berücksichtigung des Lernprozesses und reaktionsbewußtes Verhalten im dynamischen Modell IX einen wesentlich höheren Gesamtgewinn als nach den bisherigen Lösungsvorschlägen der Literatur.

Die damit aufgezeigte Bedeutung des Lernprozesses für die (dynamische) Oligopoltheorie bei unvollkommener Information wird auch aus der folgenden Erörterung ersichtlich.

4. Eine Weiterentwicklung von Modell IX

Aus den Ergebnissen von Modell IX kann noch eine weitere Schlußfolgerung gezogen werden. Wir wollen sie in einem Zusammenhang herausarbeiten, der es erlaubt, uno actu eine Prämisse von Modell IX aufzuheben. Auf diese Weise können wir skizzieren, wie die dynamische Oligopoltheorie auf der Grundlage eines Lernprozesses noch weiter ausgebaut werden kann.

Im Beispiel von Modell IX benötigen wir genau drei Perioden, um von der unvollkommenen zur vollkommenen Information zu gelangen. Dabei war die *Zahl der erforderlichen Perioden* und damit die Dauer des Lernprozesses von der Anzahl der *Koeffizienten* in den subjektiven Preis-Absatz-Funktionen abhängig. Allgemein ist hieraus zu folgern, daß der Lernprozeß um so länger dauert, je mehr Koeffizientenwerte für die Preis-Absatz-Funktionen zu schätzen sind.

Mehr als drei Koeffizientenwerte, die für eine subjektive Preis-Absatz-Funktion in Modell IX zu schätzen waren, sind erforderlich, wenn wir die Prämisse aufheben, daß die "objektiven" Preis-Absatz-Funktionen im Zeitablauf konstant sind. Angenommen, alle Koeffizientenwerte dieser Funktionen *verändern* sich im Zeitablauf kontinuierlich. Die "objektiven" Preis-Absatz-Funktionen haben dann beispielsweise die Form:

(98-A) $x_{A,\,t} = a_A + \alpha_A\,(t\text{-}1)\ \left[b_A + \beta_A\,(t\text{-}1) \right] \cdot p_{A,\,t} + \left[c_A + \gamma_A\,(1\text{-}t)\ \cdot p_{B,\,t} \right]$

(98-B) $x_{B,\,t} = a_B + \alpha_B\,(t\text{-}1) - \left[b_B + \beta_B\,(t\text{-}1) \right] \cdot p_{B,\,t} + \left[c_B + \gamma_B\,(t\text{-}1)\ \cdot p_{A,\,t} \cdot \right]$

Analog müssen auch die "subjektiven" Preis-Absatz-Funktionen, die aufgrund der Marktforschungsergebnisse vermutet werden, jetzt jeweils sechs Koeffizienten (a, b, c, α, β, γ) enthalten. Im Wege des Lernprozesses gilt es wiederum, die Werte dieser Koeffizienten so lange systematisch zu korrigieren, bis sie den Koeffizientenwerten der objektiven Funktionen entsprechen. Bei im Zeitablauf veränderlichen objektiven Preis-Absatz-Funktionen wird der Lernprozeß jetzt - im Gegensatz zu Modell IX - *sechs* Perioden benötigen. Er führt jedoch auch in dieser Entscheidungssituation zum Ziel; das Modell IX kann also in einer Weiterentwicklung auch den Fall berücksichtigen, daß die objektiven Preis-Absatz-Funktionen im Zeitablauf trendartigen Veränderungen unterworfen sind. Nur dauert der Lernprozeß dann länger als in Modell IX.

Und mit zunehmender Dauer gewinnt der Lernprozeß eine immer größere Bedeutung; denn es gilt, auch während der Zeit unvollkommener Information möglichst hohe Gewinne zu erzielen. Dies gelingt - wie mit Modell IX nachgewiesen - jedoch nur, wenn die Dyopolisten ihre Entscheidungen auf einen Lernprozeß basieren und im Wege dieses Lernprozesses ihre Erwartungsstrukturen sukzessive in Richtung auf die "objektiven" Marktverhältnisse korrigieren.

Kapitel 4

Zusammenfassung der Ergebnisse der dynamischen Oligopolmodelle V bis IX und Ausblick

Die Ergebnisse der statischen Modelle I bis IV haben wir bereits an früherer Stelle zusammengefaßt[1]). Wir können uns deshalb hier auf die erzielten Ergebnisse der dynamischen Modelle V bis IX beschränken.

Alle drei Gründe und Ansatzpunkte, die wir für eine Dynamisierung der Oligopoltheorie herausgearbeitet hatten[2]), wurden in den dynamischen Modellen V bis IX berücksichtigt: In den Modellen V, VI und VII streben die Oligopolisten nach langfristiger, mehr-periodiger Gewinnmaximierung. In den Modellen VI und VII müssen sie bei ihren Entscheidungen dynamische Preis-Absatz-Funktionen beachten. In den Modellen VIII und insbesondere IX besitzen sie nur unvollkommene Information über die Kosten- bzw. Marktdaten; sie müssen daher im Wege eines Lernprozesses versuchen, auf der Grundlage von Informationen aus den Vorperioden ihre Erwartungsstrukturen systematisch zu korrigieren, um zu "besseren" Entscheidungen zu gelangen.

Das dynamische Modell V führte vor allem zu folgenden Ergebnissen: Bei langfristiger Gewinnmaximierung existieren zwei eindeutige Gleichgewichtsgebiete "gekorener Lösungspunkte". Durch gezielte preispolitische Aktivität, bei der die Dyopolisten einen sog. "gleichgewichts-kritischen Aktionspreis" zu beachten haben, können sie - im Gegensatz zur kurzfristigen Gewinnmaximierung (Modell I und II) - grundsätzlich in den Innenhof dieser Gleichgewichtsgebiete gelangen. Dabei ist die Größe dieser Gebiete von der Länge des Gesamtplanungszeitraumes abhängig; mit zunehmender Anzahl der Perioden werden die "gekorenen" Gleichgewichtsgebiete größer.

Für die Modelle VI und VII galten dynamische Preis-Absatz-Funktionen; der Absatz der beiden Dyopolisten in der Periode t hing nicht nur von den Preisen $p_{A, t}$; $p_{B, t}$ in dieser Periode, sondern auch noch von den Preisen $p_{A, t-1}$; $p_{B, t-1}$ in der Vorperiode (t-1) ab.

Im Rahmen des dynamischen Modells VI konnte gezeigt werden: Bei dynamischen Preis-Absatz-Funktionen sollte ein Anbieter (A) seine optimalen Preise simultan für alle Perioden des Gesamtplanungszeitraumes bestimmen, wenn sein Konkurrent (B) nur nach kurzfristiger, ein-periodiger Gewinnmaximierung strebt. Allerdings werden seine - simultan ermittelten - optimalen Preise dabei im Zeitablauf relativ stark schwanken. Jedoch kann er - wie im dynamischen Modell VI nachgewiesen - die

[1]) Vgl. Teil 2, Kap. 5.
[2]) Vgl. Teil 1, Kap. 3.

Dynamik des Marktes zu seinem Vorteil nur dann voll ausnutzen, wenn er in den einzelnen Perioden diese unterschiedlichen Preise fordert. Sowohl das Streben nach "Preisstabilität" als auch nach kurzfristiger Gewinnmaximierung bedeuten einen Verzicht auf realisierbaren Gewinn.

Im dynamischen Modell VII strebten beide Anbieter bei dynamischen Preis-Absatz-Funktionen nach langfristiger Gewinnmaximierung. Zur simultanen Bestimmung ihrer optimalen Preisforderungen war ein besonderer Rechengang erforderlich, den wir zunächst beschrieben. In einem anschließenden Beispiel gelangten wir zu folgenden Ergebnissen: Wie ein Preisvergleich von Modell VI und VII zeigt, sind in Modell VII die Preise der 1. Periode niedriger als in Modell VI, weil auch Konkurrent B jetzt - wegen langfristiger Gewinnmaximierung - die Dynamik des Marktes beachtet. Für die 2. Periode fordern beide Dyopolisten in Modell VII höhere Preise als in Modell VI. In diesem Zusammenhang ist wichtig: Auch im dynamischen Modell VII schwanken die Preisforderungen im Zeitablauf. Nur so können die Dyopolisten die dynamischen Marktcharakteristiken zu ihrem Vorteil nutzen. - Ferner zeigte ein Gewinnvergleich zwischen Modell VI und VII: Strebt auch Konkurrent B nach langfristiger Gewinnmaximierung, so vergrößert er damit seinen eigenen Gewinn und verringert den Gewinn des Anbieters A. Seine Gewinnsteigerung erfolgt also auf Kosten des Gewinnes von A und ist somit für ihn von doppeltem Vorteil.

Im folgenden Modell VIII wurde gezeigt, wie in einer dynamischen Oligopoltheorie auch das Entscheidungsproblem bei unvollkommener Information über die fremde Kostenlage gelöst werden kann.

Dazu muß ein "Lernprozeß" in die Analyse einbezogen werden. Er beschreibt, wie die Erwartungsstruktur durch Informationsverarbeitung im Zeitablauf zu korrigieren und so schließlich die unvollkommene Information zu beseitigen ist.

Auch im Mittelpunkt des dynamischen Modelles IX stand ein derartiger "Lernprozeß". Dieser war notwendig, weil die Oligopolisten in Modell IX nur unvollkommene Information über die Marktdaten besaßen. Mit Hilfe von Modell IX wurde beschrieben, wie die Dyopolisten im Wege eines "Lernprozesses" ihre geschätzten, subjektiven Preis-Absatz-Funktionen systematisch korrigieren können. Durch den Lernprozeß berücksichtigten wir, daß die Oligopolisten, wenn "Plan" und "Ist" voneinander abweichen, ihre Erwartungsstrukturen über die Marktverhältnisse im Zeitablauf ändern. Damit ist u.E. ein Weg aufgezeigt, wie die Prämisse konstanter Erwartungsstrukturen, die den entscheidenden Mangel der bisherigen Lösungsansätze in der Literatur darstellt, aufgehoben werden kann. Auf der Grundlage eines Lernprozesses kann - wie in Modell VIII und vor allem Modell IX beschrieben - eine konsistente Entscheidungstheorie des Oligopols auch für solche Situationen entwickelt werden, in denen Oligopolisten nur über unvollkommene Information verfügen.

Bei einer Weiterentwicklung dieser Entscheidungstheorie des Oligopols sollte dann auch einmal Gutenbergs Konzept der "doppelt-geknickten Preis-Absatz-Funktionen"[3])

---

[3]) Vgl. E. Gutenberg: "Der Absatz", a.a.O., S. 282 ff.

in die Analyse einbezogen werden. In der vorliegenden Untersuchung wurde hierauf aus zweierlei Gründen nicht eingegangen:

1. Nur durch eine Beschränkung auf lineare Preis-Absatz-Funktionen konnten wir die Ergebnisse unserer Modelle mit den Resultaten der bekannten Oligopoltheorien (insbesondere Cournot, Jacob, Krelle, Schneider) vergleichen, die alle für lineare Nachfrage-Funktionen gelten.

2. Gutenbergs Konzept der "doppelt-geknickten" Preis-Absatz-Funktionen läßt in der bisher vorgeschlagenen Form noch einige Fragen offen[4]). Insbesondere ist u.E. noch zu klären:

   a) warum der "reaktions-freie" Bereich unabhängig von der jeweiligen Höhe des Konkurrenzpreises und damit immer gleich groß sein soll, und

   b) warum die "reaktions-freien" Zonen alle auf einer Gleitkurve liegen sollen[5])?

Erst müssen diese und andere Fragen - u.a. auch nach der Kompatibilität der Preis-Absatz-Funktionen von A und B - befriedigend beantwortet sein. Dann kann versucht werden, die Oligopoltheorie auf der Basis von Gutenbergs doppelt-geknickten Preis-Absatz-Funktionen weiterzuentwickeln. Vielleicht kann damit ein weiterer Schritt in Richtung auf eine wirklichkeitsnahe Entscheidungstheorie des Oligopols getan werden.

~ 12.9.74

---

[4]) In diesem Sinne auch: F.-U. Willeke: "Monopolistische und autonome Preisintervalle - Untersuchungen zum heterogenen Polypol und Oligopol bei E. Gutenberg", in: Jahrbücher für Nationalökonomie und Statistik, Bd. 176, (1964), S. 415 ff.

[5]) Vgl. hierzu E. Gutenberg: "Der Absatz", a.a.O., S. 289 ff (Abb. 54 und 55).

– Literaturverzeichnis

I. Bücher und Dissertationen

Adam, D.: "Produktionsplanung bei Sortenfertigung", Wiesbaden 1969.

Adam, D.: "Entscheidungsorientierte Kostenbewertung", Wiesbaden 1970.

Backman, J.: "Price Practices and Price Policies", New York 1953.

Baumol, W.J.: "Business Behavior, Value and Growth", New York 1959.

Baumol, W.J.: "Economic Dynamics, an Introduction", New York 1959.

Behrens, K. Chr.: "Marktforschung", Wiesbaden 1959.

Berth, R.: "Wähler- und Verbraucherbeeinflussung", Stuttgart 1963.

Beyerler, L.: "Grundlagen des kombinierten Einsatzes der Absatzmittel", Berlin 1964.

Bidlingmaier, Joh.: "Unternehmerziele und Unternehmerstrategien", Wiesbaden 1964.

Billström, F. u. Thore, S.: "Some Experiments with Dynamization of Monopoly Models", Uppsala 1954.

Boulding, K.E.: "The Uses of Price Theory", in: Models of Markets, ed. by Oxenfeldt, A.R., New York/London 1963.

Bowley, A.L.: "Mathematical Groundwork of Economics", 2. Aufl., New York 1965.

Brandt, K.: "Struktur der Wirtschaftsdynamik", Frankfurt/Main 1952.

Brandt, K.: "Preistheorie", Ludwigshafen 1960.

Brems, H.: "Product Equilibrium under Monopolistic Competition", Cambridge (Mass.) 1951.

Burger, E.: "Einführung in die Theorie der Spiele, mit Anwendungsbeispielen, insbesondere aus Wirtschaftslehre und Soziologie", 2. durchgesehene Aufl., Berlin 1966.

Chamberlin, E.H.: "The Theory of Monopolistic Competition", 7. Aufl., Cambridge (Mass.) 1960.

Cournot, A.: "Recherches sur les Principes Mathèmatiques de la Thèorie des Richesses", Paris 1838; deutsche Übersetzung von W.G. Waffenschmidt: "Untersuchungen über die mathematischen Grundlagen der Theorie des Reichtums", Jena 1924.

Dean, J.: "Managerial Economics", 6. Aufl., Englewood Cliffs 1956.

Edler, F.: "Werbetheorie und Werbeentscheidung", Wiesbaden 1966.

Fellner, W.F.: "Competition among the Few", New York 1949.

Fettel, J.: "Marktpreis und Kostenpreis", 2. Aufl., Meisenheim am Glan 1962.

Fog, B.: "Industrial Pricing Policies", Amsterdam 1960.

Friedmann, M.: "Price Theory", Chicago 1962.

Gäfgen, G.: "Theorie der wirtschaftlichen Entscheidung, Untersuchungen zur Logik und ökonomischen Bedeutung des rationalen Handelns", Tübingen 1963.

Gutenberg, E.: "Absatzplanung in der Praxis", Wiesbaden 1962.

Gutenberg, E.: "Grundlagen der Betriebswirtschaftslehre", Bd. II; "Der Absatz", 8. Aufl., Berlin-Heidelberg-New York 1965.

Hartmann, B.: "Preisbildung und Preispolitik", Stuttgart 1963.

Henderson, J.M. u. Quandt, R.E.: "Microeconomic Theory", New York, Toronto, London 1958.

Henn, R. u. Förstner, K.: "Dynamische Produktionstheorie und lineare Programmierung", Meisenheim/Glan 1957.

Henn, R.: "Über dynamische Wirtschaftsmodelle", Stuttgart 1957.

Heuss, E.: "Allgemeine Markttheorie", (St. Galler Wirtschaftswiss. Forschung, Bd. 21) Tübingen/Zürich 1965.

Jacob, H.: "Die dynamische Problematik der Oligopolpreisbildung", Diss. Frankfurt/Main 1954.

Jacob, H.: "Preispolitik", Wiesbaden 1963.

Jacob, H.: "Der Absatz", in: "Allgemeine Betriebswirtschaftslehre in programmierter Form", hrsg. v. H. Jacob, Wiesbaden 1969, S. 287 ff.

Jacob, H.: "Neuere Entwicklungen in der Investitionsrechnung", Sonderdruck der ZfB, Wiesbaden 1964.

Jacob, H.: "Optimale Investitionspolitik", Schriften zur Unternehmensführung, Bd. 4, Wiesbaden 1968.

Kalecki, M.: "Theory of Economic Dynamics", New York 1952.

Katona, G.: "Das Verhalten der Verbraucher und Unternehmer", Tübingen 1960.

Kilger, W.: "Die betriebliche Preispolitik bei erwarteten Konkurrenzreaktionen", Diss. Köln 1953.

Koch, H.: "Betriebliche Planung, Grundlagen und Grundfragen der Unternehmungspolitik", Wiesbaden 1961.

Krelle, W.: "Preistheorie", Tübingen und Zürich 1961.

Lehmann, G.: "Marktformenlehre und Monopolpolitik", Berlin 1956.

Leitherer, E.: "Absatzlehre", Stuttgart 1964.

Lipsey, R.G.: "An Introduction to Positive Economics", London 1965.

Luce, R.D. and Raiffa, H.: "Games and Decisions", New York 1957.

March, J.G. and Cyert, R.M.A.: "A Behavioral Theory of the Firm", Englewood Cliffs, New York 1963.

Meissner, W.: "Oligopolanalyse im Rahmen eines allgemeinen Handlungsmodells", Wirtschaftswissenschaftliche Abhandlungen, Volks- und betriebswirtschaftliche Schriftenreihe der Wirtschafts- und Sozialwissenschaftlichen Fakultät der Freien Universität Berlin, hrsg. v. E. Kosiol und A. Paulsen, Heft 21, Berlin 1965.

Möller, H.: "Kalkulation, Absatzpolitik und Preisbildung", Tübingen 1962. *Nachdruck von ~ 1944*

Neumann, J.v. - Morgenstern, O.: "Theory of Games and Economic Behavior", 1. Aufl., Princeton 1944; deutsche Übersetzung: "Spieltheorie und wirtschaftliches Verhalten", Würzburg 1961.

Ott, A.E.: "Marktform und Verhaltensweise", Stuttgart 1959.

Ott, A.E.: "Einführung in die dynamische Wirtschaftstheorie", Göttingen 1963.

Ott, A.E.: (Hrsg.): "Preistheorie", (Neue Wissenschaftliche Bibliothek 1 - Wirtschaftswissenschaften) 2. unveränderte Aufl., Köln-Berlin 1965.

Ott, A.E.: "Vertikale Preisbildung und Preisbindung, - eine theoretische Analyse", Göttingen 1966.

Richter, R.: "Das Konkurrenzproblem im Oligopol", Volkswirtschaftliche Schriften Heft 12, Berlin 1954.

Richter, R.: "Preistheorie", Wiesbaden 1963.

Sauermann, H.: "Einführung in die Volkswirtschaftslehre", Bd. II, Wiesbaden 1964.

Schäfer, E.: "Die Grundlagen der Marktforschung, Marktuntersuchung, Marktbeobachtung", 3. Aufl., Köln/Opladen 1953.

Schäfer, E.: "Betriebswirtschaftliche Marktforschung", Essen 1955.

Schmalenbach, E.: "Kostenrechnung und Preispolitik", 8. Auflage, Köln und Opladen 1963.

Schmidt, F.: "Kalkulation und Preispolitik", Berlin-Wien 1930.

Schmidt-Sudhoff, U.: "Unternehmerziele und unternehmerisches Zielsystem", Wiesbaden 1967.

Schneider, E.: "Reine Theorie monopolistischer Wirtschaftsformen", Tübingen 1932.

Schneider, E.: "Wirtschaftlichkeitsrechnung - Theorie der Investition", 5. Auflage, Tübingen-Zürich 1964.

Schneider, E.: "Einführung in die Wirtschaftstheorie" II. Teil: "Wirtschaftspläne und wirtschaftliches Gleichgewicht in der Verkehrswirtschaft", 6. Auflage, Tübingen 1960.

Seitz, T.: "Preisführerschaft im Oligopol", Köln-Berlin-Bonn-München 1965.

Shubik, M.: "Strategy and Market Structure. Competition, Oligopoly and the Theory of Games", New York-London 1959.

Stackelberg, H.v.: "Marktform und Gleichgewicht", Wien-Berlin 1934.

Steinbrück, K.: "Vom unvollkommenen Markt zur heterogenen Konkurrenz", Frankfurt/Main 1951.

Sylos-Labini, P.: "Oligopoly and Technical Progress", Cambridge (Mass.) 1962.

Triffin, R.: "Monopolistic Competition and General Equilibrium Theory", 5. Aufl., Harvard University Press 1956.

Verboom, E.: "Absatzpolitik im Polypol auf unvollkommenem Markte unter Berücksichtigung der Interdependenzen zur Investitions- und Finanzierungspolitik", Diss. Hamburg 1968.

Weintraub, S.: "Price Theory", 2nd Edition, New York-Toronto-London 1956.

Wilhelm, H.: "Werbung als wirtschaftstheoretisches Problem", Berlin 1961.

Wittmann, W.: "Unternehmung und unvollkommene Information", Köln-Opladen 1959.

II. Einzelbeiträge in Zeitschriften und Sammelwerken

Albach, H.: "Stand und Aufgaben der Betriebswirtschaftslehre heute", in: ZfbF, N.F. 19. Jg. (1967), S. 446-469.

Albert, H.: "Eine Theorie des Marktverhaltens großer Unternehmungen - Bemerkungen zu W.J. Baumol: Business Behavior, Value and Growth, New York 1959", in: Jahrbücher für Nationalökonomie und Statistik, Bd. 173 (1961), S. 191-198.

Arndt, H.: "Anpassung und Gleichgewicht am Markt", in: Jahrbücher für Nationalökonomie und Statistik, Bd. 170 (1958), S. 217-286, 362-394, 434-465.

Arndt, H.: "Gleichgewichtstheorie und Prozeßtheorie: Das Beispiel der Cobwebtheoreme", in: Jahrbücher für Nationalökonomie und Statistik, Bd. 174 (1962), S. 106 ff.

Bain, J.S.: "A Note on Pricing in Monopoly and Oligopoly", in: The American Economic Review, Vol. XXXIX, 1949, S. 448 ff.

Bardtholdt, C.: "Große Schiffe - große Werften", in: DIE ZEIT, Nr. 22 v. 27. Mai 1966, S. 33 f.

Bartram, W. und Hilke, W.: "Die Erschließung eines Exportmarktes - Eroberung des US-Marktes durch das Volkswagenwerk", in: Schriften zur Unternehmensführung, Bd. 8, Wiesbaden 1969, S. 73 ff.

Baumol, W.J.: "Notes on Some Dynamic Models", in: The Economic Journal, Vol. LVIII, London 1948, S. 506-521.

Beckmann, M.: "Duopoly in Two Markets - A Game-Model", in: Econometrica, Bd. 25 (1957), S. 354 ff.

Bertrand, J.: "Théorie Mathématique de la Richesse Sociale", in: Journal des Savants, Paris 1883, S. 503 ff.

Beste, Th.: "Möglichkeiten und Grenzen der Preispolitik in der Unternehmung", in: ZfbF, NF, 16. Jg. (1964), S. 122-144.

Bishop, R.L.: "Game-Theoretic Analyses of Bargaining", in: Quarterly Journal of Economics, Bd. 77 (1963), S. 559 ff.

Blume, K.: "Die Elastizität der Nachfrage in Bezug auf den Preis", in: Der Betrieb, 17. Jg. (1964), S. 1781 f.

Bolza, H.: "Die Nachfragekurve und ihre Anwendung auf die praktischen Daten eines Unternehmens", in: Jahrbücher für Nationalökonomie und Statistik, Bd. 179 (1966), S. 181-188.

Borchert, M.: "Verhaltensweise und Preisgleichgewicht im Oligopol" - Diskussionsbeitrag, in: Jahrbücher für Nationalökonomie und Statistik, Bd. 179 (1966), S. 61 ff.

Bronfenbrenner, M.: "Applications of the Discontinous Oligopoly Demand Curve", in: The Journal of Political Economy, Vol. XLVIII (1940), S. 420 ff.

Chamberlin, E.H.: "Duopoly: Value Where Sellers are Few", in: Quarterly Journal of Economics, VOl. XLIV (1929), S. 63 ff.

Chamberlin, E.H.: "Monopolistic or Imperfect Competition", in: The Quarterly Journal of Economics, Vol. 51, 1937.

Chamberlin, E.H.: "On the Origin of Oligopoly", in: Economic Journal, Vol. LXVII (1957), S. 211 ff.

Cochran, E.B.: "New Concepts of the Learning Curve", in: The Journal of Industrial Engineering, Vol. 11 (July-Aug. 1960), S. 317-327.

224   Literaturverzeichnis

Copeland, M.T.: "Consumers Bying Motives", in: Harvard Business Review, Vol. II, 1923/4.

Cross, J.G.: "A Theory of the Bargaining Process", in: The American Economic Review 55/1965, S. 67 - 94.

Cyert, R.M. and March, J.G.: "Organizational Structure and Pricing Behavior in an Oligopolistic Market", in: The American Economic Review, Vol. XLV, 1955, S. 129-139.

Cyert, R.M. and March, J.G.: "Organizational Factors in the Theory of Oligopoly", in: Quarterly Journal of Economics, Vol. LXX, Cambridge-Mass., 1956, 44-64.

Danert, G.: "Preispolitik bei Voll- und Unterbeschäftigung", in: ZfbF, 16. Jg. (1964), S. 158-167.

Edgeworth, F.Y.: "La Teoria Pura del Monopolio", in: Giornale degli Economisti, Vol. 15/1897, S. 21 ff.; engl. Übersetzung: "The Pure Theory of Monopoly", in: Papers Relating to Political Economy, Vol. I, London 1925, S. 111 ff.

Efroymson, C.W.: "A Note on Kinked Demand Curves", in: The American Economic Review, Vol. XXXIII (1943), S. 98 ff.

Efroymson, C.W.: "The Kinked Oligopoly Curve Reconsidered", in: The Quarterly Journal of Economics, Cambridge/Mass., Vol. 69 (1955), S. 119 ff.

Farrel, M.J.: "An Application of Activity Analysis to the Theory of the Firm", in: Econometrica, Vol. 22, 1954, S. 291-302.

Fellner, W.: "Collusion and its Limits under Oligopoly", in: The American Economic Review, Vol. 40 (1950), Papers and Proceedings, S. 54-66.

Ferguson, C.E.: "Some Remarks on Dynamic Price Theory", in: Jahrbücher für Nationalökonomie und Statistik, Bd. 171, (1959) S. 262 ff.

Ferguson, C.E.: "Learning, Expectations and the Cobweb Model", in: Z.f. Nationalökonomie, Bd. 20 (1960), S. 297 ff.

Fleischmann, G.: "Symmetrisches Dyopol, Bemerkungen zur Kritik von Seitz an der Dyopoltheorie Krelles", in: Jahrbücher für Nationalökonomie und Statistik, Bd. 175 (1963), S. 347-355.

Forstmann, A.: "Über Statik, Dynamik und Liquidität", in: Jahrbücher f. Nationalökonomie und Statistik, Bd. 163 (1951), S. 146 ff.

Frisch, R.: "Monopole - Polypole. La notion de force dans l'économie", Festschrift til H. Westergaard, in: Nationaløkonomisk Tidsskrift, Bd. 71 (1933), S. 241 ff; deutsche Übersetzung v. A.E. Ott: "Monopol - Polypol - der Begriff der Kraft in der Wirtschaft", in: "Preistheorie", hrsg. v. A.E. Ott, Köln-Berlin 1965, S. 17 ff.

Frisch, R.: "Propagation Problems and Impulse Problems in Dynamic Economics", in: Economic Essays in Honor of Gustav Cassel, London 1933, S. 171-205, wiederabgedruckt in: Readings in Business Cycles (A.E.A. Series), London 1966, S. 155-185.

Gälweiler, A.: "Betriebliche Preispolitik", in: Handwörterbuch der Betriebswirtschaft (HdB), hrsg. v. Hans Seischab und Karl Schwantag, 3. Aufl., Stuttgart 1956-1960, Sp. 4397-4408.

Gupta, S.K. and Krishnan, K.S.: "Mathematical models in marketing", in: Operations Research, Vol. 15 (1967), S. 1040-1050.

Gutenberg, E.: "Zur Diskussion der polypolistischen Absatzkurve", in: Jahrbücher für Nationalökonomie und Statistik, Bd. 178 (1965), S. 212-18.

Hahn, F.H.: "The Stability of the Cournot Oligopoly Solution", in: The Review of Economic Studies, Vol. 29 (1962), S. 329 ff.

Hall, R.L. and Hitch, C.J.: "Price Theory and Business Behaviour", in: Oxford Economic Papers, no. 2 (1939), S. 12 ff, repr. in: Oxford Studies in the Price Mechanism, ed. by T. Wilson and P.W.S. Andres, Oxford 1951, S. 107 ff.

Haller, H.: "Der Erkenntniswert der Oligopoltheorien", in: Jahrbücher für Nationalökonomie und Statistik, Bd. 162 (1950), S. 81 ff.

Harsanyi, J.C.: "Approaches to the Bargaining Problem before and after the Theory of Games: A Critical Discussion of Zeuthen's, Hicks' and Nash's Theories", in: Econometrica, Vol. 24 (1956), S. 144-157.

Heertje, A.: "Preis-Absatzfunktionen beim Oligopol", in: Weltwirtschaftliches Archiv, Bd. 89 (1962 II), S. 302-309.

Heflebower, R.B.: "The Firm in Oligopoly Analysis", in: Weltwirtschaftliches Archiv, Bd. 84 (1960 I), S. 150-164.

Heinen, E.: "Die Zielfunktion der Unternehmung", in: Zur Theorie der Unternehmung, Festschrift für E. Gutenberg, Hrsg. H. Koch, Wiesbaden 1962, S. 9-71.

Helmstädter, E.: "Gleichgewichtsbereiche in statischen Dyopolmodellen", in: Jahrbücher für Nationalökonomie und Statistik, Band 175 (1963), S. 441-458.

Helmstädter, E.: "Das Verbund-Dyopol Cournots als Modell der Konkurrenz um den Preisanteil und seine verteilungstheoretische Anwendung", in: Jahrbücher für Nationalökonomie u. Statistik, Band 174 (1962), S. 377-413.

Henderson, A.: "The Theory of Dyopoly", in: Quarterly Journal of Economics, Vol. LXVIII (1954), S. 565 ff.

Henn, R.: "Strategische Spiele und unternehmerische Entscheidungen", in: Z.f.B., 29. Jg. (1958). S. 277-286.

Heuss, E.: "Das Oligopol, ein determinierter Markt", in: Weltwirtschaftliches Archiv, Band 84 (1960 I), S. 165-190.

Heuss, E.: "Die oligopolistische Verhaltensweise als evolutorischer Prozeß - Methodische Bemerkungen zur jüngeren Oligopoltheorie", in: Jahrbücher für Nationalökonomie und Statistik, Bd. 179 (1966), S. 452-465.

Hilke, W.: "Optimale Programmplanung auf der Grundlage der Deckungsbeitragsrechnung", in: Bericht Nr. 4 des Technischen Vorlesungswesens, Hamburg 1969, S. 45 ff.

Hilke, W.: "Investitionsentscheidungen unter Unsicherheit und klassische Methoden der Investitionsrechnung", in: INFORMATION, Zeitschrift der Internationalen Treuhand AG, Nr. 32, Basel/Genf/Zürich 1969, S. 22 ff.

Hoppe, F.: "Erfolg und Mißerfolg", in: Psychologische Forschung, 14. Jg. (1930), S. 1 ff.

Horowitz, I.: "Research Inclinations of a Cournot Oligopolist", in: Review of Economic Studies, Vol. 1963, S. 128-130.

Hotelling, H.: "Edgeworth's Taxation Paradox and the Nature of Demand and Supply Functions" in: The Journal of Political Economy, Chicago, III., Vol. 40 (1932), S. 577 ff.

Jacob, H.: "Wettbewerb und Konzentration", in: "Wirtschaftlichkeit, Wettbewerb, Werterhaltung", Vorträge des 19. Dt. Betriebswirtschafter-Tages, hrsg. von der Deutschen Gesellschaft für Betriebswirtschaft, Berlin 1966, S. 133-164.

Jacob, H. u. M.: "Preisdifferenzierung bei willkürlicher Teilung des Marktes und ihre Verwirklichung mit Hilfe der Produktdifferenzierung", in: Jahrbücher für Nationalökonomie und Statistik, Bd. 174 (1962), S. 1 ff.

Jacob, H.: "Produktionsplanung und Kostentheorie", in: Zur Theorie der Unternehmung, Festschrift zum 65. Geburtstag von E. Gutenberg, hrsg. v. H. Koch, Wiesbaden 1962, S. 205 ff.

Kahn, R.F.: "The Problem of Dyopoly", in: The Economic Journal, Vol. XLVII (1937), S. 1 ff.

Kamerschen, D.R.: "Marktzugangsbeschränkungen in der amerikanischen Fertigungsindustrie Eine empirische Untersuchung", in: ZfB, 36. Jg. 1966, S. 289-304.

Kantzenbach, E.: "Dynamischer Wettbewerb und oligopolistisches Marktverhalten", in: Jahrbuch für Sozialwissenschaft, Bd. 14 (1963), Heft 3, S. 194-205.

Kaysen, C.: "Dynamic Aspects of Oligopoly Price Theory", in: The American Economic Review, Vol. XLII, 1952, S. 198 ff.

Kemmer, H.-G.: "Schwarze Tage für weiße Säulen - die Mineralölkonzerne blasen zum Sturm auf die freien Tankstellen", in: DIE ZEIT, Nr. 50, v. 13.12.1968, S. 33 f.

Kilger, W.: "Die quantitative Ableitung polypolistischer Preis-Absatz-Funktionen aus den Heterogenitätsbedingungen atomistischer Märkte", in: Zur Theorie der Unternehmung, Festschrift zum 65. Geburtstag von Erich Gutenberg, Wiesbaden 1962, S. 273 ff.

Koch, H.: "Über eine allgemeine Theorie des Handelns", in: Zur Theorie der Unternehmung, Festschrift zum 65. Geburtstag von E. Gutenberg, hrsg. von H. Koch, Wiesbaden 1962, S. 367-423.

Krahe, F.: "Legalisierung der Marktinformation? ", in: Der Betrieb, 17. Jg. 1964, S. 359-361.

Krelle, W.: "Unsicherheit und Risiko in der Preisbildung", in: Zeitschrift für die gesamte Staatswissenschaft, 113. Bd. (1957), S. 632-677.

Krelle, W.: "Unbestimmtheitsbereiche beim Dyopol", Erwiderung auf Bemerkungen von Tycho Seitz, in: Jahrbücher für Nationalökonomie und Statistik, Bd. 175 (1963), S. 232-236.

Krieger, H.J.: "Preisaustauschverträge kein Kartellersatz", in: Der Betrieb, 17. Jg. (1964), S. 361-363.

Lampert, H.: "Die Preisführerschaft: Versuch einer zusammenfassenden Darstellung", in Jahrbücher für Nationalökonomie und Statistik, Bd. 172 (1960), S. 203 ff.

Leitherer, E.: "Wandlungen in der Bedarfsstruktur und ihre Auswirkungen auf Werbe- und Preispolitik", in: ZfB, 32. Jg. (1962), S. 82-89.

Leontief, W.: "Ein Versuch zur statischen Analyse von Angebot und Nachfrage", in: Weltwirtschaftliches Archiv, Bd. 30 (1929 II) S. 1-53.

Machlup, F.: "Evaluation of the Practical Significance of the Theory of Monopolistic Competition", in: American Economic Review, Vol. 29, 1939, S. 227 ff.

Machlup, F.: "Oligopolistic Indeterminacy", in: Weltwirtschaftliches Archiv, Bd. 68 (1952 II), S. 1-19.

Machlup, F.: "Oligopol", in: HdSW, Bd. 8, Stuttgart-Tübingen-Göttingen 1964, S. 82 ff.

Markert, K.: "Kartellrechtliche Beurteilung von Preismeldeverträgen", in: Der Betrieb, 16. Jg. (1963), S. 1455-59.

Markert, K.: "Legalisierung von Preismeldesystemen durch Wettbewerbsregeln? ", in: Der Betrieb, 17. Jg. (1964), S. 140 f.

Meerhaeghe, M.A.G. van: "Die Marktformen, das Marktverhalten und die Marktergebnisse in Belgien", in: Zeitschrift für die gesamte Staatswissenschaft, 121 Bd. (1965), Tübingen 1965, S. 131-142.

Mellerowicz, K.: "Preis-, Kosten und Produktgestaltung als Mittel der Absatzpolitik", in: Der Markenartikel, 21. Jg. (1959), S. 465-483.

Metzinger, F.: "Preisaustauschverträge auf Oligopolmärkten", in: Der Betrieb, 17. Jg. (1964), S. 831-34.

Michaels, H.: "Klassenkampf auf dem Automarkt", in: DIE ZEIT v. 31.5.1968 (Nr. 22), S. 31 f.

Möller, H.: "Markt, Marktformen und Marktverhaltensweisen", in: HdB, 3. Aufl., Sp. 3894-3905.

Morgenstern, O.: "Vollkommene Voraussicht und wirtschaftliches Gleichgewicht", in: Z.f. Nationalökonomie, Bd. 6 (1935), S. 337 ff.

Morgenstern, O.: "Die Theorie der Spiele und des wirtschaftlichen Verhaltens", in: Jahrbuch für Sozialwissenschaft, Bd. 1 (1950), S. 113-139.

Morgenstern, O.: "Spieltheorie", in: Handwörterbuch der Sozialwissenschaften, 9. Bd., Stuttgart-Tübingen-Göttingen 1956, S. 706-713.

Neisser, H.: "Oligopoly as a Non-Zero-Sum Game", in: Review of Economic Studies, Vol. XXV (1957/58), S. 1 ff.

Ott, A.E.: "Zur dynamischen Theorie des Oligopols" - Auszüge aus der Dissertation - in: Jahrbücher f. Nationalökonomie und Statistik, Bd. 168 (1956), S. 226 ff.

Ott, A.E.: "Preis-Absatzfunktionen beim unvollkommenen Oligopol" in: Weltwirtschaftliches Archiv, Bd. 88 (1962 I), S. 287-307.

Ott, A.E.: "Preis-Absatzfunktionen beim Oligopol", in: Weltwirtschaftliches Archiv, Bd. 90 (1963 I), S. 115-120.

Ott, A.E.: "Gewinnmaximierung, Reaktionshypothese und Gleichgewichtsgebiete beim unvollkommenen Dyopol", in: Jahrbücher für Nationalökonomie und Statistik, Bd. 175 (1963), S. 428-440.

Recktenwald, H.C.: "Zur Lehre von den Marktformen", in: Weltwirtschaftliches Archiv, Bd. 67 (1951 II), Hamburg 1951, S. 298-326.

Röper, B.: "Ansätze zu einer wirklichkeitsnahen und dynamischen Theorie der Monopole und Oligopole", in: Weltwirtschaftliches Archiv, Bd. 67 (1951 II), S. 218-269.

Rothschild, K.W.: "Price Theory and Oligopoly", in: Economic Journal, Vol. 57, 1947, S. 299; deutsch: "Preistheorie und Oligopol", in: "Preistheorie", hrsg. v. A.E. Ott, Köln-Berlin 1965, S. 354.

Runtze, J.: "Verhaltensweise und Preisgleichgewicht im Oligopol", in: Jahrbücher für Nationalökonomie und Statistik, Bd. 177 (1965), S. 353 ff.

Runtze, J.: "Verhaltensweise und Gleichgewicht im Oligopol", in: Jahrbücher für Nationalökonomie und Statistik, Bd. 179 (1966), S. 160 ff.

Sabel, H.: "Zur Analyse und Prognose von Partizipations- und Substitutionseffekten bei Produkt-differenzierung auf der Grundlage Markoffscher Ketten", in: ZfB, 37. Jg. (1967), S. 629-650.

Samuelson, P.A.: "Dynamic Process Analysis", in: A Survey of Contemporary Economics, ed. by Howard S. Ellis,Philadelphia/Toronto 1949, S. 352 f.

Sanmann, H.: "Marktform, Verhalten, Preisbildung bei heterogener Konkurrenz", in: Jahrbuch für Sozialwissenschaft Bd. 14 (1963), S. 56-99.

Sauermann, H. und Selten, R.: "Anspruchsanpassungstheorie der Unternehmung", in: Zeitschrift für die gesamte Staatswissenschaft, 118 Bd. (1962), S. 577 ff.

Schmitt, H.J.: "Information und Strategie der Unternehmung in Marktkampfsituationen", in: ZfB, 37 Jg. (1967), S. 51-69.

Schneider, E.: "Eine dynamische Theorie des Angebotsdyopols", in: Archiv für mathematische Wirtschafts- und Sozialforschung, Bd. 8 (1942), S. 72 ff, wiederabgedruckt in: "Volkswirtschaft und Betriebswirtschaft", Tübingen 1964, S. 62 ff.

Schneider, E.: "Wirklichkeitsnahe Theorie der Absatzpolitik", in: Weltwirtschaftliches Archiv, Bd. 56 (1942 II), S. 92 ff.

Schneider, E.: "Zielsetzung, Verhaltensweise und Preisbildung", in: Jahrbücher für National-ökonomie und Statistik, Bd. 157 (1943), S. 405 ff.

Schneider, E.: "Statik und Dynamik", in: Handwörterbuch der Sozialwissenschaften, Bd. 10, Stuttgart-Tübingen-Göttingen 1959, S. 23-29.

Seitz, T.: "Bemerkungen zur Dyopoltheorie Krelles", in: Jahrbücher für Nationalökonomie und Statistik, Bd. 174, Stuttgart 1962, S. 430-451.

Selten, R.: "Spieltheoretische Behandlung eines Oligopolmodells mit Nachfrageträgheit", in: Zeitschrift für die gesamte Staatswissenschaft, 121. Bd. (1965), Heft 2, S. 301-324 und S. 667-689, Teil I: Bestimmung des dynamischen Preisgleichgewichtes, Teil II: Eigenschaften des dynamischen Preisgleichgewichts.

Shubik, M.: "Information, Theories of Competition and the Theory of Games", in: Journal of Political Economy, Vol. 60 (1952) S. 145 ff.

Siegel, S.: "Level of aspiration and decision making", in: Psychological Review, 1957, S. 253 ff.

Smith, V.E.: "Note on the Kinky Oligopoly Demand Curve", in: The Southern Economic Journal, Vol. 15, 1948/49, S. 205 ff.

Smithies, A. und Savage, L.J.: "A dynamic theory of duopoly", in: Econometrica, Vol. 8 (1940), S. 130 ff.

Stackelberg, H.v.: "Probleme der unvollkommenen Konkurrenz", in: Weltwirtschaftliches Archiv, Bd. 48 (1938 II), S. 95-141.

Stigler, G.J.: "The Kinky Oligopoly Demand Curve and Rigid Prices", in: The Journal of Political Economy, Vol. 55, 1947, S. 432-449; deutsche Übersetzung: "Die geknickten Oligopol-Nachfragekurve und starre Preise", in: "Preistheorie", hrsg. v. A.E. Ott, Köln-Berlin 1965, S. 326-353.

Sweezy, P.M.: "Demand under Conditions of Oligopoly", in: The Journal of Political Economy, Vol. 47, 1939, S. 568-573 deutsch: "Die Nachfrage beim Oligopol", in: "Preistheorie", hrsg. v. A.E. Ott, Köln-Berlin 1965, S. 320 - 325.

Theocharis, R.D.: "On the Stability of the Cournot Solution on the Duopoly Problem", in: Review of Economic Studies, Vol. XXVII (1959/60), S. 133 ff.

Theocharis, R.D.: "Some Dynamic Aspects of the Oligopoly Problem", in: Jahrbücher für National-ökonomie und Statistik, Bd. 178, S. 354-364.

Tinbergen, J.: "Ein Problem der Dynamik", in: Zeitschrift für Nationalökonomie, Bd. 3 (1932), S. 169 ff.

Tinbergen, J.: "Economic Business Cycle Research", in: Readings in Business Cycle Theory, A.E.A.-Series, London 1950, S. 61-86.

Wendt, K.: "Reemtsma schickt R 6 ins Rennen", in: DIE ZEIT Nr. 38 v. 20.9.1968, S. 33 f.

Willeke, F.-U.: "Monopolistische und autonome Preisintervalle", Untersuchungen zum heterogenen Polypol und Oligopol bei E. Gutenberg, in: Jahrbücher für Nationalökonomie und Statistik, Bd. 176, 1964, S. 407-427.

Witzens, P.: "Blauer Dunst und harte Fakten", in: die absatzwirtschaft, 2. Dezemberausgabe 1967, S. 1502 ff.

228   Literaturverzeichnis

Ying, Ch.C.: "Learning by doing - an adaptive approach to multiperiod decisions", in: Operations Research, Vol. 15 (1967), S. 797-812.

o.V.:   "Henkel erobert bei Vollwaschmitteln mehr als die Hälfte des Marktes", in: DIE WELT, Nr. 190 v. 16.8.1968, S. 20.

o.V.:   "Deutsche und britische Firmen im Kampf um Südafrikas Kunstfasermarkt", in: Handelsblatt v. 29.7.1965, Nr. 144, S. 5.

o.V.:   "Konzerne im Manöver", in: DIE ZEIT, Nr. 46, v. 15.11.68, S. 42.

o.V.:   "Benzin-Preis - Bunt gegen Weiß", in: DER SPIEGEL, 22. Jg. Nr. 47, v. 18.11.1968, S. 92.

o.V.:   "Kartellamt prüft Benzin-Preissenkung", in: Frankfurter Allgemeine Zeitung, Nr. 204, vom 3.9.1966, S. 7.

o.V.:   "Preise - Schub zum Fest", in: DER SPIEGEL, 23. Jg., Nr. 50, v. 8.12.1969, S. 30 ff.